Respostas a Perguntas sobre

O Oceano da Teosofia

Uma Inspiradora Introdução aos
Escritos de Helena Blavatsky e William Q. Judge

Robert Crosbie

Respostas a Perguntas sobre
O Oceano da Teosofia

Uma Inspiradora Introdução aos
Escritos de Helena Blavatsky e William Q. Judge

EDITORA
TEOSÓFICA

Direitos Reservados à
EDITORA TEOSÓFICA
SIG Quadra 6, Lote 1235
70.610-460 – Brasília-DF – Brasil
Tel.: (61) 3322.7843
E-mail: editorateosofica@editorateosofica.com.br
Site: www.editorateosofica.com.br
Instagram: @editorateosofica
Whatsapp: 61 98613-4906

C949 Crosbie, Robert

Respostas a perguntas sobre O Oceano da Teosofia, uma inspiradora introdução aos escritos de Helena P. Blavatsky e William Q. Judge, Editora Teosófica, 2022,

p. 348.

Título original: Answers to questions of The Ocean of Theosophy

ISBN 978-85-7922-214-6

Teosofia. 2. Filosofia esotérica. 3. Religiões comparadas. II. Título.

CDU 141.332

Coordenação: Fernando Mansur

Tradução: Bertha Maria Sánches, Marcelo Luz e Gisele Cunha

Revisão: Bertha M. Sánches, Fernando Mansur e Valéria Marques de Oliveira

Capa e Diagramação: Ana Paula Cichelero

Sumário

Agradecimentos

Agradecemos, primeiramente, aos membros do Projeto "Pioneiros" que, pela generosidade e ampla visão da importância do ensinamento teosófico, nos têm proporcionado o acesso a importantes literaturas teosóficas, traduzindo-as para a língua portuguesa e disponibilizando-as para posterior publicação pela Editora Teosófica. Dessa forma, eles têm contribuído, enormemente, para a difusão desse conhecimento.

Os nossos especiais agradecimentos são dirigidos a Marcelo Luz, Bertha Sánches e Gisele Cunha que, voluntariamente, traduziram as diferentes partes que compõem esta obra.

E, é claro, ao teósofo Fernando Mansur, o nosso mais sincero agradecimento, pela grandeza de reunir todo esse material de forma a viabilizar esta publicação.

Nossa gratidão também se estende a outros membros da Sociedade Teosófica que, de alguma forma outra, contribuíram para o êxito dessa edição, citando apenas alguns deles: Ricardo Nery e Adolfo Pfeifer.

Finalmente, o nosso muito obrigado pela gentileza e disponibilidade de dois membros da United Lodge of Theosophists (Loja Unidade de Teosofistas), instituição criada por Robert Crosbie, autor desse livro, que aceitaram realizar a tarefa de escrever um prefácio para esta edição.

A Editora

Prefácio à Edição Brasileira

Robert Crosbie, foi um canadense, nascido em Montreal, em 1849. Quando era um bem-sucedido homem de negócios conheceu Willliam Quan Judge, fundador, em 1875, juntamente com Helena Petrovna Blavatsky, Cel. Henry S. Olcott e outros, da Sociedade Teosófica. Em 1888, ele tornou-se teósofo. Embora nunca tenha conhecido pessoalmente H.P.B., logo se tornou amigo e associado ativo de W.Q.J. [William Q. Judge], desistindo de seus negócios e dedicando suas energias à difusão da Teosofia.

Após alguns anos, servindo ao Movimento em Point Loma, Califórnia, ele se estabeleceu em Los Angeles, Califórnia. Em 1909, convidou estudantes interessados em Teosofia para formar com ele um grupo de discussão que se tornou a Loja Unida de Teosofistas (United Lodge of Theosophists – ULT). Esta foi fundada com base no princípio de estudar e colocar em prática os ensinamentos da Teosofia dados pelos Mestres através de H.P.B. e W.Q.J. Hoje, a Loja Unida de Teosofistas permanece leal a essa visão e possui Lojas ao redor do mundo, imprimindo os ensinamentos originais e livros de apoio como este, para que os estudantes possam se aprofundar nos princípios teosóficos.

Robert Crosbie elaborou uma declaração como base para a LUT, extraída dos escritos de H.P.B. e W.Q.J. Diz a declaração:

O programa de ação dessa Loja consiste em devoção, independente, à causa da Teosofia, sem vinculação oficial a nenhuma organização teosófica. Ela é leal aos grandes fundadores do movimento teosófico, mas não se ocupa com desavenças ou diferenças de opiniões individuais. O trabalho a que ela se dedica e a meta que ela mantém em vista são demasiado importantes e elevados para que haja tempo ou disposição para participar de questões laterais. O trabalho e a meta são a disseminação dos princípios fundamentais da filosofia teosófica, e também a exemplificação prática desses princípios, através de uma compreensão do SER SUPERIOR; uma convicção mais profunda da Fraternidade Universal.

Essa Loja considera que a *base* inatacável para a *união* entre os teósofos, independentemente de como e de onde eles se situem, está na "*similaridade da meta, do propósito e do ensinamento*", e, portanto, não possui nem Estatuto, nem Regimento Interno, nem Dirigentes. O único laço entre os seus associados é a *base* mencionada acima. Essa Loja tem por objetivo disseminar essa ideia entre os teósofos, promovendo a Unidade.

Ela vê como teósofos todos os que estão engajados no verdadeiro serviço pela Humanidade, sem distinção de raça, credo, sexo, situação pessoal ou organização; e –

Ela dá as boas-vindas, como associados, a todos aqueles que estão de acordo com os seus propósitos declarados e desejam preparar-se, através do estudo e de outros modos, para serem mais capazes de ajudar e ensinar outras pessoas.

"O verdadeiro teósofo não pertence a nenhum culto ou seita, e no entanto pertence a todos eles."

Seguindo o princípio de que cada indivíduo desenvolve seu conhecimento da Verdade ao trilhar o Caminho, que é o mesmo para todos, mas que é diferente em detalhes para cada alma peregrina, Robert Crosbie ensinou que cada um avança através de esforços próprios e autodesenvolvidos. A consciência individual deve ser o guia na vida de cada pessoa, e, por isso, a LUT, fundada por ele, não tem estrutura hierárquica de governança, estatutos ou dirigentes, o trabalho de cada Loja reside em seus associados. Para se tornar um associado uma pessoa assina a seguinte declaração:

FORMULÁRIO ASSINADO POR ASSOCIADOS DA LOJA UNIDA DE TEÓSOFOS:

Em simpatia com os propósitos desta Loja, como estabelecido em sua "Declaração", eu, por este meio, registro meu desejo de ser inscrito como Associado, sendo entendido que tal associação não exige nenhuma obrigação de minha parte, além daquela que eu mesmo determinar.

Embora, simples e direta, a Declaração e o Formulário Associativo contêm um profundo reconhecimento da responsabilidade de cada indivíduo por sua vida, e uma compreensão igualmente profunda da conexão de cada um com toda a humanidade e, de fato, com toda a vida. A Teosofia é, de fato, a "religião da responsabilidade".

H.P.B., em seus muitos escritos, e especialmente em *A Doutrina Secreta*, expôs tudo o que poderia ser ensinado à humanidade em sua atual fase de desenvolvimento. Começando com a visão mais universal da evolução cósmica e humana, ela detalhou a história, a condição atual e o futuro da humanidade. Embora grande parte deste ensinamento seja abstrato, ele tem implicações práticas, morais e sociais para todo ser humano. William Q. Judge reafirmou o coração desses ensinamentos em seu eloquente livro *O Oceano da Teosofia*, deixando claro tanto o significado da visão ampla quanto a lógica da filosofia da Teosofia.

Quando Robert Crosbie fundou a LUT, ele usou esses ensinamentos para introduzir novos estudantes à Teosofia, e como base para entender seu significado para a vida diária de cada indivíduo. Suas aulas de estudo sobre *O Oceano* revelaram sua capacidade de tornar claras as ideias abstratas, o significado prático dos ensinamentos e as muitas maneiras pelas quais eles podem ser usados para esclarecer a compreensão da Teosofia, transformar a vida e fazer contribuições duradouras para a humanidade como um todo.

Temos a sorte de que as respostas que ele deu a perguntas, em suas aulas de estudo, foram copiadas. Após sua morte em 1919, estas respostas foram publicadas na revista *Theosophy*, fundada por ele em 1912. O livro reúne em um só lugar estes artigos.

É com gratidão e prazer que vemos o livro *Respostas a Perguntas sobre O Oceano da Teosofia* ser publicado em português, tornando-o disponível para um amplo público que fala este idioma. Que esta obra abra oportunidades de compreensão espiritual para todos aqueles que buscam uma realização cada vez maior da fraternidade universal.

Maurice Bisheff –
United Lodge of Theosophists – Santa Bárbara – EUA
Elton Hall –
United Lodge of Theosophists – Nova Iorque – EUA

Sobre o Autor

Robert Crosbie, fundador da Loja Unida de Teosofistas [L.U.T.] e da revista *Theosophy*, foi por muitos anos um discípulo devotado de H. P. Blavatsky e William Quan Judge.

O Oceano da Teosofia[1], escrito pelo Sr. Judge, foi considerado por ele, como a condensação perfeita do grande trabalho de H.P.B., *A Doutrina Secreta*, e, portanto, o melhor livro possível para ser posto nas mãos dos estudantes.

Durante a vida do Sr. Crosbie um grupo de estudos do *Oceano* foi inaugurado, visando a instrução daqueles que tinham mentes sinceras e fervorosas aos princípios fundamentais da Teosofia. Uma parte de cada sessão era destinada às perguntas e respostas, que foram preservadas em registros estenográficos.

Seleções das perguntas formuladas e de suas respostas foram publicadas na revista THEOSOPHY, após a morte do Sr. Crosbie em 1919. Deste então, ano após ano, grupos de estudo de *O Oceano* são mantidos nas diversas Lojas da L. U. T., e as respostas

---

[1] JUDGE, William Q. *O Oceano da Teosofia,* Brasília: Editora Teosófica, 2020, p. 236. (Nota Ed. Bras.)

do Sr. Crosbie têm sido de grande utilidade, pois novos estudantes necessariamente enfrentam praticamente os mesmos problemas. Solicitações repetidas por uma edição desse material valioso, em forma de livro, inspiraram a presente publicação.

Não se tentou fazer nenhuma outra edição, apenas corrigir os erros tipográficos na publicação da revista original. Desta maneira, a simplicidade, o estilo direto, e o espírito não menos que a letra do livro do Sr. Crosbie, *Respostas a Perguntas,* são agora melhor apresentados aos estudantes teosóficos que, a cada geração, estão mais aptos a depender apenas da palavra impressa e, portanto, falham em entrar em contato com a Presença viva que anima todos os ensinamentos verdadeiros e todos os professores verdadeiros de qualquer época ou grau do Movimento Teosófico. As respostas do Sr. Crosbie foram, em todos os casos, orais e espontâneas, e não de suas memórias armazenadas, mas de sua vida prática; não para exibir seus conhecimentos, mas para prover um foco de luz para o pensamento. Sua voz era de devoção, falando em resposta à aspiração do indagador. Seu tom não era aquele de quem "fala com autoridade", mas a convicção do coração de alguém que comprovou, por si mesmo, a validade daquilo que ouviu dos lábios dos grandes Instrutores. Suas declarações são sempre as de um discípulo que, enquanto procura se expressar, nunca se esquece de que é um aluno de um querido, reverenciado e grande Instrutor. Seguindo seus passos da melhor forma que pode, ele se esforça para conduzir outros pela Senda, conhecida por ele, a fim de que, por sua vez, eles possam aprender, a fim de beneficiar outros – *todos* os elos na grande corrente dos "salvadores de homens."

Deve ser lembrado que embora as respostas sejam dadas do ponto de vista dos muitos anos de experiência e aplicação, elas não devem ser tomadas como palavras definitivas, nem como discurso de autoridade; mas podem ser usadas como explicações e aplicações da filosofia da Teosofia, relativas às frases específicas, apresentadas nas diversas perguntas. O estudante sendo para si mesmo "a autoridade final", não deve aceitar nenhuma afirmação de quem quer que seja, a menos que ele próprio perceba sua veracidade.

Começando pelo Capítulo I do *Oceano*, os capítulos subsequentes são considerados em série, cada um precedido dos comentários introdutórios do Sr. Judge. Seguindo a conclusão das perguntas e respostas dos diversos capítulos, uma série de perguntas e respostas gerais é dada sobre a filosofia.

The Theosophy Company
17 de novembro de 1933

Capítulo 1

A Teosofia e os Mestres

A Teosofia como é geralmente definida. A existência de homens altamente desenvolvidos no Universo. Esses homens são os *Mahātmas*, Iniciados, Irmãos, Adeptos. Como eles atuam e por que permanecem agora ocultos. A Loja d'Eles. Eles são homens aperfeiçoados de outros períodos de evolução. Eles tiveram vários nomes na história. Apolônio de Tiana, Moisés, Salomão e outros eram membros dessa Fraternidade. Eles são possíveis porque o homem pode ser finalmente como é. Eles mantêm a verdadeira doutrina e fazem com que ela reapareça na hora certa.

P: Por que é que o Sr. Judge chama a atenção para os Mestres, imediatamente, no Capítulo I de *O Oceano*?

R: Porque sem o fato da existência dos Mestres como homens perfeitos, tanto em experiência quanto em sabedoria, detentores e protetores de toda Sua experiência, ao longo das civilizações passadas, bem como desta atual, a Teosofia seria nada mais do que especulação, em vez de verdades relativas ao homem e à Natureza obtidas através de observação e experiência. Sem tais Seres não poderia haver nenhum conhecimento como a Teosofia.

P: "Os Mestres investigam todas as coisas e seres". Isto significa que Eles o fizeram em corpos físicos?

R: Para se tornar um ser setenário, completo, a existência física precisa ser experimentada e compreendida.

P: Qual está mais perto da verdade, nossa ciência ou a religião?

R: Nenhuma está perto da Verdade, porque ambas se baseiam em concepções materialistas do homem e do Universo. O que conhecemos como ciência e religião são antagônicas e não tem nenhuma base comum, e seu campo de operação é extremamente limitado e, portanto, enganoso. A Verdade deve mostrar que a verdadeira ciência, religião e filosofia são aspectos complementares de uma Verdade Única.

P: Alguém é capaz de transmitir a verdade à outra pessoa?

R: Uma pessoa é capaz de ajudar outra a ver a verdade em si mesma.

P: Como alguém pode alcançar a percepção dos Mestres como sendo ideais e fatos da Natureza? Não é o "fato" e o "ideal" uma contradição?

R: Fatos e ideais não são contradições porque cada fato é a resultante de um ideal preexistente. A busca de um ideal traz consigo o fato de sua realização. Os Mestres são fatos da Natureza, sendo a realização de um ideal almejado. Eles são ideais para aqueles que estão abaixo Deles, que reconhecem que Eles são fatos, e seguem a Senda que Eles mostram.

P: Existe uma diferença de grau entre um Mestre e um *Nirmānakāya*?

R: Um *Nirmānakāya* é um ser que uma vez alcançando a meta renuncia ao seu usufruto, mas pode permanecer na Terra como um Mestre. Isto ele pode fazer com ou sem o corpo, pois esse é apenas um ponto de contato com aquilo que se relaciona a Terra. Se ele abandona por completo o corpo, ele retém todos os outros princípios, exceto *Kāma*, que foi destruído para além de possibilidade de regeneração, e permanece um membro daquela Hoste Invisível que sempre protege e vela sobre a Humanidade, conforme o *Karma* dessa última permitir.

P: Dizem que o germe de todos os poderes dos Mestres está em cada ser. Como isso se "ajusta" com o fato de que a divindade é adquirida? Afirma-se que o homem é essencialmente perfeito. Não é verdade que somos deuses, mas que perdemos a consciência disso?

R: O equívoco aqui cometido pelo indagador está na suposição de que "Divindade" significa o mesmo que Espírito Uno. O "germe" é o Espírito Uno. Ele contém o potencial para o crescimento em cada ser, e o crescimento é adquirido. O poder de aprender não é o mesmo que aprendizagem. O esforço têm que ser feito. É verdade que somos em essência – em "germe", e a partir desse germe, temos desenvolvido muitas potencialidades e muito conhecimento em planos mais elevados; mas de que nos servem eles aqui? Se perdemos a consciência do fato? Os Mestres recuperaram e mantiveram plenamente essa consciência.

P: Fala-se que os mestres têm determinados poderes. Eles não poderiam usar tais poderes se não soubessem como usá-los, não é mesmo?

R: Os Mestres *usam todos* os seus poderes. Ter um poder e não o utilizar para o bem é perdê-lo. Usá-lo para o mal é também perdê-lo, a longo prazo, porque mediante tal uso são produzidas no indivíduo condições que impedem qualquer uso, e provocam atrofia. Realmente, esse é o caso de todos nós. Nas raças anteriores nós tivemos muitos poderes; nós o usamos mal e produzimos as condições mentais, morais e sociais existentes hoje, e que nos limitam. W. Q. Judge disse uma vez na conclusão de um artigo: "Erguei-vos, oh Atlantes, e desfazei os erros do passado!"

P: Será que a Filosofia permanecerá sempre insondável?

R: Se for uma Filosofia registrada, ela não é insondável, pois compreende uma declaração de princípios, juntamente com ilustrações de suas aplicações e o funcionamento de forma universal e particular. O verdadeiro significado da palavra "Filosofia" é "amor à sabedoria"; esotericamente, "A Sabedoria do Amor", ou Compaixão. Isso não pode ser registrado nem tem quaisquer limites. A frase fala do "conhecimento" como sendo insondável, o que pode ser entendido como infinita extensibilidade.

P: Podemos alcançar intelectualmente o progresso espiritual?

R: Apenas o Espírito é capaz de entender a Espiritualidade. O intelecto é apenas "máquina de pesagem", com tantos padrões de peso quanto os assim chamados intelectos.

P: Na página 27 [ed. bras.], o Sr. Judge fala dos Mestres que sempre estão fazendo História, e que as figuras históricas, visíveis nos dramas sucessivos, podem ter sido nada mais do que seus fantoches. Se isso for verdade, como podemos saber quando estamos agindo, ou sendo coagidos? Não foram esses homens usados pelos Adeptos e Mestres?

R: Sim, consciente ou inconscientemente. Quando conscientemente é para fazer pelo outro algo que ele não pode fazer. Inconscientemente é quando a natureza e o *Karma,* daquele que é assim usado, o permite. Não se interfere na integridade do indivíduo; ele é estimulado a utilizar suas faculdades superiores. Com nossa natureza atual e os defeitos adquiridos existe uma maior possibilidade de sermos coagidos pelo mal do que pelo bem. Nós precisamos ser capazes de determinar aquilo que é realmente bom e aquilo que não é; então seremos os verdadeiros atores.

P: Os Mestres podem "fazer por alguém aquilo que ele mesmo não pode fazer?" Isso, parece contrário à afirmação do "Terceiro fundamento" – esforços autoinduzidos e autoprojetados?

R: Não é; porque em tais casos o indivíduo deve ter avançado por esforços autoinduzidos e autoplanejados, até o ponto em que toda sua natureza provê um ponto de contato com Seres mais Elevados e Mais Sábios, cujo contato não só o habilita a utilizar, mais forte e sabiamente, os seus próprios poderes e conhecimentos, como também lhe fornece a direção correta ao longo da qual os seus serviços autoinduzidos e autoplanejados o permitem seguir em frente. Quando inconscientemente utilizado, sua natureza deve ser autoinduzida tornando-o um instrumento possível, e o estímulo de suas qualidades abre oportunidades adicionais para esforços propriamente induzidos e planejados, até que, por sua vez, ele se torna um Agente Consciente. Todo o curso da instrução oculta é, por sugestão, baseada no conhecimento correto.

P: Qual é o significado na p. 23 [ed. bras.] – quando se fala de "a regra da lei que é inerente a tudo"?

R: A Lei não deve ser entendida como algo imposto a nós, externamente, por qualquer ser ou seres, mas devido às nossas próprias ideias e ações como fontes e causas criativas dos efeitos que sentimos. Portanto a Lei é inerente a nós mesmos.

P: Na página 37 de *O Oceano* [ed. bras.] – trata a "verdadeira doutrina" como estando "gravada no imperecível centro da natureza do homem". Isto quer dizer como memória?

R: Não é memória, no sentido da palavra utilizada por nós. É tudo aquilo que somos, em cada um de nossos constituintes, em razão das nossas experiências passadas e sua aplicação, independentemente de recordarmos ou não da experiência.

P: Os acontecimentos atuais parecem aos olhos dos Mestres como experiências novas, ou Eles enxergam o futuro como ele será?

R: Eles passaram por todas as experiências, e podem julgar o futuro por meio do passado e do presente. Não devemos pensar que nossas experiências a esse respeito sejam diferentes daquelas vividas em qualquer outra era. O ambiente material – as ideias, indubitavelmente – era bem diferente do nosso; mas os sentimentos humanos sempre foram os mesmos, não importa qual seja a forma daquilo que os estimula. Os Mestres não consideram o caráter dos estímulos externos, mas os efeitos produzidos na natureza interna do ser humano. A experiência é aquilo que se sente.

P: Mas a "Alma" é distinta de quaisquer experiências?

R: Certamente, se não fosse, ela não poderia experimentar coisas novas. A Alma é distinta das suas experiências no sentido que ela é a soma total de suas experiências, da mesma maneira como uma casa é diferente dos materiais utilizados nela. A Alma é o resultado de todas essas experiências; a casa não é nenhum dos materiais, mas é um projeto construído com todos os materiais. *Nós idealizamos* nossas experiências. Nossas experiências não têm valor, a menos que nos deem a base para nossa idealização. A

Alma é a idealização das experiências – a idealização do Espírito, ou Consciência. Nos movemos de ideal para ideal. O Espírito está constantemente construindo ideais até que finalmente ele perceba que todos os ideais estão compreendidos no Uno. Isso simplesmente significa que tudo é Consciência e Espírito.

P: Eu sempre pensei na "Alma" como uma espécie de abstração.

R: É estranho pensarmos a parte Real de nós mesmos como irreal. Há Aquilo em nós que vê, ouve, sente – totalmente independente do corpo, totalmente independente da mente – o Homem Real. *Buddhi* é o Ego[2] Imortal. *Buddhi* não pode ser descrito. Ele é sentimento, as experiências acumuladas – todas as nossas experiências em sentimento. *Manas* é a Mente superior, aquela parte de *Buddhi* que está em ação; o poder criativo de *Buddhi*. Há uma linha contínua de experiências como Percebedores[3] – tudo aquilo que surge dessa percepção.

P. *A Voz do Silêncio*[4] fala da Mente como "a assassina do Real". Por quê?

R: A "mente" é apenas uma "lente" por meio da qual olhamos, e vemos o mundo de acordo com aquilo que foi feito por nós.

---

[2] *Ego* na literatura teosófica é traduzido, literalmente, do Latim, ou seja, *SER*, *EU*. Não se faz referência à psicologia e psicanálise modernas, e sua tríade Ego, Idi, Superego postulada pelo Dr. Sigmund Freud. (Nota Trad.)

[3] Em inglês "Perceivers". (Nota Ed. Bras.)

[4] BLAVATSKY H.P. *A Voz do Silêncio*, Brasília: Ed. Teosófica, 2022. (Nota Ed. Bras.)

Enxergamos tudo aquilo que é refletido no espelho de nossa mente – é sempre um reflexo – um reflexo colorido e distorcido pelos nossos próprios pensamentos e sensações – caracterizados pelo tipo de espelho que tivermos. Tudo aquilo que nos dizem é sempre misturado com as experiências que já tivemos; consequentemente nada é verdadeiro, a menos que nossas mentes sejam verdadeiras. As imagens são refletidas na retina de forma invertidas, como se encontram em um espelho, mas nós aprendemos a corrigir essas inversões, psiquicamente e inconscientemente. Isso corrige as lentes físicas para os reflexos externos. Mas nós precisamos de uma lente metafísica que corrigirá os reflexos mentais. Isso pode ser realizado por meio de conceitos metafísicos, baseados em verdades eternas, fundamentadas na natureza essencial das coisas.

P: Aquilo pelo qual o homem está se esforçando *não é o que chamaríamos de perfeição? Não é essa a meta, ou tornar-se um Mahātma*?

R: O objetivo de toda evolução não é a salvação individual, mas que o todo seja elevado, a graus cada vez mais altos. Um Mestre é Aquele que está muito, muito à frente de todos os outros. Ele tornou-se um Mestre pelos serviços prestados, e agora permanece com todos os Seus gloriosos poderes dedicados ao serviço, não somente da Humanidade mas de todos os reinos da Natureza. Aqueles de nós que tiverem em si a possibilidade de se tornarem Mestres, no devido tempo, devem imitar o exemplo Deles.

P: Na página 30 [ed. bras.] de *O Oceano*, lemos sobre a existência desses Homens Sábios, e que eles provavelmente existem hoje. Certamente não há dúvida sobre isso! Por que a palavra "provavelmente" foi posta ali?

R: A palavra "provavelmente" foi usada a fim de mostrar ao leitor comum, com ideias ocidentais, que a evidência da existência de tais Seres no passado aponta para a forte probabilidade de Sua existência na atualidade; para evitar qualquer dogmatismo aparente, e para apelar para a decisão do leitor – estimulando-o a pensar.

P: *O Oceano da Teosofia* tem um tom de convicção estabelecida, e parece ser bem fundamentado. Ele deveria ser aceito dessa maneira?

R: Como foi afirmado pelo próprio Sr. Judge no Prefácio, "O tom de profunda convicção que pode ser visto predominando nestes capítulos não é o resultado de dogmatismo ou de presunção, mas emana diretamente de um conhecimento baseado na evidência e na experiência." Não é presunção ou argumentação baseada em autoridade, porque é apenas a transmissão daquilo que foi conhecido anteriormente.

P: Ao falar de uma base verdadeira, você acha que seria possível para a Sociedade Teosófica ter uma para a promulgação dos verdadeiros ensinamentos dos Mestres, sem as Três Proposições Fundamentais de *A Doutrina Secreta*? Poderiam eles ser ensinados sem elas?

R: Um conhecimento prático das Três Proposições Fundamentais é essencial para a compreensão de tudo que segue em *A*

Doutrina Secreta. Poder-se-ia repetir tudo o que está escrito nela, e em outros lugares, e não ter uma verdadeira compreensão da Filosofia. Existem muitos nessa posição. *A Doutrina Secreta* diz em relação às Três Proposições Fundamentais, "Uma vez que o leitor tenha obtido uma clara compreensão das mesmas, e tenha percebido a luz lançada por ela em cada problema da vida, ele não precisará de mais nenhuma justificativa aos seus olhos, porque a verdade será para ele tão evidente quanto o sol no céu."

P: O número de Mestres não é aumentado durante o *Kali Yuga*[5], ou é?

R: Visto que um Mestre é um ser setenário perfeito, e os homens em geral estão muito longe de serem perfeitos, embora tenham uma natureza setenária, não pode existir nenhuma barreira absoluta para a conquista da perfeição em qualquer idade, ou aquele grau de sabedoria e poder que marca um Mestre. Na era atual não há dúvida de que as dificuldades são grandes, mas as oportunidades também o são. É seguro afirmar que cada civilização contribui para o aumento do número Deles.

P: Como é que tal idade acontece de surgir? Ela é às vezes chamada de a idade de "Fundação"; por que isso? E por que se fala do seu *Momentum*, e quanto pode ser conseguido nele?

---

[5] *Kali Yuga* (sânscrito) – O quarto *yuga*, a idade *negra* ou de ferro; o atual período do mundo, cuja duração é de 432.000 anos. *Glossário Teosófico*, Ed. Ground, 7ª ed. (Nota Ed. Bras.)

R: *Kali Yuga* significa a "Idade das Trevas" – isto é, "obscuridade espiritual". É a culminância da descida do homem em direção à matéria, e de sua identificação com a matéria mais grosseira. Representa e contém a mistura de diferentes linhas de pensamento, e de ação individual e coletiva (indivíduos, nações e raças), necessariamente antagônicas devido ao egoísmo pessoal, à perda do conhecimento da identidade espiritual. Os processos da Natureza são, em primeiro lugar, homogeneidade; depois, diferenciação; em seguida, amalgamação – quando todas as diferenciações estão misturadas, em conjunto; então vem a precipitação – ou separação das ideias verdadeiras das falsas. Isto é o *Kali Yuga*, durante o qual deve ser feita uma escolha entre ideias verdadeiras e falsas. É a "Era da Fundação", porque as experiências adquiridas através da Idade de Ouro, a Idade de Prata e a Idade de Bronze, cristalizam-se na Idade de Ferro. Então, todo o *Momentum* dessas idades está presente e, como é o ponto de inflexão, forma a "fundação" para o progresso subsequente. Temos descido passo a passo pelas eras anteriores. Todos os esforços feitos, e as experiências adquiridas, durante esses vastos períodos, devem ser combinados e postos em ação no controle e no uso correto de nossos poderes terrestres. Não podemos fazer *nada contra* o *Kali Yuga*, mas podemos fazer *tudo* nele.

P: O que têm os ciclos a ver com o aparecimento destes Mestres?

R: Isto é como perguntar: o que tem a ver o curso do dia com nosso despertar. A Lei Universal mostra que períodos de não-manifestação são seguidos por períodos de manifestação; períodos de Luz, por períodos de Escuridão. Por isso há períodos nos quais a espiritualidade torna-se cada vez mais eclipsada, e reinam o materialismo e o intelecto; e então, estes novamente são seguidos por uma aurora e o aumento da espiritualidade. É no começo de um período como este último que acontecem as encarnações Divinas. Não é o período de anos que leva ao aparecimento de uma Encarnação Divina, mas a condição da humanidade. Foi observado, entretanto, que períodos e condições dos homens coincidem; do mesmo modo que o despertar pertence à luz do dia e o dormir à noite. Isto se deve à ação coletiva. Quando toda a massa começa a girar, a unidade tem que acompanhá-la; mas um determinado elemento pode estar na massa ou centro da roda, por assim dizer, e não girar junto com o movimento da periferia. Da mesma maneira, quanto mais nos afastamos de nosso próprio centro, mais estamos envolvidos no movimento geral; entramos em uma corrente de ideias e sentimentos, e somos levados por ela porque nos identificamos com ela.

P: Algum desses indivíduos que têm todo esse conhecimento está atualmente em seu corpo físico?

R: Afirma-se que Eles estão, e mais ainda, que Eles vivem nesta Terra. Enquanto seus corpos têm formas idênticas aos nossos, a substância física da qual eles são compostos é de matéria física de um grau muito elevado; poderia se comparar com a matéria radiante, fortemente elétrica e magnética, se, pois, Eles detêm os poderes elevados dos quais se falou, Seus corpos teriam necessariamente de ser do tipo que pudesse suportar o impacto e conferir-lhes tais poderes.

Os Mestres não poderiam visitar um homem comum sem criar um tamanho desequilíbrio em seu corpo físico que impediria a percepção e ação comuns. Quando Eles, de fato, surgem entre os homens, Eles tomam as necessárias precauções, tanto para ocultar a si mesmos quanto para isolar seus poderes, assumindo um corpo comum de matéria física. Por esses meios, eles são capazes de evitar perturbações externas e prevenir supervisão ou obstrução. Como seu trabalho é sobre a natureza interior do homem, por meio de sua personalidade, este corpo emprestado, por assim dizer, serve a todos os propósitos. Se, por outro lado, eles devessem fazer um esforço extraordinário para evitar qualquer possível dano ou perturbação aos corpos comuns, e aparecessem em seus próprios corpos naturais, seus poderes sobre a Natureza e sua aparência seriam tais que causariam adoração por parte de alguns, e antagonismo supersticioso da parte de outros, qualquer um dos quais seria subversivo para o objetivo em vista, que é despertar a natureza divina do homem para a atividade. Portanto, a adoração não é exigida, e a companhia não é sábia nem possível para nós como seres físicos; é necessário que conheçamos *dentro de* nós mesmos estas verdades que Eles ensinam e expressam de maneira preeminente.

Afirma-se que os Mestres estão preparando as mentes dos homens, através de Sua Mensagem da Teosofia, para introduzir Sua presença real entre nós; quando isso acontecerá, depende da humanidade como um todo, e de nós mesmos em particular.

P: O senhor acha que existe uma lei universal por trás de nossas escolhas, sejam elas corretas ou incorretas?

R: A Lei é o reino da ação, e a sua continuação é reação. Desde o início da manifestação, cada ação de qualquer ser afeta, em maior ou menor grau, todos os seres, os quais, por sua vez, reagem sobre o autor da ação. São essas reações que atuam como barreiras quando vemos um caminho melhor e não podemos agir imediatamente como gostaríamos. No entanto, nós podemos fazer a escolha, mantê-la e trabalhar nesse sentido. As barreiras passarão; a escolha permanecerá com todas as suas potencialidades. Contudo, não se faz menção acima àquilo que meramente nos agrada ou desagrada; essas estão dentro do poder do indivíduo para remover. As barreiras de que se fala são as apresentadas pelas condições, circunstâncias e acontecimentos externos que, por ora, nos impedem de seguir um curso visto, sentido e conhecido como sendo o melhor.

P: Por que a Teosofia "não sobrecarrega o entendimento de uma criança"?

R: Talvez porque as crianças tenham mais intuição e menos ideias falsas do que os adultos. As crianças estão mais próximas da condição *devachânica* do que os adultos; suas mentes ainda não estão contaminadas pelas falsas concepções que prevalecem, de modo que as verdades eternas são prontamente apreendidas e aplicadas, visto que, em si mesmas, são simples. As crianças apreendem, de imediato, a ideia do *Karma* - semear e colher - e percebem e admitem a justiça dela, e naturalmente colocam a ideia em prática, em seus pequenos campos de experiência. Uma vez que essa ideia esteja firmemente implantada em suas mentes, permanece, e é aplicada a suas gamas de experiências cada vez mais vastas. É fácil para elas compreender a ideia de que são Vidas, sem começo e sem fim, e que viveram antes e viverão novamente. Uma criança não tem a ideia da morte, nem teme pelo futuro; ela vive no presente e prontamente apreende as verdades simples da vida e do ser.

P: Você presumiria, com base na primeira metade do parágrafo [página 21][6], que existem outros seres além dos "sencientes"?

R: Na Teosofia, a Religião-Sabedoria, todas as formas são mostradas como animadas por algum grau de inteligência; tudo é alma e espírito. Não sermos capazes de ver a ação da inteligência na forma de matéria não é razão para negar sua existência. Ao assumir que o Espírito Uno é a fonte e raiz de toda manifestação, não pode existir algo como "matéria morta".

P: Na primeira página [p. 21 – ed. bras.] está escrito: "[A Teosofia] é a sabedoria concernente a Deus para aqueles que creem que Ele está em todas as coisas e em tudo, e é a sabedoria sobre a Natureza, para o homem que aceita a declaração da Bíblia cristã de que Deus não pode ser medido nem descoberto e que as sombras

[6] *O Oceano da Teosofia*, Ed. Teosófica, Capítulo 1, A Teosofia e os Mestres, p. 21. (Nota Ed. Bras.)

envolvem seu pavilhão". Isso abrange a Primeira Proposição Fundamental de *A Doutrina Secreta*, e qual é a distinção da Natureza lá?

R: A afirmação indica a Primeira [Proposição] Fundamental, mas não a cobre totalmente. Aqueles que acreditam que "Ele é todas as coisas e está em tudo" necessariamente aceitam o Princípio Uno absoluto como a causa e sustentador de tudo o que foi, é ou será; isso inclui tanto o não manifestado quanto o manifestado. É sabedoria sobre a Natureza para aquele que se preocupa apenas com o Universo manifestado, e se apercebe de que sua fonte e seu sustento são incognoscíveis. Existe *Aquilo* que deve permanecer sempre desconhecido, porque é o Conhecedor em cada corpo. Não pode ser conhecido, porque *Sua potencialidade* de conhecer *é Infinita*.

Existe *Aquilo* em nós, que é o nosso próprio Ser, imutável e inexaurível através de infinitudes de experiências; é o incognoscível em nós, assim como em toda a Natureza; Dele procede toda a manifestação. Aprendemos o que é o Ser, vendo o que é o não-Ser. O mais oculto nos *Upanishads* é chamado de *Mundakya*, a palavra que significa "Raspar" ou aparar tudo o que não é o Ser, tanto em nosso plano de percepção, como em todos os outros planos. Qualquer coisa vista ou conhecida, não é de forma alguma o Ser; todos são percepções desse Ser; o Ser permanecendo sempre imutável, embora ao mesmo tempo seja o receptáculo de todas as percepções e experiências. Não importa que experiências possamos ter, que conhecimento ou poder possamos adquirir, *não somos* a experiência, o conhecimento ou o poder – eles são nossas posses. Todo o processo de crescimento é um processo de realização da Unidade, e da eternidade do Eu, em nós e em todas as criaturas e formas de manifestação.

P: Mas não somos todos Mestres internamente?

R: Embora sejamos *inerentemente* perfeitos, o que significa a potencialidade de nos tornarmos cada vez mais perfeitos em poder e expressão, estamos longe daquele grau de perfeição que as palavras "Mestres da Sabedoria" implicam. Podemos no imenso passado ter alcançado graus de perfeição nos planos superiores de nosso Ser, mas é muito evidente que não coordenamos nosso plano atual de consciência com aqueles aperfeiçoamentos possíveis. Um Mestre implica um instrumento perfeitamente coordenado, em todos os planos do ser, em outras palavras, um ser setenário perfeito; essa tarefa ainda está diante de nós. Potencialmente, somos o Todo; na verdade, somos o que somos, capazes de nos manifestarmos.

P: Mas não somos perfeitos nos planos superiores?

R: As palavras "perfeito" e "perfeição" para a maioria das mentes significam alguma finalidade. Deve ser entendido que a "perfeição" é relativa às nossas "imperfeições"; alguns imaginam que se livrando de suas atuais imperfeições conhecidas, seriam perfeitos; seria uma experiência interessante para eles eliminar mentalmente suas imperfeições conhecidas e, então, ver o que restou no caminho da perfeição. Em um Universo infinito as possibilidades de *vir-a-ser* são infinitas, portanto, dizer que somos perfeitos em planos superiores significaria apenas que o "interno" é mais perfeito do que o "externo", mas *dizer* isso não nos ajuda. É certo que, como Egos, com a sabedoria adquirida e o poder extraído de experiências passadas, pareceríamos deuses para nossas limitações pessoais, mas as condições *kármicas* que produzimos neste Plano Físico nos proíbem de perceber ou expressar nossas naturezas egóicas. Enquanto o Ego está – por assim dizer – misturado aos elementais, ele está preso e limitado àquela ação que sua compreensão da natureza da combinação permite. Podemos saber tudo sobre "a música das esferas", e ter que usar uma picareta e uma pá; internamente, podemos ser "pilares de luz", e ter que trabalhar nas trincheiras, cobertos de lama e outras coisas. Isso deve mostrar-nos que nosso trabalho está aqui e agora, nas condições que nos cercam; quando tivermos eliminado nossos defeitos, neste campo da existência, seremos capazes, em uma existência corporal, e não antes, de nos valer de nosso conhecimento interior; embora o progresso nessa direção seja sempre possível gradualmente.

P: Onde entra a perfeição? Não é o Ser perfeito, e não somos o Ser?

R: Como eu disse antes, a "perfeição" é relativa à "imperfeição"; a ideia de "perfeição" que podemos ter sustentado, e finalmente alcançado, apenas revelaria outras "perfeições" pelas quais devemos lutar. "Perfeição" é uma meta cada vez mais evasiva; "podemos sempre nos aproximar da luz, mas nunca podemos tocar a chama", porque essa chama é o nosso próprio Ser, o Observador e o Conhecedor. O Ser não é perfeito nem imperfeito, pois inclui todas as percepções; não poderia haver conhecimento de qualquer grau de perfeição ou imperfeição a menos que o Observador pudesse ver e distinguir entre eles.

P: Mas é dito que o homem é inerentemente perfeito?

R: A inerência é o poder ilimitado de sempre *vir-a-ser*. Quer o *vir-a-ser* seja pequeno ou grande, seu poder permanece o mesmo. O homem, como o Ser, está além da mudança, e somente nesse sentido pode ser chamado de "perfeito"; somente o que é inexaurível, imutável, impossível de ser evitado, pode ser chamado de perfeito. Quando *falamos* de "perfeição" queremos dizer sabedoria, compreensão, poder, todos são aquisições, não heranças; portanto, confundimos a *potencialidade incondicionada* com a *potência condicionada, embora sempre crescente*, e somos levados à confusão mental. Metafísica e filosoficamente, é incorreto aplicar termos que indicam um "estado" ou "condição" à Realidade Incondicionada Una, o Ser de Tudo.

P: Mas o homem é perfectível, não é?

R: Certamente. Perfectibilidade significa capacidade de se tornar perfeito; mas perfeito em quê? Esta questão abre um fato vital que foi perdido de vista em algumas das questões anteriores, ou seja, todos os seres de todos os graus são produtos da Evolução. Este primeiro capítulo, em sua primeira frase, fala da "evolução dos seres sencientes", e o capítulo é dedicado a uma apresentação do fato e do resultado lógico da evolução na existência de Mestres de Sabedoria. Esses grandes seres nos apresentam a ideia e o fato das Individualidades Espiritualizadas que se tornaram assim por meio da observação e da experiência. O conhecimento não existe por si só, é adquirido; e não existe conhecimento a menos que existam os seus Conhecedores. A compreensão e a aplicação das Três Proposições Fundamentais teriam respondido a todas essas questões. Essa questão, em particular, é respondida pela Terceira Proposição Fundamental, que diz: "a doutrina central da filosofia Esotérica não admite privilégios ou dons especiais no homem, exceto aqueles adquiridos por seu próprio Ego através de esforço pessoal e de mérito, por meio de uma longa série de metempsicoses e reencarnações." Aquilo que percebe em todas as formas e seres é o Ser Espiritual; conforme as percepções aumentam a necessidade de uma forma melhor de instrumento é percebida, e no decorrer do tempo e do esforço evolui; assim, à medida que aumentam o alcance e o poder das percepções, cada vez melhores instrumentos são desenvolvidos. A "perfectibilidade" está ao alcance e ao poder da inteligência, assim como nos instrumentos em uso. O Ser pode ser comparado ao "ponto" dentro do círculo que permanece inalterado, por mais que os círculos que procedem dele e repousam sobre ele possam ser alargados; os "círculos" representam o conhecimento e o poder adquiridos, constituindo o "ser". O Ser Espiritual é o ponto – é a raiz e o recipiente do ser, mas sempre permanece inalterado em suas possibilidades infinitas.

P: O que significa "onisciência"?

R: "Onisciência" significa aquele estágio de perfeição e coordenação de todos os "invólucros da alma" compostos da substância mais etérea, de substância terrestre e de todos os graus entre elas, o que permite ao Divino Ego ou Percebedor saber tudo o que deve ser conhecido em relação a qualquer estado de consciência ou a qualquer plano de substância, sempre que tal conhecimento for necessário ou desejável.

P: É dito nas páginas 35-6 [ed. bras.], que os Mestres ou Irmãos Mais Velhos são geralmente ultrajados ou qualificados como impostores. Por quê?

R: Porque a filosofia abrangente, representada por eles, tende a destruir as ideias aceitas da ciência, filosofia e religião que governam o mundo em qualquer período histórico; naturalmente, os Adeptos destas e, especialmente os seus proponentes, usam todas as armas disponíveis para frustrar a disseminação daquele conhecimento que, se geralmente aceito, os deixaria com reputações prejudicadas e tiraria seus atuais meios de subsistência. O público, desatento, aceita sem questionar as declarações e julgamentos daqueles que se colocam a seus olhos como "autoridades".

P: É dito no capítulo que às vezes os Mestres não encarnam para trabalhar, mas apenas para descobrir o que está acontecendo?

R: Onde está escrito isso? O capítulo [p. 24, ed. bras.] diz: "Eles sempre existiram como um corpo ou associação, todos se conhecendo uns aos outros, sem importar a parte do mundo em que possam se encontrar, e todos trabalhando pela raça humana em diferentes formas".

P: Quais são as divisões últimas do tempo? [p. 26, ed. bras.]

R: Já foi dito que aquele que conhece o *Karma* conhece as últimas divisões do tempo; diz-se ainda que esse conhecimento é possuído apenas pelos seres mais elevados. Embora seja impossível e desnecessário termos os períodos exatos, declarados em nossas concepções de tempo chamados de "anos", podemos compreender o que está incluído na expressão "as divisões últimas do tempo". Cada planeta ou Sistema Solar é um ressurgimento daquele que o precedeu. Todos os seres envolvidos em qualquer Sistema Solar estão ligados entre si em uma corrente interdependente evolucionária, a totalidade de suas necessidades *kármicas* constituindo o Grande Ciclo dentro do qual todos os ciclos menores estão contidos. Enquanto o Grande Ciclo inclui a possibilidade de manifestação de todos os seres envolvidos, os ciclos menores dentro daquele maior são determinados por massas de seres, classes de seres e unidades de consciência, cada um em acordo exato com seu alcance *kármico* e necessidade. É preciso lembrar de que os ciclos não são divisões arbitrárias de tempo que limitam a ação, mas são os resultados do retorno periódico da impressão e ação por seres de todos os graus envolvidos em qualquer fluxo evolutivo. (Veja a Segunda Proposição Fundamental)

P: É dito na página 26 [ed. bras.] que os Mestres têm um conhecimento dos próprios fundamentos da Natureza. Nossa ciência não está se esforçando para alcançar esse conhecimento?

R: Nossa ciência é o resultado do trabalho e da pesquisa de homens de alta inteligência na direção a uma compreensão das combinações e correlações de elementos, substância ou matéria nas formas. Eles desconsideram o fato de que se a inteligência pode perceber uma forma e determinar os assim chamados vários elementos e substâncias que a compõem, a inteligência está acima e além da forma ou substância, e não é produzida por estas nem limitada por elas, e, necessariamente, todos os tipos de substâncias e elementos, em sua simplicidade ou em combinações complexas, são resultados de diferentes graus de manifestação inteligente; em outras palavras, o Universo manifestado é consciência corporificada. Em princípio, os cientistas ridicularizam a metafísica, limitando assim suas faculdades perceptivas somente à física, deixando de investigar os campos da metafísica, e são incapazes de sustentar, ou mesmo de suspeitar o fato de que sem metafísica não existirá a física. Ao mesmo tempo, eles usam a metafísica com suas "hipóteses" em constante mudança, quase sem se darem conta. A busca da verdade em relação aos "fundamentos da Natureza", entre as observações físicas da matéria, da substância, elementos ou forças, nunca podem ter sucesso. É como cavar cada vez mais fundo na terra para encontrar a fonte de luz.

P: Qual é a natureza do conhecimento do Mestre sobre as coisas e os seres em relação à ciência?

R: A resposta pode ser encontrada na página 22 [ed. bras.]: "A Teosofia sabe que o todo está constituído pelo visível e o invisível; e compreendendo que as coisas e os objetos externos são apenas transitórios, esta percebe os fatos reais da Natureza, tanto externos como internos. Assim, a Teosofia é completa em si mesma, e não vê em nenhuma parte mistério algum sem solução; por isso elimina a palavra coincidência de seu vocabulário e proclama o reino da lei em todas as coisas e em todas as circunstâncias." Com relação à ciência, é dito: "nossa ciência até agora ignora o invisível e recusando admitir a existência, no ser humano, de uma completa série de faculdades interiores de percepção, fica excluída do imenso e verdadeiro campo de experiência que jaz dentro dos mundos visíveis e tangíveis."

P: Diz-se que os Mestres investigam todas as coisas e seres; Eles precisariam fazer isso, caso conheçam o que o homem é em sua natureza mais íntima, e quais são seus poderes e destino?

R: Partindo da premissa de que Eles conhecem a natureza íntima do homem, e quais são as suas potências e destino; a questão é realmente: "O que o homem sabe sobre sua natureza, poderes e destino mais íntimos?" A resposta é "praticamente nada". Ao mesmo tempo, o homem está criando seu próprio destino e, em sua ignorância, traz sobre si dor e tristeza. Os Mestres podem saber em qualquer momento o que desejam conhecer; e o que Eles consideram necessário "investigar" pode muito bem ser o que o homem está fazendo com seus poderes inerentes, quais são os ideais equivocados que ele busca e quando e como ele pode ser ajudado.

P: Por que a Teosofia é chamada de ciência religiosa e religião científica?

R: Porque a verdadeira ciência e a verdadeira religião devem ser aspectos complementares da Verdade. A Teosofia apresenta a base científica para a ética ensinada, bem como um conhecimento científico da natureza de todos os seres, formas, substâncias e forças, e tudo isso em relação à Alma, e ao Espírito como criador e sustentador deles.

P: Como podemos obter conhecimento interno? Saberemos mais sobre a Filosofia à medida que a aplicamos?

R: O conhecimento interno deve ser obtido, primeiro, pelo reconhecimento dos poderes e faculdades internas do homem e do Ser Uno em todos os seres; e, segundo, baseando o nosso pensamento e a ação nesse reconhecimento. Se vivermos a vida, conheceremos a doutrina. Um mero consentimento intelectual da filosofia não trará conhecimento; devemos viver o que sabemos ou sentimos ser verdadeiro, então saberemos. As Três Proposições Fundamentais de *A Doutrina Secreta* fornecem não apenas a chave para todas as existências, mas também para a raiz e sustentação delas, o Ser Uno em tudo; devemos agir para e como o Ser em todas as direções, até perdermos a ideia pessoal do eu no Ser Universal; quanto mais suplantamos o ser inferior pelo Superior, mais universal o nosso ponto de vista se torna, e os poderes que pertencem a cada passo subsequente, em direção à universalidade, se revelam e encontram seu campo de ação. Junto com a filosofia, os livros devocionais, a *Bhagavad-Gitā* e *A Voz do Silêncio*, em particular, devem ser lidos e ponderados, pois tendem a despertar as percepções da Alma, sem as quais todas as aquisições intelectuais são mecânicas, estéreis e subversivas. "A realização vem pelo esforço e concentração naquilo que vai ser realizado." Devemos pensar, e, ao pensar, tentar, pois qualquer que seja a medida de sucesso ou fracasso de nosso ponto de vista é o esforço que conta.

P: O que você diria ser a "Natureza" e a "Alma"?

R: A nossa compreensão da Natureza compreende a soma total da manifestação da matéria, formas, elementos e forças que somos capazes de perceber, todos esses sendo efeitos de causas geralmente não compreendidas. Na realidade, a palavra "Natureza" deve ser entendida como incluindo a Causa e as causas do que percebemos, bem como os efeitos. "Alma" se aplica à inteligência, cujos inúmeros tipos são as causas que produzem os efeitos externos, percebidos e sentidos. Existem muitos tipos de "Alma", e podem ser divididos em mineral, vegetal, animal, humano, e além. O Universo é consciência corporificada. A Natureza, em seu sentido mais amplo, só pode ser compreendida pela compreensão de que o Universo, conforme manifestado, é uma expressão de muitos graus de inteligência ou alma, e que o Universo existe por causa da "Alma", e apenas para a "experiência da Alma". Um antigo escrito diz: "Não há lugar para tristeza ou dúvida no coração daquele que vê e sabe que todos os seres espirituais são do mesmo tipo e diferem apenas em grau".

P: Então a Alma Divina, Humana e Animal referem-se simplesmente ao tipo e grau de experiências adquiridas?

R: Sim. Estes são simplesmente termos qualificativos usados para designar graus de experiência e de inteligência adquiridos. A sensação de "ser" vem do poder perceptivo em ação; à medida que aumenta a gama de percepção e reflexão, a compreensão do "ser" se torna mais forte. O ser de todos os seres é o Ser Supremo Uno; é o centro de percepção do poder, em todas as formas; a partir desse centro, todo o crescimento de inteligência e de forma procede em círculos cada vez maiores.

P: Qual é a diferença entre Espírito e Alma?

R: O Espírito é universal. Não se pode dizer que pertença a algo ou a alguém. É como o ar, universal, e está em toda parte. Ele é incapaz de conhecer a Si Mesmo, exceto como Alma. O Espirito é o "poder de tornar-se"; a Alma é "aquilo em que se torna". O Espirito é o poder de ver e conhecer; Alma é a visão e o conhecimento. A Alma é o acumulador de percepções e experiências, através das quais a Identidade Espiritual é realizada.

P: De que forma o ensinamento teosófico sobre a Lei difere do entendimento geral da mesma?

R: O ideal comum em relação à Lei implica um Legislador, que a Teologia imagina ser um *Ser* Supremo, que por sua vontade arbitrária cria e estabelece toda a Natureza, as leis da Natureza e todos os seres. A Ciência materialista busca e reconhece Leis nos processos observáveis da Natureza, mas não vai além do que pode ser visivelmente determinado e demonstrado. As Leis Humanas consistem em sanções presumidamente concebidas para expressar os sentimentos e desejos gerais das pessoas como um todo, e para reprimir os indivíduos que não compartilham do sentimento geral. Essas leis baseiam-se nas necessidades da época e são alteradas à medida que mudam os sentimentos gerais das pessoas, e conforme as necessidades obrigam tais mudanças. Nem as assim chamadas "Leis de Deus", as leis da matéria, até agora determinadas, nem as leis humanas, em constante mudança, apresentam qualquer base universal sobre a qual uma verdadeira concepção da Lei possa se fundamentar, pois essas três concepções diferem amplamente em suas bases e aplicações, e são prontamente percebidos como meros expedientes. O atributo mais elevado do Direito é a justiça exata, e somente essa percepção que apresenta o Direito como justiça incontestável pode ser considerada verdadeira. A declaração teosófica com relação à Lei exibe e provê justiça exata a todos os seres e em todos os sentidos. Existe apenas uma lei para todos os seres; tem sido chamada de Lei das Leis e é conhecida sob o nome de *Karma*. Esta palavra significa "ação", sem a qual não há reação; é também conhecida como "Causa e Efeito" ou "Semeadura e colheita". É ensinado que não há ação, a menos que haja um ser para agir ou sentir seus efeitos, e como qualquer ação afeta outros seres, esses devem obter seu ajuste no ponto de partida da ação original. Assim, a Justiça e a Misericórdia estão previstas na Natureza inerente de todos os seres, pois ambas, em última análise, são uma e a mesma.

P: Não é a Justiça considerada inexorável na condenação, e a Misericórdia como aquilo que ajusta a Justiça?

R: Indubitalmente são assim consideradas, mas devemos lembrar que a ideia humana de justiça inclui punição para a injustiça, e o poder para punir sendo autopresumido e, de comum acordo, sujeito a erros de julgamento, desperta a qualidade humana da Misericórdia da própria incerteza em relação à justiça exata, e talvez do ditado bíblico: "Não julgueis, para que não sejais julgados". A verdadeira justiça deve ser um reajuste completo de toda e qualquer perturbação e, ao mesmo tempo, trazer uma compensação total. A misericórdia, como normalmente entendida, reside no não exercício do poder de punir, e em si mesma, nessa relação, é um reconhecimento tácito do fato de que a justiça perfeita, humanamente falando, é inatingível. Devemos ser capazes de ver que a justiça perfeita, e a misericórdia perfeita, não se opõem uma à outra, mas são, em realidade, dois aspectos da mesma coisa, a saber, *compensação exata e plena* em todos os casos e em todas as direções. A Compaixão e a Compensação são uma combinação perfeita, e expressam o que chamamos de Justiça e Misericórdia.

P: Isso parece apontar para a justiça e a injustiça como coisas separadas das pessoas afetadas por elas?

R: Pode parecer assim para aqueles cujas mentes sustentam a ideia de lei externa ou causalidade; mas não poderia haver justiça ou injustiça se não houvesse seres para produzi-las ou senti-las. A Teosofia apresenta o ponto de vista de que todo estado e forma de matéria é a personificação de um grau espiritual e psíquico de inteligência. *A forma* não exerce nem sente justiça nem injustiça, mas Aquilo que a anima e a usa, sim. É o pensamento, a vontade e o sentimento da inteligência animada que afetam outras inteligências animadoras, através de suas incorporações, e, necessariamente, as reações desses efeitos devem ser ajustadas pela inteligência que originou a ação.

P: Isso parece indicar uma repetição interminável do bem com o bem e do mal com o mal.

R: Não, se tivermos entendido que a inteligência animada é um ser que, ao experimentar em si os efeitos resultantes da má ação, se abstém da má causação e só põe em movimento aquilo que traz o bem.

P: Mas isso não apresenta um motivo egoísta?

R: Sem dúvida, o desejo de recompensa e o de evitar o castigo existe, e, é egoísta; mas é o primeiro passo na direção de sentir responsabilidade, e a responsabilidade é o começo do altruísmo. O ser vê e sabe, em grau sempre crescente, que o mal só é superado pelo bem; o ódio, pelo amor, e, finalmente, que não existe bem duradouro a não ser o bem de Todos. A justiça não é possível sem consideração por todos os outros, e consideração pelos outros é caridade para com suas fraquezas levando à misericórdia e compaixão. A primeira etapa na direção certa contém todas as outras etapas.

P: A inteligência inicia a Lei ou é a Lei que inicia a inteligência?

R: Como já foi dito por muitas vezes, a Lei representa simplesmente o poder de agir, que é inerente a cada ser e a cada espécie. Não existe ação, a menos que haja um ser para agir ou sentir seus efeitos. A Lei é Ação que traz sua reação exata. A *Gitā* diz que o Espírito e a Matéria não têm começo. Espírito é "o poder de perceber"; o que é chamado de Matéria representa a ação e seus resultados. O poder de agir é inerente a todos os seres; e a lei é o uso desse poder.

P: Foi dito que o conhecimento existe como uma abstração, o que parece implicar que o conhecimento existe por si mesmo. Independentemente de seus Conhecedores?

R: O que sabemos é o nosso conhecimento; o que os Mestres sabem é certamente uma abstração para nós, embora ela tenha sido adquirida por esses Grandes Seres. Na afirmação de que o conhecimento existe como abstração, sem dúvida, se refere ao poder ilimitado de conhecer que se individualiza por meio da diversidade e, finalmente, chega a uma percepção e realização da Unidade do Todo. Também, talvez, porque não há um fim para o progresso do conhecimento.

P: Por que dito [p. 27, ed. bras.], "A principal condição de seu êxito é que Eles jamais foram supervisionados ou obstaculizados"?

R: As palavras são Suas próprias afirmações e, se acreditarmos em seu conhecimento, precisam ser aceitas como verdadeiras. No entanto, podemos ver que as paixões e desejos predominantes dos homens ressentem-se e impedem qualquer tentativa conhecida que influenciam contra a busca de seus desejos. Mas se, passo a passo, pouco a pouco, ideias melhores são incutidas, então os esforços autoinduzidos e autoplanejados, ao longo dessas linhas mais elevadas, serão percebidos e postos em prática. Sem dúvida, existem muitos outros meios usados, mas sejam quais forem, eles são da natureza que estimula o idealismo superior do homem através de seu Ser interno.

P: "Os *yugas* maiores e menores devem ser completados... e nós, carregados ao longo da maré poderosa, podemos apenas modificar e direcionar algumas de suas correntes menores" [p. 27, ed. bras.]. O que significa esta afirmação?

R: Embora os Mestres sejam Lei, na medida em que a expressam plena e universalmente, Eles chegaram a essa perfeição de percepção universal e poder de ação, através da Evolução do ser, de estágio a estágio. Essa perfeição foi obtida por meio de um cumprimento exato da Lei espiritual, inerente e comum a todos os seres. Cada ser se expande de acordo com sua compreensão e uso do poder inerente de ação; ele age e recebe os resultados de suas ações; durante esse processo ele chega à percepção do ser, ou Daquilo que age e sofre a ação. Suas percepções se expandem em círculos cada vez mais amplos, assim como o reconhecimento da responsabilidade sob suas ações. Desta forma, cada ser deve se desenvolver – de dentro para fora. Os Mestres que expressam e cumprem a Lei, não o fariam se pudessem interferir nesse crescimento que só pode vir de experiências acumuladas e variadas sobre a parte dos indivíduos; mas Eles podem, em razão de Seus conhecimentos saber quando, onde e como agir, e capacitar a humanidade a evitar desastres, se isso servir aos propósitos do melhor progresso de todos, caso as condições permitirem. Além disso, tendo o conhecimento e o controle das forças invisíveis da Natureza, eles podem usá-las para obstruir uma conduta errada por parte de qualquer pessoa, ou assistir o progresso na direção correta. *A Voz do Silêncio* diz: "Ensina a evitar todas as causas, a agitação dos efeitos, como às grandes ondas da maré, tu deixarás seguir o seu curso"[7].

P: Isso explica por que os Mestres, embora tão poderosos, não interferem para impedir a crise atual.

R: Admitindo seu grande poder e conhecimento, e levando em consideração o fato de que o conhecimento só vem por meio da observação e da experiência, podemos perceber a razoabilidade do enunciado. Os indivíduos e as coleções de indivíduos, chamados nações, devem aprender através da dor e do sofrimento, porque a alegria e o prazer despertam o desejo de manter as condições produzidas por elas; nem o conhecimento, o poder, e nem as fortes qualidades são obtidas com facilidade, conforto ou felicidade temporária. Assim, quando chega o ciclo do tempo para a liquidação do *Karma*, entre as raças, deve-se fazer o ajuste e aprender as lições, por parte de todas as raças envolvidas, para que a Humanidade siga em frente.

---

[7] Blavatsky, H. P. *A Voz do Silêncio,* Brasília: Editora Teosófica, p. 107, 2022. (Nota Ed. Bras.)

P: Visto que a reencarnação se aplica a todos os planetas, o termo não deveria ser reincorporação? Fala-se de Vênus como sendo a habitação de entidades ainda mais evoluídas, outrora tão primitivas quanto nós, mas agora elevadas a um patamar de glória incompreensível ao nosso intelecto. Vênus nos afeta?

R: O termo reencarnação se refere a nós como habitando corpos carnais; reincorporação talvez fosse um termo geral melhor, mas deve haver em outros planetas aquilo que corresponde aos nossos corpos. Vênus como um planeta está muito mais à frente em desenvolvimento do que a nossa Terra, e seus habitantes também estão, como declarado; todavia, por mais que estejam os outros planetas à frente ou atrás desta Terra, todos estão relacionados uns com os outros, e, necessariamente, afetam uns aos outros em algum grau, sendo todos eles partes da grande corrente evolucionária.

P: Por quanto tempo teremos de encarnar neste planeta?

R: Até que tenhamos cumprido todo o nosso dever para com todos os seres envolvidos em nossa corrente evolutiva, e compreendamos totalmente nossas próprias naturezas. Por que deveríamos querer fugir de tudo o que constitui nossa percepção da vida? É nosso dever *kármico* elevar toda a massa a um nível mais alto, de fato, um novo mundo, do qual compartilharemos.

P: Será que um homem que tenha adquirido uma alta percepção de verdade nesta vida, e que também fez o bem, será novamente ignorante?

R: A *Gitā* diz, "Nunca para um lugar ruim vai um homem que faz o bem". O que traremos conosco para nossa próxima vida serão as tendências que tivermos adquirido nesta, sejam elas boas ou más. Cada vida proporciona uma oportunidade de corrigir as más tendências e estabelecer tendências boas.

P: Nosso progresso ascendente envolve o progresso da matéria?

R: Aquilo que chamamos de matéria é a corporificação de muitos tipos de "vidas"; nós a usamos continuamente por meio dos alimentos que ingerimos. Nós impressionamos essas vidas com nossos sentimentos durante o tempo em que essas vidas fazem parte de nossos corpos; quando estas voltam para seus próprios reinos, carregam o impulso que demos a elas, seja bom ou mau; quando elas forem novamente projetadas em outras formas, elas levarão nossa impressão. Uma porção nada pequena de nosso *Karma* físico está nessa direção.

P: Você consideraria um homem, evidentemente materialista, mas que também trabalha para o bem da humanidade, como sendo um Mestre?

R: Um materialista, não importa quanto bem tente fazer para o bem-estar físico de seus semelhantes, não pode ser considerado um Mestre. Embora ignorante da verdadeira natureza de toda a humanidade, seu desejo e esforço para aliviar o sofrimento permaneceria com ele, o bom *Karma* resultante disso o colocaria em contato com aqueles que no mundo dos homens tenham adquirido algum conhecimento da verdade; deste ponto em diante, ele pode se empenhar na direção certa com maior conhecimento. Um Mestre de Sabedoria está muito além da concepção humana comum.

P: O capítulo fala de Mestres e Adeptos; existe diferença?

R: Há uma grande diferença: um Adepto é aquele que está no caminho de se tornar um Mestre; existem muitos graus de Adeptado. Os Mestres estão agora, em consequência da evolução e grande esforço continuado por muitas vidas, naquele ponto, físico, mental e espiritualmente onde os Adeptos, e outros que estão se esforçando, estarão em um futuro distante. Eles são homens vivos, apenas mais elevados e santos do que nós. Embora sejam homens verdadeiramente vivos, podem não ser entendidos como sendo iguais a nós. Eles têm corpos, mas esses corpos são feitos da matéria mais altamente refinada e espiritualizada – matéria da qual temos apenas uma ligeira concepção. Nesses corpos, todas as forças pertencentes ao homem, e essas significam a expressão mais elevada das grandes forças da natureza, atuam constantemente e devem ter efeito correspondente sobre qualquer um que possa entrar em Seu alcance direto. Com tal concepção da natureza de Seus corpos, podemos perceber vagamente a que altura de poder e glória Suas naturezas interiores foram elevadas. Se assim apreendermos vagamente a Natureza dos Mestres, seremos capazes de reverenciá-los em nossos corações, e nos esforçar para nos aproximar deles em nosso ser mais íntimo; e não seremos tampouco enganados por afirmações feitas por, ou para, esta ou aquela pessoa, nem dar como certo que aquilo que está nos livros escritos com o propósito de definir os poderes, lugares ou características individuais imaginárias dos Mestres tenha qualquer valor. Tudo isso são meras especulações e uma tentativa de, na verdade, arrastar aqueles grandes Seres para o nosso plano de concepções terrestres – "um uso indevido de nomes sagrados", como escreveu H.P.B, em *A Chave para a Teosofia*[8]. Os Adeptos são fatos da Natureza, fatos, entretanto, que nossos mais elevados ideais não abrangem totalmente. Vamos, portanto, reverenciá-los do modo mais elevado que pudermos conceber, tentando assimilar esse "mais elevado" dentro de nós como aquela linha de comunicação que Eles disseram que estão sempre prontos para ajudar a estabelecer; e mantenhamos esse ideal como uma coisa sagrada no repositório de nossos corações, algo para não se falar ou pensar levianamente, mas como um santuário sagrado e secreto de nossas aspirações mais elevadas, protegido com segurança de toda invasão, e apenas desse modo chegaremos, quando chegar o dia, a conhecê-los face a face.

P: Os Mestres vêm sozinhos?

R: Assim como "a vontade dos Mestres é una", a palavra "sozinho" tem um significado superficial com relação a Eles. Mas quer haja um ou mais desses elevados Personagens no mundo, em qualquer época, a influência e a força da Loja fluem através de um ou de vários representantes no mundo dos homens. A existência de um ou mais depende do período e da natureza da missão a ser realizada.

---

[8] Brasília: Editora Teosófica, 2020. (Nota Ed. Bras.)

P: Foi Moisés um Mestre?

R: Há evidências apontando para a categoria de Adepto, não apenas nesse caso, como também em vários outros no passado distante; homens que foram reformadores e mostraram-se possuidores de poder sobre as forças da Natureza. Os Magos do Faraó eram Adeptos de uma espécie, mas Moisés era mais poderoso. Não há evidência, entretanto, de maestria em seu ensinamento.

P: A Humanidade pode regredir? Na página 35 [ed. bras.], é dito que a Índia e a China estão em um estado de decadência!

R: Se por "humanidade" se entende uma civilização ou progresso em certas direções, ela teve seu começo e terá seu fim; as vastas civilizações do passado desapareceram, como acontecerá com a atual, para serem sucedidas por outra. Qualquer civilização é composta de muitos egos com diferentes graus de desenvolvimento. À medida que o progresso atinge seu zênite, classes superiores de egos encontram condições adequadas para seu desenvolvimento; mas à medida que a massa da humanidade reencarna, de vida em vida, com muito pouca mudança no conhecimento e no ideal, e a riqueza e o luxo de uma nação aumentam, os antigos ideais são perdidos de vista e a força moral diminui; egos com cada vez menor desenvolvimento encontram condições adequadas a eles na civilização descendente; egos desenvolvidos não encarnam; e a civilização finalmente morre. Os egos mais desenvolvidos encarnam em outra civilização mais adequada à sua natureza. Nos dias atuais existem algumas civilizações nos últimos estágios de dissolução, algumas passando pelas dores do nascimento, algumas jovens e algumas em idade madura. Progresso e estabilidade não dependem de qualquer forma de civilização, mas dos egos que a compõem em um determinado momento.

P: Qual era o objetivo da missão de Jesus?

R: As condições de qualquer período determinam a natureza e extensão de qualquer missão, mas deve ser lembrado que o conhecimento do Mestre não pode ser medido pela capacidade de entendimento de seus discípulos. É evidente que a sua missão foi extremamente importante para o Ocidente, pois a ética que foi ensinada perdurou ao longo dos séculos desde então. O conhecimento da lei dos ciclos, conforme expresso na ascensão e queda das civilizações, mostra que Jesus veio no tempo de um ciclo decrescente e que ele escondeu muito mais do que revelou; ele ensinou as multidões por parábolas, mas aos seus discípulos ensinou os "mistérios do reino dos céus". Esses "mistérios" não são registrados. A teologia cristã é composta das concepções exotéricas judaicas da Divindade e interpretações textuais – letra morta – das palavras registradas de Jesus. O único registro feito pelo próprio Jesus foi "escrito na areia". É a ética que ele ensinou que constitui a base real de sua missão, e em nada difere da ética de todas as eras passadas e encarnações divinas anteriores. Foi dito que Jesus veio para ser "uma testemunha em cena" da realidade do conhecimento e poder espiritual, durante os séculos de avanço material e escuridão espiritual que estavam por vir.

P: O trabalho de Confúcio foi algo da mesma natureza?

R: Confúcio foi um reformador; seu trabalho era de natureza moral entre seu povo no Oriente.

P: O que significa manter "Uma testemunha em cena" para as gerações futuras?

R: Se não houvesse uma nova apresentação de algumas porções da antiga Religião-Sabedoria, como as mentes das pessoas poderiam entender – especialmente em um ciclo decrescente – quando as concepções materialistas prevaleciam em relação à religião e à vida, como acontecia na época de Jesus, e em grande medida ainda hoje, – as concepções espirituais humanas seriam gradualmente perdidas de vista na luta material e intelectual pela existência como seres físicos.

Quando chega uma era de transição, quando povos, governos, religiões e ciências estão mudando, como agora estão, chega a hora de uma revelação incomparavelmente maior por Aqueles que sabem da natureza do homem e das leis que regem a evolução de todos os seres. Aquele que transmite esse conhecimento à Humanidade é muito mais do que uma "testemunha em cena".

P: Por que a Índia e a China retrogradaram se ainda têm essas velhas verdades?

R: Não devemos esquecer que a Índia do passado não é a Índia do presente. Outrora, o verdadeiro conhecimento existia lá, como na China. Na Índia, especialmente, os escritos antigos foram preservados mais do que em qualquer outra nação; mas o sistema de castas baseado na hereditariedade física, que mais tarde foi estabelecido por egos de um grau inferior do que aqueles dos primeiros dias da grandeza da Índia, e a negação egoísta às castas inferiores desse conhecimento que os brâmanes possuíam, em pouco tempo levaram ao prevalecimento da ignorância e da superstição. Desta causa surgiram centenas de seitas; a religião tornou-se uma questão de rituais, cerimônias e muitos costumes degradantes, e o poder da Índia de influenciar o mundo foi perdido. Tanto a Índia quanto a China apresentam exemplos vivos da ascensão e queda das civilizações.

P: O que traz esse conhecimento de volta?

R: A Loja de Mestres que o preserva e apresenta tanto quanto pode ser assimilado, repetidas vezes, em diferentes períodos ao longo dos tempos. Teosofia é uma dessas apresentações e a mais completa já registrada.

P: Na página 26 [ed. bras.], se fala que o hipnotismo era conhecido pela Teosofia há muito tempo. O que é hipnotismo?

R: Hipnotismo é um nome moderno para um poder conhecido há muito tempo. Através desse poder, aquele que o possui e o utiliza em seus semelhantes paralisa aquele canal no cérebro do sujeito por meio do qual ele, como Ego, opera e controla seu cérebro. Essa ação evita que o sujeito receba quaisquer outras impressões além das sugeridas pelo operador, em casos comuns. Uma das peculiaridades desse estado hipnótico é que o sujeito não sabe o que aconteceu enquanto se encontrava nele, e não tem memória do que aconteceu, nem está ciente do tempo que passou. Nesse estado, o sujeito pode ser inspirado a realizar qualquer tipo de ação em algum momento subsequente, e o fará. Crimes foram cometidos sob tais sugestões, ignorando o sujeito que a sugestão do operador o levou e o impulsionou ao ato. Ocasionalmente, o assunto sai do controle do operador e pode revelar o que são chamadas de diferentes "personalidades". Essas podem ser memórias de experiências passadas ou, como é mais provável, contatos com outros seres que constituem uma obsessão; pois o estado é indefeso. Esta prática é considerada Magia Negra pelas Escolas Antigas, porque é uma interferência no livre arbítrio do Ego no que diz respeito ao seu instrumento corporal. A continuação da prática sobre qualquer assunto traz uma tendência crescente de ser influenciado e de se desequilibrar pelos sentimentos e sugestões dos outros sobre ele, bem como por seres invisíveis, cuja existência ainda não é admitida pela ciência ocidental. Aquele que pratica essa arte obscura está no caminho certo para se tornar um Mago Negro.

P: O hipnotismo e o mesmerismo são iguais?

R: Não. Eles são o oposto um do outro. No hipnotismo, o operador realmente passa para o sujeito um pouco de sua substância etérea, que carrega consigo as qualidades boas ou más do operador; isso atua sobre as veias capilares e os nervos de fora como uma repressão – que é uma das características do sono e da morte. Enquanto que no chamado Mesmerismo, o efeito é de dentro para fora, uma abertura, ao invés de uma contração e repressão; nenhuma sugestão é usada, e o sujeito pode se mover de acordo com sua própria natureza e qualidades. Em nenhum desses estados qualquer conhecimento é possível, embora os efeitos subsequentes possam fluir sem controle e sem suspeita pelo sujeito. O autocontrole é o grande desiderato, e nenhum desses estados leva a ele, mas, ao contrário, tende a destruí-lo. Pode haver raras exceções, onde se conhece a natureza do homem e os efeitos que serão produzidos por qualquer operação sobre a pessoa; então, qualquer uma dessas operações pode ser usada para o benefício da pessoa, mas nunca para controle ou por curiosidade.

P: O Sr. Judge fala do carbono como estando em suspensão em todos os lugares. Eu achava que o carbono tinha seu lugar no reino mineral e sempre permanecia lá?

R: O carbono assim como todos os outros elementos precipitados que conhecemos está em suspensão em todos os lugares. Nenhum desses elementos é perceptível para nós, a não ser na forma precipitada. O carbono é uma forma específica de incorporação de certa classe de inteligência – o que é verdadeiro para todas as formas. Carbono é carbono, seja na forma precipitada, vegetal ou animal, em solução ou no ar ao nosso redor. Havendo certo tipo de inteligência no carbono, essa inteligência tem sua própria gama específica de ação em seu contato com outras formas e inteligências. O uso do carbono na forma humana, por exemplo, não é porque ele é chamado de carbono, mas por causa de suas qualidades – na verdade, por causa de sua ação inteligente. Por causa da origem una de todos os seres e formas de matéria há transmutações acontecendo o tempo todo; os elementos minerais podem ser chamados de "Inteligência cristalizada" e, nesse estado adormecido, ao se misturarem com outros elementos, muitos graus e tipos de atividade possíveis são liberados e se reproduzem.

O estado dormente ou inativo pode ser classificado como uma espécie de "*devachan*" para esse tipo de consciência, e a mistura como um período de "manifestação". Em todas essas combinações, a ação de um ou mais tipos de consciência sobre os outros transmite a eles outras tendências para uma expressão mais plena da inteligência por meio da forma. Através da combinação de duas formas de inteligência, uma terceira forma para ambas pode ser produzida; por exemplo, duas partes de hidrogênio para uma parte de oxigênio – ambos gases – poderão, ao serem fundidos pela faísca elétrica, produzir um terceiro elemento – totalmente diferente dos constituintes originais. Esta transmutação está continuamente acontecendo na evolução da forma ou incorporação de seres de todos os graus, e é o resultado do impulso evolucionário dado à substância por seres inteligentes de todos os graus. O Universo é Consciência incorporada.

P: O Sr. Judge fala de Telepatia, quando isso é possível?

R: A telepatia é possível quando duas pessoas estão ao mesmo tempo sintonizadas com o mesmo pensamento, vontade e sentimento. Nesse caso, o pensamento de um alcançará o outro onde quer que ele esteja.

P: Tantas pessoas que leem o *Oceano* dizem que é difícil de ser entendido, qual a razão, já que o livro é escrito em termos tão simples?

R: Seria difícil escrever um livro que fornecesse um esboço da Ciência Universal em termos mais simples do que aqueles usados no *Oceano*. A dificuldade de compreensão não reside nos modos de expressão usados no livro, mas nas mentes dos aspirantes a alunos, cujas conclusões duras e rápidas quanto aos homens, coisas e métodos os impedem de compreender o significado das ideias expressas de forma tão simples. Sem dúvida, aqueles que acham o *Oceano* difícil chamar-se-iam de pessoas inteligentes, mas a inteligência geralmente exibida é apenas um conhecimento do que cientistas, religiosos, materialistas e outros disseram ou escreveram, e não é um uso direto do poder do pensamento; as mentes desses são para outros, simplesmente depósitos para os pensamentos, ideias e atos. Para realmente compreender a Teosofia tudo o que foi armazenado na forma de concepções e preconceitos anteriores deve ser colocado de lado, por enquanto, especialmente durante o tempo de leitura ou estudo, a fim de que o significado do Professor possa ser totalmente apreendido pela mente. A fim de obter conhecimento daquela Ciência que é uma síntese de toda a Vida e Natureza, a mente deve ser clara e limpa, livre de todas as discriminações e os preconceitos, e devotada inteiramente à aquisição da Ciência, se alguém a quiser aprender e conhecer. Como preliminar para este estudo, as Três Proposições Fundamentais da Teosofia devem ser bem aprendidas, compreendidas e aplicadas aos problemas da vida, bem como à filosofia detalhada que o *Oceano* apresenta.

Um Breve Resumo

Um breve resumo do primeiro capítulo apresenta alguns fatos: (a) que a Evolução surge de dentro para fora, e é a lei inerente e a tendência que regem o desenvolvimento de todos os seres; (b) que Aqueles referidos no capítulo como Mestres de Sabedoria se tornaram assim sob aquela lei, e alcançaram um estágio de perfeição em sabedoria e poder muito além das ideias comuns da possibilidade humana.

Esses Mestres alcançaram Seu elevado estado durante civilizações passadas, e, conscientemente, retiveram e levaram adiante todo o conhecimento adquirido na imensidão do tempo. Muitas citações são feitas no capítulo a fim de apontar para a existência de tais Seres, em certos períodos da história humana, com o objetivo de limpar a mente do estudante de qualquer ideia que possa existir de que a Teosofia é uma teoria ou especulação de seres humanos, e para enfatizar a ideia de que o conhecimento apresentado nos capítulos seguintes deve ser considerado como emanando dos Mestres, representando, de fato, afirmações com relação aos processos evolutivos pelos quais todos os seres passaram ou devem eventualmente passar.

Embora os alunos possam apreciar mentalmente, e aceitar as declarações feitas neste livro como registros de leis e fatos, seria bom se, além disso, eles tentassem compreender a natureza dos Mestres, e se aproximassem Deles em seus corações, abrindo para si próprios um canal entre eles e os Mestres, o qual permitirá aquela ajuda interior que está sempre pronta para ser dada quando o estudante se encontra numa relação tal que o permita.

Os capítulos seguintes fornecem, primeiro, os princípios Fundamentais; depois, esses princípios aplicados à nossa Terra em particular; em seguida, os mesmos princípios aplicados ao homem e a seus vários constituintes como um ser evoluído. Os alunos devem observar este tratamento consecutivo que vai do universal ao particular, e devem aplicar essas leis a todas as declarações feitas no livro, pois foi publicado como uma preparação preliminar para um estudo de *A Doutrina Secreta*. A intenção é despertar no homem um conhecimento de si mesmo, um conhecimento que é absolutamente barrado por falsas ideias a respeito da Vida e de seu grande propósito.

Capítulo 2

Princípios Gerais

Uma visão das leis gerais que regem o Cosmos. A divisão sétupla no sistema. A matéria real não é visível e isso sempre é conhecido pela Loja. Observe a porção inteligente do Cosmos. Na Mente universal, está contido o Plano Sétuplo do Cosmos. A evolução prossegue de acordo com o Plano na Mente universal. Períodos de evolução chegam ao fim; esta é a Noite de *Brahmā*. O relato mosaico da cosmogênese reduziu as concepções modernas. Os judeus tinham apenas uma parte da doutrina extraída dos antigos egípcios. A doutrina está de acordo com o significado interno do Gênesis. A duração geral dos períodos de evolução. A mesma doutrina que a de Herbert Spencer. A antiga cronologia hindu fornece os detalhes. A história do Templo de Salomão é a da evolução do homem. Doutrina muito mais antiga que a cristã. A idade real do mundo. O homem tem mais de 18 milhões de anos. A evolução é realizada apenas pelos Egos internos, que finalmente se tornam usuários de formas humanas. Cada um dos sete princípios do homem é derivado de uma das sete grandes divisões do Universo.

P: O que significa na página 39 [ed. bras.] quando *é dito:* "até que todos os componentes da Raça que estão preparados alcancem a perfeição"?

R: Se entendemos que "tudo é alma e espírito em constante evolução", toda forma que existe é a personificação de uma inteligência adquirida. Antes de nossa Terra começar estavam presentes todos os seres de diversos graus que atingiram seus vários estágios de desenvolvimento na "Terra" anterior. Entre esses seres estariam alguns que haviam alcançado um estágio de desenvolvimento espiritual e perfeição de conhecimento, a partir da corrente evolutiva da qual emergiram; tais seres passariam do sistema para planos ou mundos superiores, talvez; ao passo que aqueles que não alcançaram esse estágio teriam que continuar com os seres como eles e todos os outros abaixo deles (que em sua totalidade constituem a Terra – ou campo de experiência) até que eles, por sua vez, tivessem alcançado o ponto mais alto. Evidentemente, aqueles que haviam progredido até o ponto mais alto "estavam prontos". Não se esperaria que as unidades humanas, incipientes, que emergiram do reino animal, quando o período do planeta precedente se encerrou, tivessem a mesma experiência que aqueles que eram autoconscientes quando a Terra anterior começou. Sempre há aqueles que saem de qualquer sistema por meio do avanço em conhecimento e sabedoria, e aqueles que permanecem para aperfeiçoar sua experiência, enquanto outros ainda vêm dos reinos inferiores.

P: Todos os Egos deste *Manvantara* não precisam estar prontos antes de deixarmos esta Terra?

R: Como já foi dito, há seres no final de cada *Pralaya*, e antes de uma nova manifestação, que progrediram o suficiente para sair desse Sistema; isso implica que eles cumpriram todo o seu dever para com a evolução particular da qual emergiram. Seria natural supor que, quando há outros em qualquer sistema que se elevam ao lugar ocupado pelas unidades superiores, estes deveriam passar para campos mais amplos em um Sistema superior. A conclusão seria que todos os Egos não "têm que ser" aperfeiçoados. Um Ego é autoconsciente e deve progredir por meio de esforços autoinduzidos e planejados; o período de manifestação da terra pode terminar antes que a perfeição seja alcançada, e provavelmente assim será para a maioria.

P: Então esta Terra durará até que não haja ninguém aqui para usá-la?

R: Vai durar enquanto houver um homem que precise dela. O período de duração da Terra é maior do que o de qualquer entidade ou raça sobre ela. A Lua ainda existe, embora em decomposição, enquanto o homem, que já habitou nela, tem agora a Terra atual como seu campo.

P: "O Universo evolui a partir do desconhecido, sobre o qual nenhum homem ou mente, por mais superior que seja, pode inquirir, através de sete planos ou de sete formas ou métodos." O senhor poderia expor o significado das "sete formas"?

R: A Teosofia mostra que toda evolução é setenária em sua natureza e processos; é a compreensão dessa natureza setenária que nos dá a chave para a compreensão dos processos evolutivos, da natureza do homem e de todos os seres e formas. Todos os planetas, assim como todos os Sistemas Solares, têm um começo e um fim, e todos eles são produtos de inteligências progressivas de inúmeros graus de desenvolvimento. Nossa Terra é resultante de uma Terra anterior e de seus seres, sobre os quais o curso da evolução setenária atingiu o limite de sua possibilidade. Cada evolução setenária tem como ponto de partida todo o conhecimento e experiência adquiridos em evoluções anteriores e, necessariamente, na evolução subsequente procede em uma maneira, método ou forma setenária. Como exemplos, temos os sete "globos" da Terra; sete princípios; sete grandes raças de homens; sete sub-raças de cada; sete sons; sete cores, etc. (Ver *DS* Vol. I, p. 289-292, ed. or.)

P: Quando um ser é aperfeiçoado nesta Terra, ele começa na base, em uma esfera superior?

R: Quando um ser é aperfeiçoado, ele está no topo. Deve-se ter em mente que a evolução não começa por baixo, mas sempre por cima. O processo é uma ação da inteligência trabalhando gradualmente para baixo em produções e expressões cada vez mais concretas. Quando o ponto mais baixo é alcançado, tudo o que foi ganho lá, em experiência e conhecimento, é elevado até o degrau seguinte da "escada de descida", e aí é totalmente assimilado, então passa ao próximo degrau mais alto, e assim por diante, até o "topo", o qual forma a base para o próximo esforço evolutivo.

P: No capítulo [p. 40, ed. bras.] se fala das sete divisões do Universo como sendo "O Absoluto, Espírito, Mente, Matéria, Vontade, *Akasha* ou Éter, e Vida"; a relação entre eles pode ser definida?

R: O Absoluto é a Causa sem Causa, a Raiz e o Sustentador de Tudo. O Espírito representa a consciência ou inteligência que surge de dentro do Absoluto. A Mente é a inteligência em ação de todos os seres – o poder criativo ou construtivo. Matéria é substância, da mais etérea até a mais concreta: produtos da interação e interrelação das várias classes de seres envolvidos. A Vontade é a força de todo e qualquer grau de inteligência; é inerente à consciência como "o poder de agir"; a determinação de agir a torna operacional. *Akasha* é um elemento, uma forma de substância, uma produção das inteligências criativas. A Vida é o poder de perceber e expressar qualquer grau de inteligência em qualquer plano de substância.

P: Por que é impossível para a mente do homem compreender o Absoluto? Isso significa que nunca poderemos entendê-lo, não é?

R: O *Oceano* diz: "O Universo se desenvolve do desconhecido, dentro do qual nenhum *homem ou inteligência, por grande que fosse pode inquinr*" [p. 39, ed. bras.]. A declaração é feita por um Mestre e deve ser plenamente considerada. No entanto, devemos ser capazes de entender por que está correto. O Absoluto é o oposto do Relativo; o Absoluto inclui todas as coisas e todos os seres, e sendo o substrato de tudo, passado, presente ou futuro, não pode ser investigado por qualquer ser que exista nele, porque ele é Aquilo. A palavra Absoluto denota aquilo que é sem qualidades ou atributos de qualquer tipo, portanto, como pode qualquer ser compreender Aquilo que não tem forma e não exibe quaisquer qualidades?

Estamos familiarizados com a palavra Vida e podemos entender que ela se expressa em todas as formas, sejam visíveis ou invisíveis para nós; usamos o termo "a Vida Una" para indicar Sua presença em todas as coisas e em todos os lugares. Como seres que somos, não podemos inquirir sobre o poder de expressão infinita que cada um é; só cada um pode expressá-la de acordo com seu alcance e qualidade de expressão. Nenhum ser pode expressar a Vida, sem ser em essência a Própria Vida.

Podemos dizer do Absoluto apenas que "É", como podemos dizer apenas de nós mesmos, "Eu sou". Como podemos inquirir sobre Aquilo que não depende de quaisquer expressões grandes ou pequenas, mas do fato de *Sua Presença Universal?*

Devemos também ser capazes de perceber e compreender que cada um de nós é Ser e Não-Ser; nosso poder de perceber é o Não--Ser; nossas percepções assimiladas e incorporadas constituem o Ser. O Absoluto é um nome para a Realidade Única, a base Infinita e Imutável de Tudo. Todo o resto é *Māyā* – isto é, os modos, expressões, graus de inteligência e suas formas sempre mutáveis, sempre se aproximando da Luz, mas nunca tocando a Chama; pois o Real em cada ser é a própria Chama.

P: "A primeira diferenciação – falando metafisicamente quanto ao tempo – é o Espírito". O que significa "metafisicamente quanto ao tempo"?

R: O tempo só pode ser calculado por ação e reação, e até que haja ação, não há tempo. Antes que possa haver ação, deve haver aqueles seres que estão em *pralaya,* aguardando o amanhecer do novo dia de manifestação. O Espírito é o emergir da inatividade para a atividade das inteligências; o Tempo começa a partir da primeira "ação". (Ver Estância I, *DS* Vol. I., ed.or.)

P: O que significa "matéria real"?

R: A Religião-Sabedoria ensina que Espírito e Matéria não têm começo; em outras palavras, a substância homogênea existe junto com o Espírito e a Consciência – ou seja, matéria primordial. É dessa substância primordial que todos os estados subsequentes da matéria são produzidos pela ação da massa de seres envolvidos. Esta substância primordial homogênea é o que se chama de "matéria real".

P: Por que nosso plano terrestre de matéria é tão importante?

R: Porque estamos na parte inferior do arco de descida, e naquele ponto onde o Espírito, ou a Consciência, e a Matéria concreta se encontram. É o ponto de virada onde todos os esforços e ajustes passados, do ciclo descendente da homogeneidade para a heterogeneidade, se encontram e têm seu campo de retificação e coordenação. Não podemos evitar esses ajustes; o trabalho deve ser feito antes de prosseguirmos. Na luta há apenas um lugar de calma e firmeza – o Ser imóvel e imutável – o Ser Supremo de cada um, o verdadeiro Guerreiro, e que desde seu mais íntimo assento de sabedoria deve estar livre para conduzir a batalha, sendo o ser inferior apenas Seu soldado no campo de batalha.

P: O que significam as palavras "O plano foi estabelecido na Mente Universal"?

R: "Mente Universal" inclui todos os vários tipos de inteligência que evoluíram em um planeta ou Sistema Solar anterior. Quando a manifestação cessou cada unidade de inteligência alcançou seu próprio grau e tipo de desenvolvimento particular, sob a interrelação e interação de todos os seres envolvidos. A partir desse avanço geral, é realizada uma coordenação que fornece as linhas subsequentes ao longo das quais a evolução posterior ocorrerá.

P: O que significa "Grande Ser"? [p. 42, ed. bras.].

R: Por "Grande Ser" entende-se a soma de todos os seres, a totalidade de todas as inteligências envolvidas.

P: Como pode sempre haver matéria num grau mais baixo a evoluir, e de onde ela vem?

R: Uma compreensão da evolução dos seres só pode ser obtida tendo em mente que o Espírito, ou a Consciência com o Seu "poder de perceber", é o produtor de todos os graus de substância e a causa de todas as mudanças. Durante a manifestação, a evolução acontece todo o tempo e, consequentemente, desde os primeiros vislumbres da percepção, deve haver uma expressão substancial ou material correspondente a ela. A Substância, ou a Matéria, é um produto do Espírito ou da Consciência, e isso inclui todos os elementos da Natureza – assim chamados, conhecidos ou ainda a serem conhecidos ou produzidos.

P: O que acontece com as formas usadas por inteligências inferiores, depois que essas inteligências se elevaram ainda mais alto?

R: Cada forma, superior ou inferior, tendo sido estabelecida permanece como uma matriz na substância astral, e pode ser aproveitada por inteligências que tenham chegado a um ponto que torna tal uso possível. A unidade de todos os seres e a economia do progresso exige isso; "nenhum esforço é perdido, nenhum trabalho é em vão". Assim como a linha da hereditariedade física se reproduz de pais para filhos, e as condições de vários tipos são provocadas e os Egos encarnam sob as condições fornecidas de acordo com seu *Karma* ou "aptidão", o mesmo ocorre com os reinos inferiores ao avançarem para formas superiores de expressão, eles assumem as formas estabelecidas usadas por seus predecessores. As matrizes de todas as formas que já existiram ainda existem na Luz Astral.

P: Na página 43 [ed. bras.], menciona-se a polegada britânica e a Piazzi Smyth; a que isso se refere?

R: Piazzi Smyth foi um membro da Real Sociedade de Ciência [F.R.A.S. – *Fellow of the Real Academy of Science*], que investigou, estudou e mediu a Grande Pirâmide. Sendo um inglês muito patriótico, bem como um cristão muito ortodoxo, ele desenvolveu e promulgou a teoria de que as medidas geométricas da Grande Pirâmide provavam que a base científica de sua construção era demonstrar que a polegada britânica, e não o sistema métrico era o verdadeiro padrão de medição linear; e, além disso, que o propósito religioso na construção da pirâmide era reforçar a ideia ortodoxa de guardar o *Sabbath*[9] e uma advertência contra o Domingo Continental.

P: Por que se diz que "com os orientais está a verdade" a respeito da idade do mundo?

R: Porque as concepções do Ocidente com respeito à idade do mundo foram baseadas em deduções teológicas, extraídas de manuscritos mal compreendidos e sem relação, constituindo a Bíblia cristã. A ideia de que o mundo tem alguns milhares de anos foi geralmente aceita pela cristandade, e os geólogos que são criaturas de sua geração viram-se restringidos em suas especulações quanto à idade real. É verdade que no último século uma maior liberdade de expressão e especulação foi favorecida, pois descobertas de vários tipos estão lançando cada vez mais para trás tais especulações, de modo que de cem mil a um milhão de anos foram declarados como sendo a possível idade da Terra. Todos aqueles que fazem tais declarações admitem consistentemente que são

---

[9] De acordo com a Bíblia, o *shabbat* (sábado) é considerado o "dia do descanso" e é dedicado exclusivamente ao equilíbrio da harmonia das famílias com Deus. (Nota Ed. Bras.)

apenas suposições e questões de opinião. Onde a ciência ocidental falha devido à base de seu pensamento, a ciência oriental, baseada nos registros de eras passadas e nas leis comprovadas da evolução da Terra e do homem, possui não apenas os registros antigos, mas um conhecimento das leis pelas quais os próprios registros podem ser comprovados. Na Teosofia, o conhecimento dessas leis e de seu funcionamento pode ser alcançado por todo aluno que aproveitar a oportunidade e seguir o rumo necessário. Em lugares secretos, entre pessoas vivas, esses registros são preservados de forma sagrada; a Teosofia dada ao mundo é uma parte dessa sabedoria e dos conhecimentos acumulados.

P: Por que estamos tão longe espiritualmente do que éramos há milhares de anos?

R: Porque a consciência da humanidade ficou tão imersa em buscas terrestres externas que o intelecto, o poder de raciocinar das premissas às conclusões cresceu à custa das percepções espirituais. O desejo de uma acentuação da existência física senciente levou diretamente para longe da consciência de que se é espírito. A menos que recuperemos a consciência do ser espiritual – uma existência com propósito no espírito, não na matéria – permaneceremos presos por nossas condições autocriadas de existência física. O intelecto emerge para ver as diferenças e compará-las; uma vez conseguido isso, pode ser usado para perpetuar a existência material com todas as suas desvantagens, ou como um instrumento do espírito para guiar e controlar as vidas inferiores que constituem os reinos abaixo do homem.

P: Quais foram os "materiais" que "tiveram que ser encontrados, reunidos e modelados em outros lugares distantes"?

R: No final de um Grande Período, como o de um planeta, todas as formas mais grosseiras da matéria são dissolvidas e devolvidas à substância primordial da qual foram formadas; as experiências das muitas classes de seres evoluídos são retidas. Na próxima "saída", novas combinações e correlações surgem a partir do maior conhecimento adquirido durante o período anterior de evolução, e começa uma nova construção de evolução das formas, a partir do avanço já realizado. Necessariamente, a experiência adquirida pelas várias classes de seres na modelagem da forma permanece, e como a "matéria" está em um estado homogêneo, a formação começa nesse estado e se concretiza cada vez mais com o passar dos anos. Tudo isso em geral. A Teosofia ensina que nossa Lua foi o planeta sobre o qual nossa evolução teve seu campo imediatamente anterior, e que, conforme a Terra foi construída, a Lua encolheu e se desintegrou. A partir disso, podemos imaginar que o "material" da Lua foi e está sendo usado na construção da Terra e das formas terrestres, e que isso continuará até nossa Sétima Ronda, quando a Lua terá desaparecido. Isso pode ser considerado um dos "lugares distantes"; podem ser entendidos se tivermos em mente que neste vasto Universo do qual nosso planeta forma uma pequena parte, e sob a lei da Unidade que permeia o todo, nosso planeta está relacionado e conectado com todos os outros planetas em nosso Sistema. Como o grande propósito é a Evolução das Almas, o grande reservatório de substância etérea deve permanecer disponível para as Inteligências cujo conhecimento e poder podem selecionar e guiar.

P: Se temos sete planos de existência, o *Karma* é feito em todos eles?

R: O *Karma* opera em todos os planos e em todos os seres. Consciência e Vida, em qualquer plano, implicam percepção e ação, e isso significa *Karma*. Existem três linhas de evolução: a Espiritual, a Intelectual e a Física, e estas se mesclam em todos os pontos. O progresso em todos os planos só é possível pela ação. É incorreto imaginar que o *Karma* pertence apenas ao plano físico.

P: Por que se diz que os Mestres expressam o *Karma*?

R: Porque Eles conhecem os resultados finais de todas as ações que instituem, sejam espirituais, psíquicas ou físicas, e porque todos os Seus esforços são para o avanço de toda a massa de seres.

P: Na página 46 (ed. bras.) consta que quando o dia da evolução cósmica inicia, "no que diz respeito a este Sistema Solar, começa e leva de um a dois bilhões de anos para desenvolver a etérea matéria primordial, antes que os reinos astrais do mineral, vegetal, animal e humano sejam possíveis". Isso pode ser explicado?

R: Deve haver para cada *Manvantara* uma substância primordial específica, de e dentro da qual as diferenciações subsequentes são formadas. Cada início de um *Manvantara* deve ter como sua substância básica o que pode ser chamado de uma diferenciação, dentro da Substância Una Infinita Universal, como resultado da operação da Inteligência sobre ela; isso é provocado pela interação e interrelação de todos os seres envolvidos na corrente evolutiva anterior, e como uma preliminar para uma diferenciação posterior.

Resumo

O primeiro capítulo trata dos Mestres de Sabedoria, que são o resultado do progresso evolucionário e os guardiões da sabedoria acumulada do passado. O segundo capítulo apresenta os princípios gerais que regem o Cosmos. A diferenciação sétupla do sistema mostra-se universal em sua operação, cada átomo, bem como todo ser, tendo sete princípios, latentes ou expressos, conforme o caso. A Mente, ou Inteligência, representa o conhecimento adquirido da totalidade dos seres envolvidos, sendo as inteligências superiores os guias e impulsores das inferiores. Cada grande período de evolução tem seu início específico baseado em realizações passadas, e tem seu término para coordenar o avanço geral e formar uma nova base para outro grande período; esses períodos são chamados de Dias de *Brahmā*, cada um desses períodos sendo seguido por uma Noite de duração semelhante para assimilação e reajuste. A evolução é consumada unicamente pelos Egos autoconscientes, os quais guiando e impulsionando as vidas inferiores – os construtores da forma – finalmente ocupam essas formas quando já estiverem prontas. A história da construção do

Templo de Salomão é aquela da evolução do homem "onde nem o som de martelo, nem a voz de operário são ouvidos". Cada um dos sete princípios do homem é derivado de uma das sete grandes Divisões do Universo; ele, portanto, está diretamente conectado e relacionado a cada estado de substância e a cada plano de existência por meio desses princípios. O homem não é seus princípios: eles são seus instrumentos ou personificações. "Só para o bem da Alma existe o Universo".

Capítulo 3

A Cadeia Terrestre

A doutrina a respeito da Terra. Ela é sétupla também. É uma de uma cadeia de sete correspondendo ao homem. Todos os sete não estão em uma cadeia separada quanto aos membros, mas eles se interpenetram. A cadeia da Terra é a reencarnação de uma antiga cadeia anterior e agora morta. Essa cadeia antiga era uma das quais nossa lua é a representante visível. A lua agora está morta e se contraindo. Vênus, Marte etc. são membros vivos de outras cadeias semelhantes às nossas. Uma massa de Egos para cada cadeia. O número, embora incalculável, é definido. Seu curso de evolução através dos sete globos. Em cada um, certa parte de nossa natureza é desenvolvida. No quarto globo, o processo de condensação é iniciado e atinge seu limite.

Observações Preliminares

Em nosso estudo do "Oceano", devemos ter sempre em mente a sequência de seus capítulos. O primeiro capítulo apresenta o fato, bem como a evidência da existência dos Mestres da Sabedoria, resultado da evolução de civilizações passadas. É deste corpo de seres humanos perfeitos que todos os Instrutores e Reformadores Divinos vieram; todas as grandes religiões do mundo surgiram dos ensinamentos de um ou mais deles. O que Eles deram aos seus discípulos e às pessoas de qualquer período foi necessariamente limitado ao poder de assimilação e uso pelas mentes da época, mas as ideias básicas e os princípios sempre foram os mesmos. Aquilo que agora é dado por Eles é conhecido como "Teosofia" e foi registrado em livros acessíveis a todos, e é de fato a revelação mais completa de que o mundo tem qualquer registro. Devido à inteligência geral deste período atual foi possível apresentar o conhecimento que os Mestres desejavam transmitir à humanidade – em livros, fato que evita o perigo de intermediários e intérpretes, com suas assumidas afirmações e perversões autoritárias, ficando assim o inquiridor face a face com a própria "mensagem".

O Segundo Capítulo, como vimos, trata das leis gerais que governam o Universo como um todo; e o presente Terceiro Capítulo trata particularmente de nossa Terra, sua natureza e formação; sua relação com outros planetas, seu estágio atual de desenvolvimento e o dos egos humanos que a povoam e estão definitivamente conectados a ela, bem como os vários estágios que ainda estão diante de nós e dela.

Segundo as leis gerais que governam todas as manifestações na Terra, mostra-se que ela tem uma natureza sétupla, sua evolução ou desdobramento procedendo de dentro – desde a substância mais sutil, por estágios sucessivos até as formas de matéria mais densas e concretas. Entenderemos, portanto, que todas as formas e todos os seres se desenvolvem de maneira semelhante e que, em cada caso, todos os estágios de densificação estão presentes e se mesclam em todos os pontos; em outras palavras, o primeiro estado de substância não é destruído ou alterado pela formação dos estágios mais concretos; o segundo estágio está contido no primeiro, o terceiro estágio no primeiro e no segundo, e assim sucessivamente; ao mesmo tempo, esses estágios não devem ser concebidos como separados como as camadas de uma cebola, mas como estando sempre presentes um dentro do outro e em todos os pontos misturados e intermesclados. E temos ainda que lembrar que é a consciência e inteligência que produzem todas as formas e estados de substância ou matéria; desde o menor átomo até o ser mais altamente evoluído, toda forma é uma expressão do grau de inteligência interior.

P: O capítulo fala de "Egos", vindos da cadeia lunar, não deveríamos chamá-los de "Mônadas"?

R: Por que devemos chamá-los de Mônadas quando o Mestre diz "Egos"? Ego significa um ser autoconsciente, a tríade *Ātmā-*

-*Buddhi-Manas*, e a Mônada refere-se a *Ātmā-Buddhi*, o espírito universal e a consciência desdobrada em cada reino e em cada classe de ser. A Mônada aplica-se aos reinos: mineral, vegetal, animal e humano – bem como a outros não considerados.

P: O que significa a frase "A Terra é uma entidade e não um mero amontoado de matéria grosseira"?

R: Não existe matéria grosseira por si só. Todas as formas da matéria são produções de diferentes graus de inteligência. A Terra é uma entidade porque é uma combinação de muitos graus de inteligências em suas diversas formas evoluídas. Nossos corpos são entidades; eles são compostos de muitas pequenas vidas, todas trabalhando de forma coordenada para o benefício e o uso de uma inteligência maior que as uniu – o Ego – e que as treinou em seus modos separados de ação coordenada.

P: A Terra tem uma consciência sintética, uma inteligência governante?

R: Não no sentido de qualquer ser particular. Os chamados governantes da Terra e os sete planetas mais diretamente conectados com a Terra – como Vênus, Marte, Mercúrio, etc., – são classes de seres, cada classe constituindo uma hierarquia, cuja influência atua como um todo sobre outras classes. Cada hierarquia tem sua própria qualidade específica e tipo de influência. O poder sintético ou a força que une é o dos seres espiritualmente autoconscientes; o Universo é governado e guiado a partir de dentro.

P: Na *Doutrina Secreta* (Vol. II, página 87, ed. or.) se diz: "Houve uma evolução espiritual, psíquica, intelectual e animal, do mais superior ao mais inferior, bem como um desenvolvimento físico – do simples e homogêneo, até os mais complexos e heterogêneos. . ." Então o físico e o animal não são iguais?

R: Evidentemente que não. A palavra "animal", neste caso, significa a evolução a partir de baixo, dos reinos mineral e vegetal até o animal; enquanto o "físico", aqui, significa uma forma evoluída a partir da matéria (vidas) dos três reinos inferiores por seres autoconscientes (egos) para sua ocupação, uso e como instrumentos no plano terrestre. A evolução física é o elo que permite o contato das entidades autoconscientes com o mundo inferior

P: O que é uma Ronda?

R: Como revelado pela *A Doutrina Secreta*, em nossa Terra existem sete estados ou condições unidas em uma massa. A evolução começa no mais alto estado de substância e segue para baixo e através de mais três estágios condensados, perfazendo quatro ao todo; tendo alcançado o quarto estágio ou mais baixo, a evolução trabalha para cima por meio dos estágios produzidos e trabalhados durante a descida, toda a experiência adquirida na descida sendo levada para os estágios superiores. Cada vez que a evolução começa no estágio mais alto e, novamente, a ele retorna chama-se "Ronda".

P: O que cada Ronda produz?

R: Propor palavras em sânscrito que designam os elementos produzidos não seria útil no momento, mas podemos entender por similaridade o significado de palavras como Fogo, Ar, Água, Terra. Cada Ronda desenvolve um Elemento, uma Natureza e uma humanidade correspondente a ela. A Terra como a conhecemos, neste momento, não existia antes da Quarta Ronda. Ela era ígnea, fria e radiante, como eram seus homens e animais, etéreos durante a Primeira Ronda; luminosa, mais densa e pesada durante a Segunda Ronda; aguada durante a Terceira; terrosa durante a Quarta Ronda. Com a evolução dos elementos, vem o desenvolvimento dos sentidos. Cada elemento adiciona suas próprias características às de seu antecessor – assim:

1. Éter	Audição	Som
2. Ar	Tato	Som e Tato
3. Fogo	Visão	Som, Tato e Cor
4. Água	Paladar	Som, Tato, Cor e Paladar
5. Terra	Olfato	Som, Tato, Cor, Paladar e Olfato

O Éter corresponde ao Som-Vibração e precede os elementos diferenciados. Em seguida, de forma apropriada, vem o ar, pois ele é sentido em toda parte; os outros seguem na sequência natural.

P: Por que, embora estejamos na Quarta Ronda, temos apenas Cinco Sentidos?

R: Já passamos do ponto médio da Quarta Ronda, no entanto, estamos na Quinta Sub-Raça da Quinta Raça Raiz. Os animais têm cinco sentidos, assim como os homens.

P: Por que os animais têm sentidos mais apurados do que os homens?

R: Os animais dependem de seus sentidos para selecionar alimentos, evitar perigos, etc. Em seu estado selvagem, esses sentidos são muito aguçados por causa dessa dependência; os animais domesticados perdem muito dessa agudeza. O homem depende da mente e do desejo, sendo os sentidos em grande parte auxiliares do desejo, e também sendo embotados pela variedade de uso excessivo e anormal.

P: O que é uma Ronda? Poderia ser o circuito ao redor dos sete centros de consciência em um plano de substância?

R: A resposta para "o que uma Ronda produz?", em uma pergunta anterior deve ser novamente analisada. A última parte da pergunta é ambígua. Cada unidade é um centro de consciência. Todas as unidades passam por sete estados de substância, começando do mais etéreo ao mais concreto (o quarto estágio, o físico), então ascendendo desde esse estágio e de volta novamente ao mais etéreo, porém, com a experiência adquirida. Cada Ronda repete esse "circuito" de forma mais condensada até o ponto médio da Quarta Ronda, quando o processo tende a uma eterização em cada Ronda seguinte, até que ao final da Sétima Ronda todas as unidades tenham chegado novamente ao ponto inicial, mais a experiência adquirida. (Ver Diagrama, p. 153, *DS* Vol. I.)

P: O que é a "Quarta Dimensão"?

R: O termo está errado: não existem "quatro dimensões", mas "três" – isto é, comprimento, largura e espessura. O que os cientistas estão se esforçando para postular, no uso de tal termo, é uma percepção das características da matéria além da geralmente reconhecida tridimensionalidade O seguinte de *A Doutrina Secreta* é sobre este assunto: – "A matéria tem extensão, cor, movimento (movimento molecular), sabor e cheiro, correspondendo aos sentidos existentes no homem, e no momento em que desenvolver completamente a próxima característica – vamos chamá-la, por enquanto, de PERMEABILIDADE – isso corresponderá ao próximo sentido do homem – vamos chamá-la de 'CLARIVIDÊNCIA NORMAL'; assim, quando alguns ousados pensadores têm sede de uma quarta dimensão, para explicar a passagem da matéria através da matéria, e a produção de nós em uma corda sem fim, o que eles realmente queriam era *a sexta característica da matéria.* As três dimensões pertencem, na verdade, apenas a um atributo ou característica da matéria – a extensão; e o bom senso popular rebela-se com justiça contra a ideia de que, sob qualquer condição, possa haver mais de três dimensões tais como comprimento, largura e espessura. Esses termos, e o próprio termo "dimensão", pertencem todos a um plano de pensamento, a um estágio de evolução, a uma característica da matéria ... desde o momento em que a ideia de medição ocupou um lugar no entendimento humano foi possível aplicar medidas em três direções, e não mais. Mas essas considerações não influenciam, de forma alguma, contra a certeza de que no decorrer do tempo – à medida que as faculdades da humanidade se multiplicam – as características da matéria também serão multiplicadas". (*DS* Vol. I, p. 251-2)

P: Os Globos precedentes estão contidos naqueles que os seguem?

R: Nem a substância primordial da qual todos os outros graus são produzidos, nem esses outros graus, desaparecem durante a concretização da matéria. Tudo o que foi realizado, na forma de manifestação, permanece como linhas de comunicação, passo a passo, desde o mais elevado até o mais baixo. Os globos estão unidos em uma massa de substâncias setenárias, interpenetradas e entrelaçadas. Todas as substâncias e formas de matéria são produzidas pela "Alma" e existem para seu propósito, e são partes de um processo contínuo. Assim como os elementos "fogo, ar, água e terra" estão entrelaçados e constituem nossos corpos, o mesmo ocorre com a Terra em que vivemos.

P: Você falou que todo o poder existente é o poder interno. Não existe um poder externo entre os planetas em seu movimento rotativo?

R: O poder externo de qualquer coisa brota e é mantido pelo poder interno no centro de tudo. Falei das forças centrífugas e centrípetas como sendo as que mantêm o equilíbrio, mas as forças não existem por si mesmas, são exibições de "energia", e a energia é sempre produzida por seres, seja isoladamente ou em massa. A consciência está na raiz de todos os seres.

P: O que significa [p. 52, ed. bras.] "A Terra é um dos sete globos, apenas em relação à consciência do homem"?

R: Como anteriormente explicado, a Terra é composta de sete estados ou graus de substância. O homem também tem sete princípios ou "invólucros da alma", correspondentes às substâncias das quais a Terra é composta; em outras palavras, as várias modalidades ou princípios do homem são extraídos das várias substâncias que compõem a Terra como uma massa setenária. Quando o homem está funcionando através do corpo físico, ele está consciente do Plano Físico, ou estado físico do globo. Os outros, não sendo percebidos, são inexistentes, no que diz respeito às suas percepções físicas. Quando ele funciona em um plano superior de consciência e substância, vê aquele estado do globo e não o físico, e assim por diante com relação a todo o resto. Ele não vai a lugar nenhum para funcionar nos estados superiores do globo, porém, usa um princípio superior dentro de "si mesmo". Assim, embora em nosso globo existam sete estados, eles só existem quando percebido pelo homem. Na *DS* (*A Doutrina Secreta,* Vol. I, p. 604-5, ed. or.), encontra-se a seguinte afirmação: "Quando, portanto, *A Doutrina Secreta* – postula que o espaço condicionado ou limitado (localização) não tem existência real, exceto neste mundo de ilusão, ou, em outras palavras, em nossas faculdades perceptivas – ensina que cada um dos mundos superiores, como dos inferiores, é entrelaçado com nosso próprio mundo objetivo; que milhões de coisas e seres estão no ponto de localização ao redor e *dentro* de nós, como estamos ao redor, com eles e neles; não é uma figura de linguagem metafísica, mas um solene fato na Natureza, embora incompreensível aos nossos sentidos".

P: O homem pode estar consciente em mais de um plano ao mesmo tempo?

R: Ele não pode estar totalmente consciente em mais de um plano ao mesmo tempo; a atenção dividida entre dois planos daria uma percepção mista e dividida de ambos.

P: Como poderia um homem perfeito, sendo a própria consciência, estar inconsciente de qualquer plano?

R: Há alguma confusão nessa questão. "A própria consciência" indica o poder, ou habilidade de perceber, independentemente de sua aplicação a qualquer plano ou coisa particular. Estar consciente de qualquer plano significa a aplicação do próprio poder de perceber os objetos desse plano.

P: Nós falamos dos *Pitris* lunares como nossos progenitores físicos. Isso significa que eles eram desprovidos de inteligência?

R: A inteligência está na raiz de todas as formas, mas existem muitos graus de inteligência. Os *Pitris* lunares são aquela forma de encarnação física que evoluiu na Lua, e foi usada por egos encarnados naquele planeta. Eles são e representam a linhagem física da evolução; como diz *A Doutrina Secreta*, eles são nossos progenitores físicos; nossos corpos são a continuação dessa herança.

P: É dito que a Lua é um planeta morto e que isso afeta a Terra. Como um planeta morto pode afetar a Terra ou seus organismos?

R: A Lua é a antiga habitação da corrente de evolução que está acontecendo, neste momento, nesta Terra. Como um aglomerado de seres progredindo, ela está se desintegrando; seus entes e princípios superiores estão agora prosseguindo neste planeta e o constituem como ele é agora. No entanto, a Lua ainda existe como um mundo decadente, assim como um cadáver existe após a partida da pessoa viva que a habitava. O cadáver se decompõe, e as vidas que o compõem tendem a se separar e entrar em seus respectivos reinos. Nessa separação de vidas e elementos, um efeito é produzido, alguns benéficos para os organismos vivos e outros deletérios. Se nos lembrarmos de que a Lua representa o *Kāma-Rūpa*, assim como o corpo físico daquele planeta, e aplicarmos a ela o que sabemos dos cadáveres humanos e dos *Kāma-Rūpas*, obteremos uma melhor concepção dos efeitos.

P: O que estabelece limites para o número de Mônadas que entram no reino humano?

R: Simplesmente o número de Mônadas que progrediram o suficiente para entrar nele. O ponto médio desta cadeia de evolução tendo sido ultrapassado, e os humanos incipientes tendo que começar no plano mais elevado de substância, e a evolução humana tendo alcançado seu Quarto estágio nesta Ronda, assim como o ponto médio das Sete Rondas, as Mônadas do reino animal não podem – na natureza do tempo e da oportunidade – alcançar o estágio humano incipiente até a Sétima Ronda. Isso não é nenhum prejuízo para eles, pois sua inteligência não atingiu o ponto em que eles são sensíveis à diferença, e seu progresso em direção à entrada no ponto humano, entretanto, não foi barrado.

Capítulo 4

Constituição Setenária do Homem

A constituição do homem. Como a doutrina difere da doutrina cristã comum. A verdadeira doutrina conhecida nos primeiros séculos desta era, mas propositadamente retirada de uma nação incapaz de suportá-la. O perigo se a doutrina não tivesse sido retirada. A divisão sétupla. Os princípios classificados. As divisões concordam com a cadeia de sete globos. O homem inferior é um ser composto. Sua trindade superior. Os quatro princípios inferiores são transitórios e perecíveis. A morte deixa a trindade como a nossa única parte permanente. O que é o homem físico e o que é o outro homem mortal invisível. Um segundo homem físico não visto, mas ainda mortal. Os sentidos pertencem ao homem invisível e não ao visível.

Este quarto capítulo trata da Constituição Setenária do Homem; mostra como a doutrina difere da doutrina cristã comum; apresenta a constituição setenária do homem; aponta para a relação íntima entre a natureza Setenária da Terra e os Sete Princípios do homem; explica o que o verdadeiro homem como um Ser sob os termos do *Ātman*, *Buddhi*, *Manas*, a trindade ou os três princípios superiores; e classifica os quatro princípios inferiores, transitórios, como *aspectos* dos três princípios superiores durante a conexão do homem com o mundo terrestre. A partir desse tratamento deve ficar claro que o homem usa os quatro princípios inferiores para o benefício das vidas assim utilizadas, bem como para seus próprios propósitos.

P: O Sr. Judge se refere à necessidade do cuidado do Ser [p. 60, ed. bras.). Se o Ser é a causa de tudo como, então, poderia ser cuidado?

R: As palavras mencionadas não são expostas na pergunta; estas são: "o cuidado da alma, que é o Ser". É por meio da Alma – a experiência adquirida – que o Eu percebe e age; é por meio da Alma que o Eu aprende a conhecer a Si mesmo como se fosse de outra natureza que não a de sua experiência, percepções ou personificações. No sentido de que não há Alma possível sem o Ser, ou, em outras palavras, não há percepções ou experiências possíveis sem haver aquele que Percebe – a Alma é o Ser; portanto, o crescimento da alma depende da realização cada vez mais plena do Ser imutável: isso envolve para nós um "cuidado" para que entendamos a natureza e o propósito da existência.

P: Na página 60, o capítulo fala de alma "racional e irracional". O senhor poderia explicar a frase?

R: "Alma racional" significa aquele estágio do ser evoluído que é autoconsciente, e "alma irracional", aqueles estágios que são conscientes, mas não autoconscientes. Há um abismo entre o animal, mais consciente, e o homem menos autoconsciente, no que diz respeito ao senso de responsabilidade; o homem é responsável por seus pensamentos, palavras e ações; o animal não tem essa percepção e, portanto, é chamado de irracional. *Manas* está ativo no homem, seja em seu aspecto superior ou inferior; no animal está latente. O termo "alma irracional" também foi usado para designar aquela classe de mentalidade humana que está totalmente absorta na existência física.

P: Como "este esquema triplo da natureza do homem" contém "o ensino teosófico de sua constituição sétupla", conforme declarado na página 60?

R: A resposta está no contexto, "porque as outras quatro divisões que faltam na classificação podem ser encontradas nos poderes e nas faculdades do corpo e da alma, segundo procurarei mostrar mais adiante". Todo o capítulo é dedicado a uma resposta prática; o último parágrafo do capítulo fornece uma recapitulação, que ao ser analisada ajudará a esclarecer e explicar.

P: Em que sentido eu sou "o guardião do meu irmão"?

R: Cada ser é da mesma natureza essencial – Espírito; cada um evolui de dentro para fora, e cada um, em qualquer período, ocupa aquele lugar na grande comunidade de almas que seu grau de realização proporciona. Como todos vêm, e são da mesma Fonte, e todos avançam em direção ao mesmo objetivo, os mais evoluídos são, por natureza, destinados a ajudar os menos; a lei do *Karma*, inerente a cada ser, permite o ajuste dos efeitos às causas. Uma resposta geral implicaria que somos, em todos os sentidos, os guardiões de nosso irmão; quanto mais sabemos da fonte comum, da natureza e propósito de todos, mais bem preparados estaremos para "proteger nosso irmão".

P: Como é que "por trás da vontade está o desejo"? Parece que deveria ser invertido.

R: Nós não agimos até que haja desejo ou intenção de fazê-lo; a vontade é a força da consciência em ação. Sendo a vontade a força por trás da ação ou desejo, ela é incolor; porém, pela natureza do desejo ou sentimento torna-se colorida. Sem desejo não há ação. É o motivo ou desejo, por trás do uso de nossa força de vontade incolor, que qualifica a ação de nosso pensamento, palavra ou ação.

P: Por que nos apegamos tanto à existência corporal?

R: Por causa do nosso desejo de fazer isso, não sabendo que existe algo melhor. Nosso desejo põe a nossa Vontade em ação nessa direção, e, por meio de nossos desejos criamos atrações e apegos que nos prendem. Como todos os nossos poderes surgem e repousam no Ser – ou Espírito, e como usamos esses poderes para uma existência física senciente, a escravidão é forte. A liberação vem de uma compreensão plena e verdadeira de nossa própria e total natureza, quando os poderes do Espírito serão aplicados a todos, e em todas as direções, e não exercidos como o são agora, apenas em uma única, fisicamente, e na busca de desejos pessoais.

P: Qual é a diferença entre individualidade e personalidade?

R: "Individualidade", teosoficamente definida, é o Ego Superior; "Personalidade" é o falso ego: aquele aspecto do ego reencarnante e que está conectado com, e imerso na existência terrestre, e se imagina como sendo os sentidos, qualidades e faculdades, fisicamente, possuídas por ele.

P: O que você chamaria de "poderes da alma"?

R: Todos os tipos de poderes são da alma; aqueles poderes que usamos – ou melhor, dos quais fazemos mau uso – em nossa existência diária, são poderes da alma. É o mau uso dos "poderes da alma" que traz a retribuição *kármica*.

P: Como o pensamento pode ser tão poderoso?

R: Porque toda forma visível por nós, ou invisível, é dotada de inteligência em algum grau; porque o pensamento precede a ação e a institui, e porque os efeitos do pensamento são, consciente ou inconscientemente, sentidos por seres próximos e distantes, despertando-os para algum tipo de ação. O pensamento não existe por si mesmo – é sempre o produto de algum Pensador; todo pensamento é em relação a alguma coisa, e produz uma imagem dessa coisa; a concentração do Pensador na matriz criada por ele, atrai para ela as vidas que fervilham na atmosfera terrestre, e, então, a energiza e a orienta, de acordo com o motivo e o desejo do

Pensador; esta matriz, transformada em força viva, pode impelir insidiosamente à ação outros Pensadores cujas naturezas e desejos são semelhantes, ou aqueles que têm as sementes de tais desejos dentro deles, esteja o criador consciente ou não da matriz dos resultados. "Pensamento", ou mais corretamente a capacidade de pensar, é o poder criativo, destrutivo, preservativo e regenerativo mais poderoso que qualquer ser possui; atua de forma fraca ou forte, de acordo com o conhecimento e poder de concentração do Pensador. No Ocultismo, "pensamento" é o plano real de ação; o que vemos ou percebemos fisicamente são meros efeitos do pensamento.

P: Fala-se da unidade; como pode haver unidade em todos esses princípios separados ou diferentes?

R: Todos os princípios são meramente aspectos do Princípio Uno; modos e bases de pensamentos e ação mais ou menos condicionados. A unidade reside no fato de que todas as diferenciações temporárias procedem e repousam na natureza espiritual, essencial a todos os seres. Não poderia haver diversidade sem a unidade como base. Todos nós vivemos, e a vida em todos nós é uma unidade, mas nosso uso e expressões de vida apresentam grandes diversidades.

P: Sempre teremos uma Terra e um corpo terreno? Ou será que em algum dia iremos superar isso completamente?

R: Não é uma questão de matéria terrestre ou do que agora percebemos como matéria física. Onde quer que existamos será em alguma forma de substância como uma encarnação, e isso então será tão objetivo para nós quanto é a nossa matéria terrena atual. Qualquer tipo de experiência implica objetividade em todos os planos, enquanto durar a manifestação; se não há base para a experiência, não há experiência. O problema não está com a Terra, como ela é agora ou como sempre será, está conosco, imbuídos como estamos de falsas concepções de todo tipo. Temos o poder de compreender nossa natureza e a natureza de todos os seres e, por meio desse entendimento, purificar nossas próprias naturezas e, assim fazendo, elevar e purificar as naturezas de outros como nós, bem como dos seres abaixo de nós. Não podemos deixar a Terra até que tenhamos feito a nossa parte ao máximo, e então será tão diferente que talvez não queiramos abandoná-la, embora tenhamos conquistado o direito de escolha. Leia *A Voz do Silêncio.*

P: O que significa "cada princípio está correlacionado a um plano, um planeta e uma raça" [p. 50, ed. bras.]?

R: O Espírito é a raiz e o substrato de tudo o que existe; existe por sim mesmo e a tudo permeia. É a Unidade dentro da qual toda diferenciação ocorre. A Unidade não é destruída por causa de qualquer número de diversidades, que podem ser desenvolvidas a partir e dentro dela; uma Causa eficiente não é eliminada enquanto houver uma base na qual os efeitos possam ser produzidos. Manifestação significa diferenciação, de e dentro, da Unidade; a declaração em *A Doutrina Secreta* é que a manifestação ou diferenciação ocorre de sete maneiras ou estágios, que se aplicam a todos os graus de substância, todas as formas, e todos os tipos de seres. O homem demonstra ter sete princípios; Ele elaborou esses princípios um de cada vez, conforme a diferenciação do planeta avançava; portanto, cada princípio do homem está correlacionado a um estágio particular de diferenciação do planeta. Novamente, cada planeta em nosso Sistema Solar tem sete princípios, de modo que o homem, os planetas e Sistemas Solares têm como suas partes constituintes princípios semelhantes, e cada princípio no homem, nos planetas ou Sistemas Solares, está correlacionado com os outros; há, portanto, uma relação ativa ou latente entre toda e qualquer forma e ser, a qual, conforme crescemos em conhecimento e sabedoria, pode ser aproveitada. A humanidade, como um todo, procede também em sete estágios, concomitantemente com as condições do planeta e, assim, cada estágio é chamado de Raça, e cada uma das quais tem suas sete subdivisões, expressas novamente de várias maneiras setenárias. Assim, de cima para baixo e em todas as direções há um canal, um plano e uma relação entre cada forma e os seres, desde os mais elevados aos mais inferiores; e essa relação existe, quer algum Ser em qualquer estado particular de percepção esteja ciente disso ou não. O conhecimento deste grande fato, e o despertar dentro de nós das condições necessárias, nos habilitarão a usar e dirigir as sete forças ocultas. Toda a Natureza está diante de nós e dentro de nós; devemos, portanto, pegar e usar o que pudermos com sabedoria; os passos necessários são mostrados na Teosofia e nenhum deles pode ser omitido.

P: Os princípios existem independentes uns dos outros?

R: Cada princípio é derivado e existe dentro do Supremo Princípio Uno; como o princípio mais baixo é assim derivado e depende da cadeia de princípios acima dele e da qual foi diretamente derivado: os princípios são *interdependentes*. Por exemplo, podemos considerar o corpo como o princípio inferior; enquanto durar a humanidade, todo o tempo, haverá corpos na Terra, porém, nossos corpos atuais tiveram seus começos e terão sua dissipação. A razão pela qual temos o atual corpo é porque ocupamos corpos antes, tendo estabelecido o "princípio" da existência corpórea senciente. Quando deixamos o corpo, ele retorna aos elementos dos quais foi extraído, mas o "princípio" da expressão corporal permanece em nós, e será expresso em outro corpo em algum tempo futuro. Os princípios permanecem, e a atuação desses princípios e a tendência de repetir é periódica.

P: O que é um princípio?

R: Um princípio é uma base para o pensamento e a ação em conexão com um plano específico de substância. Estar consciente em qualquer plano de existência implica que alguém está agindo em, e com, aquele princípio em si mesmo, o qual corresponde àquele plano particular de existência.

P: Por que o *Prāna*, o princípio Vital no corpo, é chamado de transitório? Parece que a Vida deveria existir sempre.

R: O termo sânscrito para a Vida Una que permeia e sustenta todos os princípios é *Jīva*. *Prāna* é aquele aspecto da Vida Una que sustenta e permeia o corpo físico. Quando esse aspecto é retirado, o corpo se desintegra. Esse aspecto sendo retirado do corpo é usado nos princípios remanescentes, ou naqueles em que o último ocupante do corpo esteja consciente.

Capítulo 5

O Corpo Físico e o Corpo Astral

O corpo e o princípio da vida. O mistério da vida. O sono e a morte são devidos ao excesso de vida não suportável pelo organismo. O corpo é uma ilusão. O que é a célula? A vida é universal. Não é o resultado do organismo. O corpo astral. Do que é feito. Seus poderes e funções. Como um modelo para o corpo. Todos os reinos da Natureza o possuem. Seu poder de viajar. Os verdadeiros órgãos dos sentidos estão no corpo astral. O lugar que o corpo astral ocupa nas sessões espiritualistas. O corpo astral é responsável por telepatia, clarividência, clariaudiência e todos esses fenômenos psíquicos.

P: O que é que faz com que nos identifiquemos com um corpo?

R: Entre as formas de ignorância que a Teosofia pretende destruir, a mais comum é a ideia de que "nós" somos nossos corpos.

P: Que outras formas de ignorância existem?

R: Seria impossível enumerá-las; todas as formas de ignorância surgem da falta de conhecimento verdadeiro e são de classes quase infinitas. O início do conhecimento está em uma verdadeira concepção da natureza espiritual essencial *de todos os seres*, à parte de todas as formas, faculdades e expressões; em outras palavras, a base permanente e imutável que é a causa sem causa e sustentadora de tudo é o centro de cada ser, e é o Ser em cada um. Seguem-se as várias etapas do desenvolvimento – ou evolução – sete em número, e a lei geral que rege a todos, bem como as leis subsidiárias que governam cada passo ou plano de descida e subida. Qualquer concepção que exclua a Natureza como um todo é baseada na ignorância.

P: A matéria é apenas um agregado de vidas?

R: O que chamamos de "Matéria" é feito de inúmeras formas e tipos de seres, cada um consciente em seu próprio grau; percebemos, apenas parcialmente, com os nossos limitados cinco sentidos. Matéria é o que somos capazes de perceber. À medida que subimos na escala de percepção, o que agora é invisível para nós, se tornará objetivo e também será "matéria". O verdadeiro homem é o Percebedor.

P: Parece que degradamos ou entorpecemos essas vidas inferiores com o nosso uso?

R: A degradação está em nós mesmos – somos os responsáveis; não as vidas inferiores ou menores, – elas agem de acordo com os impulsos que lhes damos e reagem sobre nós.

P: Qual seria o modo de entrada e saída dessas vidas?

R: Através das aberturas no corpo; os poros da pele; por endosmose e exosmose; por meio de comida, bebida e respiração; até os cabelos da cabeça e do corpo são canais.

P: Por que o homem atrai para si certas classes de vidas, e os animais outras classes diferentes?

R: Cada ser "atrai" de acordo com sua natureza.

P: O "elétron" pode ser definido?

R: A palavra "elétron" é o nome dado pelos cientistas a algo que eles percebem que constitui o átomo. Os cientistas não têm ideia da natureza do que descobriram; alguns imaginando que o elétron não é matéria, mas uma forma ou formas de energia; mas todos estão tão no escuro como quando supunham que o "átomo" era a divisão final da matéria.

P: E sobre a natureza do bêbado? Ele está sempre desejoso de introduzir algo prejudicial em seu corpo.

R: Ele treinou as "vidas" em seu corpo de tal forma que elas exigem certos estimulantes. Há um versículo que diz que "Não é o que entra pela boca que contamina, mas o que sai dela". Podemos não estar fisicamente embriagados com vinho, mas embriagados com a ignorância da crença de que somos os mais virtuosos. Um bêbado pode parar de beber mais facilmente do que a maioria das pessoas pode parar seu egoísmo e desejos.

P: Uma compreensão de nossa natureza setenária não tenderia a transformar um corpo doente em um normal?

R: Podemos entender muito, e não usar nosso entendimento; nenhum resultado fluiria da não aplicação do que sabemos. Devemos viver o que sabemos, e isso inclui todos os departamentos de nossa natureza. Quando nossa natureza interior é pura, doce e verdadeira, o corpo responde; mas nossos corpos são a menor de nossas deficiências.

P: O senhor acha que cuidando adequadamente de nosso instrumento poderíamos esgotar o nosso *Karma* passado em um corpo presente? Não poderíamos viver no mesmo corpo por milhares de anos, construindo o tempo todo novos tecidos?

R: A duração da vida em qualquer corpo é determinada pelo *Karma* passado do Ego que entra nele; esse período crítico poderia ser superado por aquele que conhece, mas o processo exige a morte gradual do corpo antes do tempo, como também das condições que as ideias e ambientes modernos não fornecem. Nossa primeira necessidade é conhecer e expressar nossa real natureza; depois do qual existem muitas possibilidades. Devemos conhecer a Vida como ela é, desde dentro, antes de podermos dar mais do que o cuidado normal ao corpo; este último não é nossa preocupação imediata.

P: Existe algo como superar as limitações impostas a qualquer vida em particular?

R: A resposta anterior cobre suficientemente isso para o nosso propósito. Há muitas opiniões a respeito da existência corporal; o corpo é um instrumento obtido por nós, através de nosso próprio *Karma*, assim como são as nossas tendências; só podemos obter melhores condições por merecimento, e nossas condições atuais são os meios pelos quais esse mérito pode ser alcançado. Não é o corpo ou o seu ambiente a verdadeira causa dos problemas, mas nossa atitude *em relação a eles.*

P: Como estamos agora, progrediríamos melhor utilizando os corpos que temos com o máximo benefício, na esperança de merecer um que seja mais adequado, em uma nova encarnação?

R: Se nosso objetivo é obter um corpo melhor, agora ou em uma encarnação futura, ainda estamos "presos à teia da ilusão". Fazer o melhor uso daquilo que temos deve ser a nossa conduta, e o melhor uso requer um conhecimento da filosofia de vida – Teosofia.

P: A Natureza não facilitará para nós algum dia?

R: Quando tornarmos isso mais fácil para a Natureza. Incorporamos a Natureza; A Natureza é um produto de nós mesmos e de outros seres. Quando estabelecermos relações harmoniosas entre *todas* as partes de nossa própria natureza, será "fácil" para nós. Mas falar de facilidade quando é necessário esforço é tolice.

P: Qual é a relação entre a Individualidade e a Personalidade?

R: "Individualidade" é uma existência consciente em espírito, dentro ou fora do corpo. "Personalidade" é um amontoado de qualidades e condições em constante mudança que o "Pensador", ou Ego, confunde consigo mesmo; e, assim, "a ilusão dos objetos" é autoproduzida.

P: O corpo astral é de tamanho normal ao nascer? A declaração feita é de que ele é perfeito ao nascer [p. 75-6, ed. bras.].

R: Não existe tal declaração de que o corpo astral é *perfeito ao nascer*; o que se diz é que "o modelo pelo qual a criança se desenvolve no útero é o corpo astral, cuja forma está já perfeita antes de seu nascimento". O corpo astral cresce rapidamente com o físico; a frase "tamanho completo ao nascer" não tem significado, uma vez que todos os corpos variam em tamanho e dimensões desde o nascimento até a velhice. O modelo do carvalho está na bolota. Uma pequena foto pode ser ampliada mil vezes, perfeita em todos os detalhes.

P: O que se entende por "limites privativos de uma célula"?

R: Não há célula física como algo existindo separadamente; nossos corpos são entidades, mas eles são feitos de entidades menores. Cada centro de cada entidade tem seu próprio raio de ação, causando um redemoinho ou vórtice ao seu redor; são as vidas desenhadas dentro deste vórtice radial que constituem a "célula"; a atração central as atrai e as mantém em suas respectivas distâncias, por assim dizer; é esse equilíbrio entre atração e repulsão que constitui os limites privativos.

P: Você explicaria o significado da frase "o Superior olha através dos olhos do inferior"?

R: Cada célula do corpo tem sua própria vida, poder ou faixa de percepção, e, nesse aspecto, as células diferem umas das outras. É através dos muitos tipos de vida em nossos corpos que temos contato e percepção no Plano Físico; portanto, pode-se dizer que olhamos com os olhos do mais inferior. O mesmo também é verdade para seres superiores a nós. Nosso contato como "percebedores" de qualquer plano de substância só é possível por meio de um instrumento constituído pelas "vidas" desse plano. Cada uma dessas vidas é um ponto sensível, e reflete o plano ao qual pertence em algum grau. O suficiente dessas vidas reunidas, em um plano particular, dará uma personificação de "pontos sensíveis" capazes de refletir tudo naquele plano; de modo que em um plano qualquer, "o Superior vê pelos olhos do inferior". Superior e inferior aqui significam diferenças em graus de percepção, entendimento, sabedoria e poder.

P: O "astral permanente" é o corpo espiritual?

R: Não, não é. É um corpo formado de substância astral, durante a vida, pelo ego reencarnante; quando assim formado permanece para as vidas subsequentes, como forma astral, com todos os seus poderes e funções. Em casos comuns, um novo astral é projetado para cada nascimento, com nada mais do que as tendências adquiridas como ponto de partida.

P: O corpo astral é afetado pela insanidade?

R: Nenhum "corpo" de qualquer tipo é são ou insano. A insanidade é *uma ruptura na conexão* entre o Ego e o corpo em uso, e pode ser parcial ou total; tal ruptura se deve ao *Karma* do indivíduo e pode ser devido a causas do Plano Físico, Astral ou Psíquico acionadas pelo indivíduo envolvido.

P: O fato de um Mestre assumir um corpo seria da natureza de uma concepção imaculada?

R: Se um Mestre desejasse usar um corpo físico da raça, Ele pegaria um disponível que estivesse sendo descartado por seu morador original, ou "animaria" um, produzido da maneira comum. A linha física de evolução é mantida pela união dos sexos nesta idade.

P: Nas páginas 69 [ed. bras.] se diz que no sono estamos absorvendo vida; e mais adiante no parágrafo é dito que quando adormecemos, estamos mais cheios de vida do que pela manhã. Isso parece uma contradição para mim?

R: Se o parágrafo tivesse sido lido com atenção, nenhuma contradição apareceria. No sono, estamos absorvendo e não resistindo à Energia Vital; quando acordamos, estamos resistindo; quando adormecemos, ficamos mais cheios de vida do que de manhã, porque nossa capacidade de resistir se torna cada vez menor durante as horas de vigília; tornamo-nos "carregados" com energia vital, até que, não sendo mais capazes de resistir a ela, sobrevém o sono.

P: H.P.B. não disse que o *Devachan* era o paraíso dos tolos?

R: É incerto se HPB usou a frase exatamente dessa maneira, mas admitindo que fosse usada, não é verdade que cada ser faz seu próprio paraíso, seu próprio *Devachan*, de acordo com sua ideia de bem-aventurança? E, como o *Devachan*, uma ilusão da personalidade, não pode ser chamado de um estado de sabedoria, a frase "o paraíso dos tolos", usada de forma coloquial, pode muito bem ser aplicada. Não é uma sorte que mesmo aquele que consideramos um "tolo" possa ter seu paraíso? A natureza espiritual do "ser" fornece todas essas compensações, cada uma de acordo com sua espécie.

P: É dito que o corpo astral evoluiu muito antes do corpo físico; então o homem estava usando o corpo astral várias idades antes de o físico ter evoluído?

R: Como declarado, especificamente, nos capítulos anteriores, a evolução prossegue de uma substância homogênea para estados cada vez mais concretos de substância ou matéria, os estados inferiores sendo desenvolvidos a partir dos superiores, cada estágio levando imensos períodos de tempo; segue-se, portanto, que a evolução do corpo astral precedeu a da forma física em muitas eras; na verdade, a cada nascimento o mesmo processo se repete rapidamente; mesmo os primeiros estágios da evolução física se repetem durante a gestação.

Capítulo 6

Kāma – Desejo

O quarto princípio. *Kāma-Rūpa.* Em inglês, as paixões e os desejos. *Kāma-Rūpa* não é produzido pelo corpo, mas é a causa do corpo. Este é o princípio do equilíbrio dos sete. É a base da ação e propulsor da vontade. O desejo certo leva ao ato certo. Este princípio tem um aspecto superior e um inferior. O princípio está no corpo astral. Na morte, ele se une ao corpo astral e faz dele uma concha do homem. Possui poderes próprios de natureza automática. Essa concha (casca ou cascão) é o chamado "espírito" das *sessões.* É um perigo para a raça. Elementais ajudam essa concha nas *sessões.* Nenhuma alma ou consciência está presente. Suicidas e criminosos executados deixam conchas muito coerentes. O princípio do desejo é comum a todos os reinos organizados. É a parte bruta do homem. O homem é agora um quaternário totalmente desenvolvido, com os princípios superiores parcialmente desenvolvidos.

Observações Preliminares

Este capítulo fala do "princípio do equilíbrio"– *Kāma* ou desejo; é o quarto princípio contando de cima para baixo ou de baixo para cima, então, numericamente, representa o equilíbrio dos Sete. É também o princípio mais desenvolvido e em uso entre os homens em geral, e forma a base de suas ações, e aqui novamente é o "equilíbrio" de onde os caminhos sobem e descem. Sendo o princípio ativo, o desejo poderá ser direcionado ou para a existência física e de posses ou para uma vida em espírito e verdadeira percepção e compreensão; é nessa direção que "os caminhos ascendem ou descendem", a escolha cabe a cada ser humano, e os resultados seguem a escolha e o esforço.

Quando o ser humano deixa o corpo para retornar aos seus elementos do mundo físico, ele ainda possui o corpo *kāmico* ou dos desejos de substância astral, e por um tempo maior ou menor, de acordo com a intensidade da vida física passada; ele pensa e age em um mundo de sua própria criação. Quando ele descarta o *Kāma-Rūpa*, ou em outras palavras, se desprende dele, como fez com o corpo físico, ele permanece coeso por um tempo e, então, começa a se desintegrar, embora sua consistência como um corpo coerente automático possa durar muitos anos. É este *Kāma-Rūpa* que é o ator principal nas sessões espíritas, e cuja desintegração é retardada, e a existência prolongada por práticas mediúnicas. Depois de "abandonar" o *Kāma-Rūpa*, o Homem Real ascende ao estado *devachânico*, um estado que pode ser chamado de estado pessoal divino, e, após esgotar suas possibilidades, retorna à vida terrena. Este é o curso geral da humanidade; as exceções são aqueles que, por meio do conhecimento e de uma vida de acordo com esse conhecimento, ultrapassam a ilusão.

P: O capítulo fala sobre os desejos e paixões tendo dois aspectos, um superior e outro inferior. Qual seria o superior?

R: O superior é a identificação do ser com a natureza superior, *Ātman, Buddhi, Manas*, e o "inferior", com o corpo físico e os desejos relativos à existência física.

P: Se o *Kāma-Rūpa* é apenas a massa de desejos e paixões do ser encarnado, e ele não se preocupa com as pessoas deixadas para trás, quem seria o responsável pela dispersão desses pensamentos e atos malignos?

R: Podemos nos perguntar quem é o responsável pelos efeitos contaminantes de um corpo físico em decomposição? Não poderia ser aquele cujo *Karma* o impulsionou a sair de seu corpo, mas aqueles que estão vivendo acima do plano do "corpo". Então, com as "lembranças do astral", aqueles que ignoram a real natureza do homem e que fazem do desejo a base natural dos seus pensamentos e ações são propensos a essa classe de infecções. Há também uma fase do *Karma* coletivo envolvido na questão; os "vivos" podem ser afetados pelos "mortos" e os "mortos" pelos "vivos"; o conhecimento e a vida correta – "higiene" espiritual, intelectual e física – são as salvaguardas.

P: Isso é *Karma*?

R: Sim, é isso. O efeito segue a causa, e como o resultado procede de cada ser, os efeitos percebidos e sentidos serão da mesma natureza das causas colocadas em movimento por cada um.

P: Eu diria que seria terrível.

R: Nada que seja evitável é terrível. Existem forças destrutivas e também construtivas no Universo; temos que conhecê-las para viver com sabedoria, mesmo neste plano; o conhecimento também é necessário no lado oculto da Natureza; estamos aqui para aprender.

P: O que cada ser encarnado traz de volta com ele quando entra em um corpo, *são os Skandas*?

R: Essa é a palavra sânscrita para as tendências de natureza terrena que o ser adquiriu; eles não podem ser expressos em qualquer outro plano que não o do corpo e de *Kāma*; portanto, quando a vida na Terra for retomada, o ser irá naturalmente agir sobre as mesmas linhas que ele traçou em vidas anteriores.

P: Então, qual o benefício que as férias no *Devachan* trouxe para ele?

R: Isso depende dele mesmo. No *Devachan*, o ser experimenta tudo o que foi altruísta e nobre na última vida que passou e, sem dúvida, carregará de volta consigo algo disso – talvez muito; mas caindo no campo da paixão e do desejo que ele não tinha conseguido conquistar enquanto ocupava um corpo anterior, ele também frequentemente cai vítima de suas fraquezas. *Devachan* é um *efeito* da última vida vivida; qualquer retificação deve ser feita enquanto em um corpo.

P: O que significa o poder superior da imaginação?

R: A imaginação é o poder superior. Todo este Universo se deve ao poder de fazer imagem pertencente aos seres que o compõem. Tudo existe primeiro na ideia, e depois é produzido concretamente. O poder de formar imagens está na raiz de todas as produções e de todos os fenômenos ocultos.

P: Se o princípio do desejo não for forte, então o poder superior da imaginação não pode funcionar?

R: Deve haver uma imagem ou objeto a ser produzido, e o desejo de produzir deve permanecer até que o trabalho seja realizado; isso exige concentração e esforço, bem como conhecimento de formas e meios. Mas os desejos egoístas nunca deixam de fazer o mal aos outros, bem como a nós mesmos; portanto, nosso poder de formar imagens deve ser usado visando os objetivos altruístas e elevados.

P: Em *A Voz do Silêncio* é dito para não desejar nada. Isso não se refere a desejos pessoais?

R: Significa não desejar nada para si mesmo. Viver para beneficiar a humanidade é o primeiro passo.

P: O poder da imaginação, apoiado por um forte desejo, pode formar um corpo astral?

R: O poder da imaginação, apoiado por um forte desejo, deve produzir uma forma daquilo que é imaginado, em algum tipo de substância, ou não poderia ser percebido pela mente como uma forma. Mesmo um pensamento fugaz produz uma forma, mas esta, como bolhas de sabão, logo se dissipa; quanto mais concentração há em uma determinada ideia ou forma, mais duradoura e concreta ela se torna.

P: Em que a matriz é formada?

R: Na substância etérea – *Prakriti*, ou em alguma de suas densificações; existem vários estados acima do físico. A ação é do Plano *Manásico*, o criativo. Todos esses estados de substância estão presentes em toda parte, e são usados de acordo com o tipo e a qualidade da ideia.

P: Se um *Kāma-Rūpa* toma posse da mente do médium, pode então dar conhecimento do que ocorre após a morte da pessoa?

R: O *Kāma-Rūpa* não pode dar nada, mas a pessoa mediúnica recebe dele as impressões; estas podem ser percebidas pelo médium como ideias, visões, sons, odores, gostos, etc. O *Kāma-Rūpa* é – com algumas exceções – um autômato, e não tem previsão nem presciência, e é absolutamente irresponsável.

P: O capítulo diz que os *Kāma-Rūpas* de suicidas ou criminosos executados podem incitar outras pessoas a fazerem o mal?

R: Quando o corpo é destruído à força, por uma execução legal ou por suicídio, o homem não está morto e não morrerá até que seu prazo de vida natural termine. Tal pessoa buscaria expressão terrena que só pode ser obtida por meio de algum corpo vivo. São esses *Kāma-Rūpas* que obsidiam as pessoas com tendências semelhantes, e são os mais ativos nas sessões espíritas.

P: Esse *Kāma-Rūpa* age com um conhecimento consciente do que ele está fazendo?

R: Ele age como sente e de acordo com seus desejos, por meio de qualquer canal que esteja aberto para ele. Ele quer o que quer e fará tudo que puder para obtê-lo. Eu diria que ele tem consciência do que quer, mas não tem nenhuma responsabilidade.

P: Nas sessões, os médiuns não podem conhecer a natureza do ser que os controla?

R: Um médium é passivo e está sujeito a qualquer tipo de controle; tal pessoa fornece um canal para qualquer coisa que possa surgir. É claro que a natureza da pessoa mediúnica deve ser levada em consideração, pois o tipo de atração proporcionada será de acordo com ela.

P: A reencarnação de uma pessoa que ansiava pela morte poderia ser adiada?

R: Não necessariamente. O anseio pela morte pode ocorrer apenas quando as condições imediatas ou prolongadas parecem oferecer a morte como a única saída; apesar de que, durante a vida em questão, pode ter havido outras condições. Toda a vida da pessoa deve ser levada em consideração; mas quem pode julgar o *Karma* de outro?

P: Já foi dito que nós éramos autoconscientes desde antes deste mundo começar?

R: Se por "nós" se entende o Percebedor, com as experiências acumuladas de muitas vidas em outros mundos, a afirmação deve ser correta; cada personalidade é apenas uma expressão transitória e incompleta do Homem Real, devido ao *Karma* passado da existência corpórea. Nosso trabalho é perceber mais e mais a nossa própria natureza real como seres espirituais, e usar as forças que agora temos a serviço da natureza Superior – e isso significa a serviço da Humanidade em seu sentido mais elevado.

P: Então uma pequena parte de nossa natureza nos cegou?

R: Sim – uma porção pequena e transitória que os homens confundem com o real, e conseguem por meio da causa e do efeito tornar-se tão imersos na existência física, enquanto estão em um corpo que toda percepção de sua natureza real é perdida.

P: Eu entendo a Memória como um retorno de impressão. É isso?

R: É exatamente isso. Para entender esse retorno da impressão, devemos considerar e aplicar o proposto na Segunda Proposição Fundamental; a qual afirma a regra da Lei em tudo e em quaisquer circunstâncias. Muitos estudantes não aplicam suficientemente esta Lei do *Karma* universal; geralmente, ela é considerada em relação às condições físicas, e talvez mentais, mas sua operação é encontrada em tudo; cada pensamento ou sentimento fugaz, cada movimento casual é uma causa e deve ocasionar seu esforço proporcional. Todas essas causas trazem seu retorno de impressão, externa e internamente, e isso quer reconheçamos a impressão ou não. Muitos pensamentos, sentimentos e ações que, para a maioria das pessoas, parecem surgir espontaneamente, são, na realidade, devidos a causas anteriores postas em movimento. O que chamamos de Memória é uma recordação, reminiscência ou rememoração de algumas poucas impressões da vida, mas todas elas constituem a soma total do *Karma* da vida – tudo estabelecido por nós mesmos. Em nossa condição atual, a necessidade primária é examinar nossos motivos *e saber por que* pensamos, dizemos ou fazemos qualquer coisa, mesmo a mais comum. Se este caminho for seguido fielmente, assumiremos o controle para guiar nossos pensamentos, palavras, sentimentos e atos, bem como para prevenir a recorrência e muitos retornos prejudiciais. Há ainda mais vantagens em se recuperar a "memória do passado", mas é recomendado como um passo eficaz para nos conhecermos fazê-lo de acordo com os princípios teosóficos.

P: A Teosofia fala de profecia?

R: "Profecia" é o poder de prever efeitos, cujas causas já foram estabelecidas.

P: No Capítulo [p. 84, ed. bras.] se diz: "Até mesmo um Buda ou Jesus tiveram primeiro que fazer um voto". Por favor, explique.

R: Sabemos que se alguém deseja realizar alguma coisa, deve determinar-se a fazê-la, e seguir persistentemente os passos que o levarão a obter êxito. Houve uma época em que Buda ou Jesus eram mortais, errantes e pecadores; chegou o momento em que eles aprenderam sobre "o Ser interno" e, sentindo os impulsos de sua natureza superior, juraram fazer disso o poder vivo de sua vida. O motivo, em tal caso, não é apenas que ele venha a alcançá-lo, mas que ele possa estar melhor capacitado para despertar e levantar uma humanidade, que na ignorância cria sua própria miséria. Os Mestres de Sabedoria fizeram o mesmo, e através do Movimento Teosófico apontam os passos que devem ser dados por todos os que desejam seguir os passos dos Salvadores dos Homens.

P: Qual é a diferença entre o Plano Astral e a Luz Astral?

R: A Luz Astral é o plano ou região invisível que circunda nossa Terra – assim como acontece com todos os outros planos; é uma essência sutil, visível apenas ao olho clarividente, e é o mais baixo, somente um (o físico) dos Sete Princípios Cósmicos. Sendo o invólucro mais baixo em que a Terra flutua, e pelo qual esta é permeada, é o receptor e recipiente de toda influência maligna; só pode distribuir o que recebe; é o "depósito", por assim dizer, das emanações morais e físicas da humanidade; estas, convertidas em sua essência mais sutil, são irradiadas de volta, intensificadas, e se tornam epidemias morais, psíquicas e físicas. Corresponde ao *Linga-Sharīra*, ou Duplo Astral, no homem, que é o depósito das tendências morais, psíquicas e físicas do indivíduo. Um "plano" é um campo de ação; nós falamos de atuar sobre os Planos Físico, Astral, *Kâmico*, *Manásico* ou Espiritual.

P: Isso afeta a humanidade como um todo?

R. O efeito geral está sempre presente; cada ser é afetado de acordo com as atrações que ele estabelece, seja consciente ou inconscientemente; as inconscientes se devem ao *Karma* passado; as conscientes, ao estabelecimento de novas causas.

P: Se um homem pensa em ideais elevados, ele atrai ideais elevados?

R: Os ideais elevados não existem por si mesmos; são aspirações de indivíduos, por isso não seria um conceito verdadeiro imaginar que existe um depósito de ideais elevados em algum lugar ao qual possamos recorrer; temos que perceber, criar e agir na direção de ideais elevados, casos em que nossas aspirações são reforçadas pelos ideais de outros no mesmo plano de pensamento e ação, devido à interdependência e natureza espiritual comum de todos os seres.

P: Existe algum esforço especial indicado em fazer um voto ou promessa, conforme está exposto no capítulo?

R: Um voto deve ser feito em alguma direção e para algum fim em vista; isso implica um esforço especial. Na Introdução do livro *Aforismos de Yoga de Patanjali*, William Q. Judge fala de "uma posição firme assumida tendo em vista a união com o Ser superior." Para assumir essa posição, é preciso compreender os princípios do homem e da Natureza; nosso estudo do *Oceano* e de outras obras dos Mestres conduz na direção desse esforço especial, que é, na realidade, o fim em vista de todo o nosso estudo.

P: O que significa a declaração feita de que "O Deus interno começa com o Manas, ou a Mente"?

R: Não há nenhuma ação a menos que haja um ser para agir ou sentir os efeitos; *Manas* é a manifestação ou poder criativo do Ser, a potência ativa ou criadora. Portanto, no que diz respeito à manifestação, é o "Deus interno", já que a manifestação começa com esse princípio.

P: Podemos trabalhar neste Plano Físico sem o princípio de *Kāma*?

R: Estamos naquele estágio de evolução em que o princípio de *Kāma*, ou Desejo, geralmente prevalece; isso ocorre porque "o Deus interno" se envolveu na existência física senciente e, enquanto está nessa existência transitória, põe em movimento as causas que inevitavelmente trazem o ser de volta a um estado e condições semelhantes. Na existência física, o estado de qualquer ser humano pode ser *Buddhi-Manas* ou *Kāma-Manas*; em ambos os casos é uma ação *Manásica*, porém, no primeiro, a ação é da natureza do Ser Espiritual, enquanto que no último é uma ação realizada a partir de desejos pessoais e egoísmo. Podemos e devemos agir neste plano a partir de uma base melhor do que o desejo pessoal; o objetivo de todos os nossos estudos é fazer isso e ajudar os outros a fazerem o mesmo.

P: Se os Mestres podem trabalhar sem o princípio de *Kāma*, neste plano, por que nós não podemos?

R: Porque continuamos agindo com base no desejo pessoal ou físico; "A libertação da escravidão vem da renúncia ao interesse próprio pelos frutos de sua ação". Há um abismo entre o motivo do interesse próprio e aquele que busca o bem de todas as criaturas, e nada para si. Os Mestres têm o conhecimento e o poder de agir em qualquer plano por causa de Sua abnegação. *Kāma* não é um meio pelo qual a ação ocorre neste plano, mas o motivo que governa a ação.

P: De que forma pode algum ser colocar-se em contato com a matéria sem o princípio de *Kāma*?

R: Como dito antes, *Kāma* não é um instrumento ou meio pelo qual a ação ou o contato ocorre; é uma base ou motivo em uso pelo ator; os instrumentos são o corpo astral e físico. O corpo astral é um aspecto transitório da substância do homem interno em todos os casos em que a "personalidade" não foi praticamente anulada como base para a ação consciente. As exceções existem quando o ser formou um "astral permanente". Pode-se conceber que os Mestres tenham um astral permanente e algo mais, por meio do qual qualquer reino da natureza ou estado da matéria pode ser contatado.

P: Quando conquistamos a tendência a sentir "tristeza", teremos perdido esse *Karma*?

R: Devemos ter claro em nossa mente o fato de que *Karma* é ação, com sua consequente reação; que a reação não é algo diferente ou separado da ação, mas uma continuação dela. *Karma*, portanto, inclui todas as ações, boas ou más, corretivas ou não. Quando corrigimos um defeito, o fazemos por meio de alguma ação e recebemos a consequente reação; *Karma* é a lei de "semear e colher"; obtendo os resultados exatos de nossos pensamentos, palavras e ações. Nunca perdemos o poder de agir, então como poderíamos perder nosso *Karma*? Nós somos *Karma*.

P: Então, sustentar a ideia de alegria em vez de desânimo é uma afirmação, não é?

R: Não, não é. É sustentar o momento mais feliz da vida de uma pessoa, uma experiência real que tivemos, e não uma afirmação de algo que imaginamos.

P: Então, o senhor não nega "a tristeza"?

R: Nem a afirmação nem a negação são usadas. É tolice negar aquilo de que temos experiência real; tal negação é simplesmente mentir para nós mesmos, e, no final, não nos traz nada além de ignorância e miséria. O que é necessário é o conhecimento, e o conhecimento só vem com a experiência; devemos aprender a discernir entre o que contribui para o bem maior e o que nos impede; não poderíamos conhecer o prazer sem conhecer a dor; o bom, sem mau; a saúde, sem a doença, etc.; é apenas por meio dos "pares de opostos" que podemos conhecer alguma coisa. O conhecimento é adquirido apenas por meio da experiência; não pode ser "afirmado"; nem pode qualquer "negação" tirar de um indivíduo o que ele realmente conhece.

P: Pode alguém salvar outra pessoa?

R: Nenhum ser, por mais elevado que seja, pode fazer isso. Mas alguém com conhecimento pode mostrar ao outro como obter o conhecimento que adquiriu; seguindo o caminho que leva à sabedoria, o ignorante se torna sábio. Não há outro caminho.

P: No estado de *Kāma-Rūpa* temos que superar e jogar fora todos aqueles desejos que temos no corpo físico. Isso é correto?

R: Presumindo que esteja bem entendido que o *Kāma-Rūpa* é formado apenas *após a morte*, e, é, como o nome indica, o "corpo de desejo", a ação predominante se encontra ao longo da linha dos desejos, naquele corpo, e somente enquanto o ser estiver ligado a ele; mas assim como morremos no corpo físico, no qual criamos as tendências do *Kāma-Rūpa,* com o tempo morreremos no *Kāma-Rūpa* e ascenderemos ao estado ou condição *Devachânica.* Nem no *Kāma-Loka*, nem no *Devachan,* temos o poder de nos livrar das tendências que criamos durante nossa vida no corpo; em um, experimentamos os efeitos maus e, no outro, os efeitos bons da "última vida que vivemos". O único tempo que temos para estabelecer boas causas é durante o tempo de vida no corpo.

P: A morte do *Kāma-Rūpa* acaba com esses desejos?

R: Não. Se não tivermos corrigido ou eliminado esses "desejos", durante nossa vida, teremos a tendência de fazer como fazíamos antes ao entrarmos novamente em um novo corpo físico. Esses "desejos" não são causados pelo corpo físico, e nem pelo corpo astral ou *Kāma-Rūpa*, mas por nós mesmos como seres conscientes enquanto ocupamos um corpo. Não há salvação após a morte.

P: No processo de evolução, nós nos elevamos por meio deste princípio inferior de desejo, e então temos que destruir esse mesmo princípio. Estou certo?

R: Não, você tem uma concepção errada da evolução, ao que parece. A evolução, propriamente falando, é o desdobramento de um crescimento da consciência. Todos os seres começam como uma centelha de consciência, digamos assim. O crescimento ou desenvolvimento vem da experiência consciente, começando no estado mais elevado da matéria manifestada, e pela ação da consciência produzindo estados cada vez mais concretos da matéria até que se tenha chegado ao físico. A evolução começa de cima e desce até o mais inferior; então, quando o inferior é conquistado, isto é, é conhecido em sua verdadeira relação com o ser envolvido, e os instrumentos inferiores são usados de acordo com as ordens do Espírito, então começa a subida, junto com a experiência adquirida. O desejo pessoal e egoísta é o resultado da ignorância de nossa real natureza e objetivo; por causa dessa ignorância, colocamos em movimento as causas que reproduzem o desejo de existência senciente com todas as suas expressões egoístas. Não nos elevamos por desejos egoístas; não progredimos por meio deles; nós nos envolvemos com eles. Conhecimento e esforço na direção certa irão nos libertar de nossos laços autocriados.

P: Quanto tempo o Ego permanece no *Devachan*?

R: Como o *Devachan* é um efeito da última vida vivida, mesmo que o "efeito" seja o do mais elevado e o melhor dessa vida, a permanência nesse estado varia em tipo, qualidade e duração em cada Ego. Pode variar de milhares de anos, a um período muito curto; mas deve ser lembrado que o "tempo" para "aquele que partiu" não é medido pela rotação da Terra, mas pelas mudanças experimentadas na consciência; "Um dia é como mil anos e mil anos, são como um dia".

P: Acho que é muito desanimador, para dizer o mínimo.

R: Não deveria ser quando percebemos que tudo isso está inteiramente em nossas próprias mãos. O que quer que venha a nós, seja bom ou ruim, surge de nossos próprios pensamentos, palavras e ações. O desânimo pode ser sentido por aqueles que gostariam de obter o que não mereceram, mas aqueles que veem a verdade, e cumprem todo o seu dever, não enxergam desânimo em parte alguma.

P: O que significa a ponte entre Manas superior e o inferior!

R: Qualquer ponte deve ser construída. *Manas* é o poder de pensar e criar. "Superior" significa pensamento e criação a partir de uma base espiritual; "Inferior", de uma base pessoal, física e egoísta. A verdadeira base e causa está no "Superior"; deve ser da natureza do "Inferior" expressar o "Superior", e nós, que agora estamos nos laços autocriados do "Inferior", temos que começar a agir de acordo com a natureza do "Superior". Fazemos isso mediante pensamento e esforço agindo para e como o Ser Uno, em tudo o que pensamos, fazemos ou dizemos; desta forma, construímos a "ponte" que une o "Inferior" ao "Superior".

P. O senhor pode dizer que já construiu esta ponte?

R. Não posso dizer, porque uma resposta categórica não faria bem, mas acredito poder ser dito, que todo aquele que estuda e aplica a Teosofia, desde o mesmo princípio, inicia a construção desta ponte; todo pensamento, nessa direção, proporciona o material para a construção, e o tempo chegará – desde que o esforço se mantenha – em que o "Construtor" poderá viver uma vida consciente em Espírito, mesmo enquanto ocupar temporariamente corpos de carne.

Capítulo 7

Manas – A Mente

Manas é o quinto princípio. O primeiro do Homem real. Este é o princípio do pensamento e não é o produto do cérebro. O cérebro é apenas seu instrumento. Como a luz da mente foi dada aos homens sem mente. Homens aperfeiçoados de sistemas mais antigos nos deram o que receberam de seus antecessores. *Manas* é o depósito de todos os pensamentos. *Manas* é o vidente. Se a conexão entre *Manas* e o cérebro for interrompida, a pessoa não poderá conhecer. Os órgãos do corpo não conhecem nada. *Mana*s é dividido em superior e inferior. Suas quatro peculiaridades. Buda, Jesus e outros tiveram o *Manas* totalmente desenvolvido. *Ātmā*, o Ego Divino. A individualidade permanente. Essa individualidade permanente passou por todo tipo de experiência em muitos corpos. *Manas* e a matéria têm agora uma facilidade de ação maior do que nos tempos antigos. *Manas* é limitado pelo desejo, e isto torna a reencarnação uma necessidade.

P: Como podemos despertar a intuição?

R: Intuição significa "percepção e compreensão diretas", sem o raciocínio, das premissas até as conclusões: é o poder que todo ser humano tem, em algum grau, mesmo que latente ou operativo. Está acima e além da faculdade de raciocinar; a barreira para sua atuação é a nossa tendência de depender de nossos poderes de raciocínio, baseados que estão em nosso conhecimento comum, superficial e incompleto. Este conhecimento comum é baseado em nossas personalidades e em sua relação com o mundo exterior, e, não leva em consideração a natureza espiritual do homem, que é o real Observador e Pensador. Para despertarmos a Intuição, as falsas visões sobre o homem e a Natureza, tão geralmente sustentadas, têm que ser substituídas pelo conhecimento que a Teosofia ensina. Não só tem a percepção mental a ser obtida , mas todos os nossos pensamentos deverão estar baseados nesse conhecimento correto. Então nos apresentaremos como o Pensador Imortal e Imutável, que é a testemunha de todas as aparências como *expressões cambiantes de seres conscientes*, e que pode ver além de todas e de cada uma das expressões da natureza espiritual essencial de cada entidade. Todas e cada uma das manifestações físicas, psíquicas ou de outro tipo, são expressões de dentro para fora; o "olho do Espírito" não se limita nem se engana pela manifestação, aparência ou expressão, mas com esta "visão interior" focada sobre toda a natureza dentro e fora do ser observado – por assim dizer – tem uma compreensão total do propósito e do valor da aparência ou expressão. Isto não é um raciocínio desde as premissas até as conclusões, mas é uma percepção direta e instantânea de todos os fatos e fatores, assim como de suas eventuais expressões em todos os planos. A perfeição dessa faculdade divina somente pode ser adquirida quando o aspirante não está ligado a, nem perturbado por, nenhuma questão externa, seja ela qual for, e quando tem esse conhecimento adicional que estabelece viver uma vida superior. Certa vez um Mestre escreveu: "Quanto mais desinteressado se trabalha para os semelhantes, despojado da sensação ilusória de isolamento pessoal, mais se está livre de *Māyā*, e mais próximo da Divindade".

P: Se o Percebedor ou o Pensador, nota todas as mudanças e permanece constante através de todas as mudanças, por que é que ele não conhece a mudança que a morte da existência física traz?

R: Todos somos Percebedores, a pergunta é: o que agora percebemos ou conhecemos sobre as mudanças anteriores ao nascimento? Cada um pode responder por si mesmo. Caso fossemos conscientes da mudança chamada "nascimento", como chegamos a esquecê-la? A resposta é, naturalmente, que as condições provocadas pela "mudança" absorveram nossas percepções, e as novas condições são no momento a "nossa vida". Estamos conscientes durante o estado do corpo chamado sono, porém, somos conscientes da "mudança" do estado de despertar? Todos somos percebedores, é verdade, mas há duas grandes classes, a saber, aqueles que são conscientes de todas as mudanças, e os que não são. A Vida do Percebedor é contínua e não depende de expressões físicas, astrais ou outras expressões em si. Enquanto está no corpo, ele se ocupa com o mundo físico objetivo; quando deixa o corpo, ele ainda está ocupado com os pensamentos, sentimentos e desejos desse mundo físico e, assim, continua até que a força destes morra; ele se encontra continuamente rodeado por e ocupado com o mundo criado por ele mesmo, e em sua concepção ele continua sendo a mesma pessoa que em vida, e é a mesma pessoa quando entra na condição *devachânica*, só que, nesse estado, ele se encontra na condição de suprema felicidade, a qual, quando vivo, representou para ele o estado mais elevado, mais nobre e divino que se possa desejar. Tais são os estados de todos aqueles que, enquanto no corpo físico não conhecem, nem se dão conta nem expressam sua verdadeira natureza espiritual. São os efeitos da última vida vivida. Muito diferente é o caso de alguém que durante alguma vida unificou a mente inferior purificada à Tríade Divina; ele vive uma existência consciente em Espírito, não na matéria, mesmo enquanto ocupa corpos de duração temporária; ele sabe o propósito e o valor de cada realização terrestre, e com alegria abandona suas condições limitantes quando o propósito é alcançado; o que nós chamamos de "morte", para ele é um alívio bem-vindo, pois assim ele pode reassumir sem dificuldade a sua vida espiritual e a sua atividade. Seus renascimentos, a partir desse momento, serão conscientes e escolhidos com o propósito de ajudar aqueles que ainda estão perdidos nas nuvens da ilusão; ele não terá *Kāma-Loka*, nem *Devachan*, nem uma ilusão ou predileção pela existência física; para ele não há morte nem sentido dela, pois ele vive em plena consciência o tempo todo.

P: Poderia tal ser estar consciente no corpo?

R: Ele estaria consciente o tempo todo, seja entrando num corpo, vivendo nele ou abandonando-o por um tempo ou totalmente.

P: Na página 93 [ed. bras.] se diz que a mente foi concedida às Mônadas sem mente por outras Mônadas que haviam passado por esse processo. Não é mencionado como isso é feito.

R: Sem dúvida, muito é deixado de fora do que pode ser dito dos ensinamentos ocultos; uma razão é que com nossos presentes conhecimentos e concepções, nenhuma explicação poderia ser oferecida que pudéssemos compreender, e outra, é que em todos os ensinamentos teosóficos há um esforço para despertar a Intuição, por meio da apresentação dos princípios universais, processos e analogias, que o estudante aplicará para assim encontrar a resposta a suas perguntas. Há uma máxima ocultista que diz "Assim como em cima, é embaixo" e o contrário também é certo "Assim como embaixo, é em cima", sendo o "embaixo" uma expressão condicionada e transformada do "em cima". Tomando isto em consideração, e lembrando que todos os seres são de natureza setenária, e que no caso dos seres inferiores ao homem, o princípio de *Manas* está latente e deve no curso da evolução ser energizado e iluminado por aqueles que haviam se convertido em seres *Manásicos*, ativos em períodos anteriores de evolução; tomando todos estes fatos em consideração, podemos encontrar dentro de nossa experiência aquilo que nos daria a ideia de como a "mente" é dada aos "sem mente". Tomando qualquer exemplo dentro de nossa experiência, devemos entender que a palavra "mente" tal como usada no texto, se refere ao princípio *Manásico*, ativo e operativo; e a expressão "sem mente" se refere ao mesmo princípio, mas nem ativo nem operativo, mas latente. Agora tomemos o caso de uma criança nascida no mundo; – no que concerne a este plano de percepção e expressão, a criança está "sem mente"; aqueles que são seus pais ou tutores, vão despertando para a ação, gradualmente, *o poder latente de compreensão*, a mente, e dão a criança todo o conhecimento que a mente em crescimento é capaz de receber. Não podemos conceber que tenha sido dado, gradualmente, a uma humanidade, incipiente em suas primeiras etapas de instrução, o conhecimento daqueles com "mente"? E não é verdade que nós, como humanidade incipiente, embora instruídos naqueles períodos antigos, ainda precisamos de maiores instruções, e que ainda estamos recebendo através do sacrifício e esforço daqueles que ofereceram ao mundo em geral, a Teosofia?

P: *Manas* é um princípio imutável?

R: *Manas* é o terceiro princípio da Tríade – *Ātmā-Buddhi-Manas*, que constituem o Ego; como princípio é imutável; suas possibilidades de manifestação são sem fim.

P: *A Doutrina Secreta* estabelece, de fato, que aqueles com mentes entraram e ocuparam os "sem mente"; isto implica contato em vez de instrução, ou não?

R: Implica em ambos, pois a instrução requer algum tipo de contato, psíquico, mental ou físico. A analogia pode ser encontrada no caso do bebê: o corpo do bebê é uma entidade irracional; o ego encarnado é uma entidade *manásica* que precisa da ajuda de egos nos corpos para obter um conhecimento do mundo físico, tal como existe no momento do nascimento, e até onde seu *Karma* permite. Por outro lado, é grande a responsabilidade dos pais ou responsáveis, pois as percepções nascentes devem ser devidamente orientadas; com os pais teosóficos, especialmente, é assim.

P: Então "iluminar" é uma questão de pensamento?

R: No Ocultismo, o pensamento é o plano de ação. Tudo flui do pensamento; de acordo com a natureza e tipo de pensamento será a ação. O pensamento correto é acompanhado pelo sentimento correto, e pela vontade de realizar. Portanto, quando pensamos em alguma coisa, há Vontade e Sentimento presentes em algum grau. Todos os seres humanos pensam, seus pensamentos são fundamentados em sua ignorância ou em seu conhecimento; o termo, portanto, "uma questão de pensamento" seria enganoso para aqueles que imaginam que pelo pensamento "eles podem adicionar uma medida a mais em seu conhecimento mental", ou se esquivar de seu *Karma*. Tudo depende do caráter do pensamento, o motivo e o conhecimento que se possui. "Iluminar" significa despertar a faculdade pensante, que é provavelmente o que a pergunta pretendia.

P: *Não são* o "pensamento" e o "intelecto" um e o mesmo"?

R: Depende do que consideramos ser o significado das palavras. Todo mundo pensa e, portanto, usa o "pensamento", mas não poderíamos considerar todos intelectuais. De um ponto de vista teosófico, a "intelectualidade" pertence ao cérebro-mente, e denota uma facilidade na técnica mental, ao invés de uma percepção e compreensão da alma. Intelectualidade *per se* é dura, fria e mecânica, mas como um instrumento usado pelo verdadeiro homem interno, ela é de maior valor; no primeiro caso, é uma expressão orgulhosa da personalidade; no último, um instrumento da alma que serve aos mais elevados interesses da humanidade. Na *Gitā*, uma nota de rodapé descreve *Buddhi* como o intelecto mais elevado, em outras palavras, "intelecção divina"; seu oposto seria *Kāma*, a inteligência inferior, ou aquela que se baseia nos desejos pessoais e na existência física. A palavra "pensamento" é abstrata e universal e, portanto, não possui os significados condicionados que a palavra "intelecto" apresenta.

P: Pode a autoconsciência espiritual ser alcançada após a morte, quando a alma é liberada da luta pela vida?

R: Os estados após a morte são apenas os efeitos da última vida vivida; eles, portanto, apresentam uma continuação daquela vida, em seus diferentes graus, e um intervalo entre elas; a única base com que o que falecido deve trabalhar é aquilo que foi obtido e mantido durante a vida no corpo; autoconsciência espiritual e liberação da necessidade de renascimento só podem ser alcançadas enquanto se ocupa um corpo.

P: O capítulo fala de *Manas* como sendo o principal princípio que transporta a memória do dia para a noite, da noite para o dia, e de uma vida para outra. Eu havia entendido que esse princípio era *Buddhi*?

R: O homem é uma tríade; os três princípios que compõem a Tríade são chamados de *Ātmā-Buddhi-Manas*; não há *Manas* sem *Buddhi*, não há *Buddhi* sem *Ātman*. Se não materializarmos demais a ideia, podemos conceber *Buddhi* como uma especialização de *Ātman*, e *Manas* como uma especialização de *Buddhi*. *Buddhi* é o *Ego* Espiritual; *Manas* é a Mente humana superior, o aspecto de manifestação criativa do ser. *Buddhi* é o depósito da Sabedoria, *Manas* é o uso dela. Como a memória implica ação, e *Manas* é o aspecto utilizado na ação, é correto dizer que *Manas* leva adiante a memória daquilo que instituiu e experimentou.

P: Aparentemente, os animais têm memória; isto é a ação de *Manas* neles?

R: Os animais não chegaram à autoconsciência, portanto *Manas* está latente neles; o que possuem é Instinto – ou hábito estabelecido, que se repetirá sob o estímulo ou as condições adequadas. O hábito é a memória nas células e órgãos do corpo; os animais, especialmente os superiores, têm uma memória deste tipo fortemente marcada, mas está longe da espécie humana com a sua lembrança, recordação e reminiscência.

P: Na página 101 [ed. bras.], afirma-se que o corpo interno do homem é feito de pensamento?

R: Sem dúvida, essa declaração foi formulada – como muitas outras no livro – para fazer os alunos pensarem. A palavra "pensamento" pode ser usada de duas maneiras, uma, a abstrata – o poder de pensar – sem qualquer exercício da faculdade, e "pensamento" em relação a uma ou muitas coisas. Afirmou-se que o pensamento é o plano da ação; todas as ações fluem do pensamento; além disso, é claro que não pode haver pensamento a menos que haja algo em que pensar. Qualquer corpo, interno ou externo, é formado de substância, cujos estados superiores são mais responsivos ao poder do pensamento do que os inferiores, e podemos conceber um estado de substância, tão homogêneo em sua natureza que responde instantaneamente a qualquer pensamento projetado pelo Pensador, o Homem Real; os estados de substância mais concretos, é claro, requerem pensamento concentrado, que seja persistente para efetuar mudanças, especialmente no que chamamos de "matéria" da qual nossos corpos físicos são compostos. Devemos lembrar, também, que todo estado e plano de substância é composto de vidas homogêneas, ou que se tornaram mais ou menos diferenciadas; cada uma dessas vidas é um centro consciente, qualquer que seja sua expressão particular diferenciada; este centro consciente é o mesmo que o centro consciente do homem, e pode ser chamado de "Pensamento" no sentido abstrato. É por meio desse poder inerente, o de perceber por parte de todas as vidas que a direção ou o impulso podem ser dados ou recebidos. Quando consideramos todas essas coisas, podemos obter alguma concepção do que estava na mente do Mestre quando ele escreveu a referida declaração.

P: A fala é um produto da Mente?

R: O que mais poderia ser? O desejo de se comunicar com outras pessoas deve ter surgido primeiro na mente; então, os meios pelos quais isso poderia ser realizado tinham de ser elaborados em sons com significados concordantes – todos decorrentes da qualidade do desejo percebida pela Mente.

P: Por que quando estamos acordados podemos nos lembrar do estado de vigília, conhecê-lo e compará-lo com o estado de sonho; entretanto, no estado de sonho, não podemos nos lembrar do estado de vigília?

R: Quando alguém diz "eu sonhei", ele está no estado de vigília e está rodeado pelas condições externas que constituem esse estado de consciência; ele está, portanto, comparando o estado em que se encontra com outro estado cujo entorno não se encontra presente ou evidente. Por outro lado, no estado de sonho, tudo o que constituiu seu estado de vigília está ausente de suas percepções, e ele está rodeado por um mundo de sua própria criação, que, por enquanto, é para ele objetivo e real; suas percepções estão "despertas" para o sonho e imersas nele, então ele não tem nada diante de si para comparar os estados de vigília e de sonho. Se ele pudesse fazer comparações, o estado de sonho cessaria e ele estaria acordado. Existem muitos tipos dos assim chamados "sonhos", os mais elevados deles sendo lembranças da atividade e do verdadeiro despertar do Homem Interno, mas estes não são normalmente traduzíveis em termos de consciência corpórea.

P: Como Manas inferior pode estar unido a *Manas* superior?

R: Em realidade, há apenas um *Manas*; o que é chamado de *Manas* Inferior é um aspecto temporário do único *Manas*, conectado e condicionado pela existência física, sob a reação *kármica*. Nessa relação, ele produz a ilusão de separação, do qual fluem o desejo e o egoísmo. A ignorância da nossa verdadeira natureza espiritual, e da egóica, produz uma base separada e pessoal de pensamento e ação que traz seus resultados *kármicos*. O conhecimento e a compreensão de nossa natureza real, junto com o pensamento e a ação, nela baseados, de forma consistente e persistente, tornam *Manas* novamente uno; o "eu" temporário inferior desaparece. "*A Voz do Silêncio*" diz: "O ser da matéria e o Ser do Espírito nunca podem se encontrar. Um deles tem de desaparecer; não há lugar para ambos"[10].

P: Os Egos têm uma linguagem universal?

R: Não no sentido comum do termo, isto é, algum modo especial de fala ou forma de comunicação comum a todos os Egos. Uma melhor descrição seria uma comunicação de ideias e experiências por meio de imagens. Em *A Doutrina Secreta*, *Kriyā-shakti* é descrito como "o misterioso poder do pensamento que permite produzir resultados externos, perceptíveis e fenomenais por sua própria energia inerente". Este é um poder egóico que, de certo modo, não necessita de linguagem, isto é, sons e signos correspondentes, mas pode usar uma "imagem viva" exibindo todas as qualidades contidas na ideia que representa. Esta questão levanta um ponto importante: temos que aprender a "linguagem" do Ego Interno, para que possamos fazer uma tradução adequada em ter-

[10] BLAVATSKY H. P., Brasília: Editora Teosófica, aforismo 56, p. 67, 2022. (Nota Ed. Bras.)

mos de nosso pensamento. Pois, em todos os momentos, a "linguagem" do plano através do qual o Ego flutua, em todas as noites, é estranha ao cérebro que usamos; neste plano superior, um som pode ser representado como uma cor ou uma figura; um evento histórico pode ser mostrado não apenas como uma imagem, mas como uma luz ou sombra, etc. Precisamos ser capazes não apenas de perceber e registrar na memória física essas impressões, mas de compreender seus significados; isso é possível tornando-nos porosos, por assim dizer, às influências do Eu superior, vivendo e pensando da maneira que seja a mais desejável para produzir o objetivo da alma. Isso nos leva, infalivelmente, à virtude e ao conhecimento, pois os vícios e as paixões obscurecem eternamente nossa percepção do que o Ego tenta nos dizer. O obstáculo é encontrado em nossa própria vida diária e nos termos de fala, pensamento e sentimento que formam a base de nossas existências pessoais.

P: O que é polaridade?

R: Tudo na Natureza tem seu próprio tipo de Polaridade; isto é, cada objeto ou elemento é atraído por certos objetos ou elementos, e, ainda, é repelido por outros. A *polaridade normal* de nossos corpos faz com que eles permaneçam na Terra, sendo esta última positiva para nossos corpos, e nossos corpos sendo negativos para com a Terra. No entanto, existem muitos casos atestados em que a polaridade do corpo muda de tal forma que faz com que ele seja mantido, suspenso no ar, a pouca distância acima da terra; esta mudança é chamada de "levitação" – um termo impróprio, pois pressupõe que o corpo se torna mais leve e, portanto, flutua no ar; mas a condição é devida a uma mudança na polaridade em que o corpo se torna mais positivo para com a positividade da terra, os dois positivos repelindo um ao outro, em maior ou menor extensão, de acordo com o grau de positividade despertado no corpo. Polaridade é o estado que inclui os dois polos – o positivo e o negativo.

P: Na página 98 [ed. bras.] fala da memória apresentando imagens ao *Manas* inferior e, entretanto, o *Manas* superior é obscurecido. Por favor, poderia explicar?

R: *Manas* inferior é aquele aspecto de *Manas* que está conectado com, e interessado na, existência física; o cérebro astral-físico é o instrumento de registro e de expressão das memórias da vida física, o depósito, por assim dizer, das experiências pessoais. Quando a pessoa não está ativamente ocupada, em pensamentos e ações, com algum assunto ou objeto, o cérebro astral-físico apresenta imagens de cenas pensamentos e sentimentos passados; aqui está a causa da maioria dos sonhos. Mesmo quando acordados e ativos, subjaz à nossa atividade mental esse estrato de memória da personalidade, que dá cor ao que pensamos, dizemos e fazemos. De toda forma, nos seres humanos, em geral, esse ressurgimento automático obscurece a ação da Mente superior, o Ego real.

P: A Natureza nos impulsionaria se trabalhássemos sob a Lei de Periodicidade?

R: Deve ser entendido ao usar o termo "Natureza", que isso significa "a ação coletiva de todos os seres de todos os graus". Não é um guia ou superintendente que cuidará de nós, e nos impelirá na direção certa ou em qualquer direção. A Lei de Periodicidade traz de volta o que havia sido; quer o indivíduo esteja preparado por meio de ideias corretas para seguir em frente, ou não, devido a falsas concepções; ele sente os efeitos da Lei de Periodicidade conforme seu avanço ou retrocesso; ele assume seu *próprio lugar* na moagem geral da roda do *Karma* coletivo.

P: Seria desejável viver mais perto do Sol?

R: Não é uma questão de conveniência de qualquer ser; é sempre uma questão de afinidade *kármica.* A lei de nosso próprio ser nos coloca onde pertencemos e, do ponto de vista do progresso, não podemos começar de nenhum outro lugar senão de onde estamos. Se a pergunta pretendia questionar se os planetas mais próximos do Sol são habitados por humanidades mais avançadas, afirma-se que são.

Observações

O Sétimo capítulo foi concluído; convém ver rapidamente o terreno que foi percorrido e compreender algo da sequência dos capítulos. O primeiro capítulo trata da existência de seres vivos que se tornaram perfeitos em sabedoria, conhecimento e poder, durante vastos períodos passados, aos quais foi dado o título de "Mestres da Sabedoria". Este capítulo é amplamente dedicado a apontar para o fato da existência de tais seres, que fazem com que Sua presença seja sentida entre os homens em determinados períodos; que o que é chamado de Teosofia é uma parte do conhecimento daqueles seres aperfeiçoados, e que Eles são os guardiões de todo o conhecimento adquirido através dos vastos períodos que se passaram. É importante que o aluno perceba e se mantenha a esses fatos, pois por um lado eles apontam para os Mestres, como ideais e fatos, bem como a meta a que a humanidade deve aspirar e, por outro lado, a Teosofia como sendo a Mensagem Deles à Humanidade, como um conhecimento obtido por meio da observação e da experiência, e não uma teoria ou dogma inventado pelo homem. Há também outro fato conhecido pelos alunos mais velhos e que os iniciantes fariam bem em ouvir e ter em mente, a saber, que a aceitação e o reconhecimento do aluno da Teosofia e dos Mestres, conforme declarado, traz uma conexão sutil entre a natureza interna do aluno e daqueles Mestres, tornando possível a ajuda d'Eles por meio dessa natureza interna.

O Segundo capítulo começa, como todo estudo deve começar, com uma declaração de princípios gerais, as leis gerais que governam o Cosmos e a divisão sétupla em toda a manifestação. Também dá a idade real do mundo e da Humanidade, e mostra que a Mente é a porção inteligente do Cosmos, e que o processo de *vir a ser* está sob a Lei da Periodicidade, ou seja, o retorno do que foi, mais a inteligência adquirida; pois a evolução é realizada pelos Egos internos, que por fim se tornam usuários de formas humanas.

O Terceiro capítulo trata de nossa Terra, mostrando que ela também tem sete componentes em composição e natureza, e está sujeita às leis gerais que governam o Universo. Aplicando a Lei da Periodicidade à Terra, ela é mostrada como uma reencarnação de um planeta que a precedeu – de fato, a Lua; que uma massa de Egos pertence a cada planeta – como Vênus, Marte, etc., e que eles constituem as forças evolutivas por trás e dentro de cada um desses planetas; que nossa Terra está no quarto estágio de evolução, outros planetas sendo mais ou menos avançados do que nós.

O capítulo Quatro trata da Constituição do homem, apresentando seus sete princípios, divididos nos três princípios superiores que constituem o Homem Real, e os quatro inferiores, que são os aspectos transitórios na Terra dos três princípios superiores – o Homem Real.

O capítulo Cinco trata do Corpo e do Corpo Astral como os mais inferiores da classificação dada. O corpo físico é mostrado como uma ilusão, no sentido de que os componentes de suas partes estão em constante mudança; que a vida não é o resultado do organismo corpóreo, mas que nossas percepções procedem de, e são recebidas no corpo astral pelos nossos órgãos dos sentidos, no que diz respeito às experiências físicas, o corpo astral sendo de fato o ponto de contato do corpo físico para criaturas encarnadas. Também é mostrado o papel que o corpo astral desempenha nas sessões espiritualistas, e que também é responsável pela telepatia, clarividência, clariaudiência e todos esses fenômenos psíquicos. Não há nenhum capítulo específico dedicado ao *Prāna*, porque é um aspecto da Vida Una, que flui e é a expressão de cada grau de inteligência adquirida – ou poder de percepção e ação.

O capítulo Seis aborda o quarto princípio, Desejo ou *Kāma*. É chamado de "princípio do equilíbrio", porque, de acordo com a natureza do desejo, a tendência da entidade será ou para o espiritual ou para o terreno. Este princípio está no corpo astral e é a causa do corpo físico; o corpo não lhe dá origem, mas apenas fornece um meio para sua expressão física. O desejo tem um aspecto tanto inferior quanto superior.

O Capítulo Sete trata do Quinto princípio – *Manas*, o primeiro abaixo do Homem Real. Durante a encarnação, *Manas*, o pensador, está conectado e imerso na existência física; esta conexão é chamada de *Manas* inferior, para distingui-la do *Manas* superior, aquele aspecto do Pensador que se relaciona com Sua verdadeira natureza espiritual. Enquanto *Manas* estiver limitado pelo desejo, a reencarnação é uma necessidade. *Manas* superior é a individualidade permanente que carrega os resultados e valores de todas as diferentes vidas vividas na terra e em outros lugares. Como *Manas* inferior interfere na ação de *Manas* superior, pois no ponto atual da evolução, o Desejo e todos os poderes, faculdades e sentidos correspondentes estão mais plenamente desenvolvidos e ocupam a atenção da entidade enquanto está no corpo, obscurecendo assim a ação de *Manas* superior, a individualidade espiritual e permanente. *Manas* inferior usa o cérebro humano para raciocinar desde as premissas às conclusões, mas este é o aspecto inferior de *Manas* e não, como muitos supõem, o mais elevado e melhor. O aspecto superior de *Manas* é o intuitivo, que conhece e não depende da razão; neste caso, é *Manas* iluminado por *Buddhi*; no outro, *Manas* envolvido em Desejos.

Capítulo 8

Reencarnação

Por que o homem é como ele é e como ele veio. Para que serve o Universo. A evolução espiritual e a física exigem reencarnação. Reencarnação no Plano Físico é restabelecimento ou alteração da forma. Toda a massa de matéria do globo será um dia homens em um período distante. A doutrina antiga. Sustentada pelos cristãos primitivos. Ensinada por Jesus. O que reencarna. Os mistérios da vida surgem da encarnação incompleta dos princípios superiores. Não há transmigração para formas inferiores. Explicação do *Manu* sobre isso.

Observações Preliminares

Este capítulo e os dois seguintes tratam da reencarnação. Embora, hoje em dia, a palavra "reencarnação" seja de uso muito geral, tendo sido infiltrada na mente do público pelos ensinamentos teosóficos, ainda existe uma lamentável ignorância a respeito de seu escopo e significado. Uma ideia muito comum é a de que a "personalidade" reencarna, mas dificilmente poderia haver outra ideia menos filosófica, ilógica e obviamente incorreta. Alguns espiritualistas, cristãos dogmáticos e, até mesmo mentes de tendência materialista, adotaram a palavra e deram a ela suas próprias aplicações peculiares, de modo que quando um deles diz "eu acredito na reencarnação", é bem mais provável que pouco ou nenhum conhecimento de "o que reencarna" seja encontrado. O mundo, portanto, precisa de alunos que aprendam corretamente, e apliquem os seus conhecimentos, de modo que com o tempo, por seus números e conhecimentos, o verdadeiro entendimento possa ser infiltrado naqueles menos instruídos. Somos estudantes, é verdade, mas desde o primeiro momento podemos e devemos ser professores daqueles que sabem ainda menos do que nós; podemos dizer o que sabemos, mas devemos ter muito cuidado e estarmos bem informados para não transmitirmos falsas impressões.

Os Capítulos VIII, IX e X são dedicados à Reencarnação e o Capítulo XI ao *Karma*; essas duas doutrinas são o que o mundo mais precisa e nós, como alunos, devemos nos dedicar a uma compreensão total delas para o bem dos outros, bem como para nossa própria compreensão e progresso.

P: Se a lei da reencarnação é justa, por que a raça judaica tem sido tão perseguida?

R: Ao considerar qualquer questão de experiência, devemos primeiro levar em consideração a Lei do *Karma* – ação e reação, ou semeadura e colheita; à primeira vista, isso não pode ser outra coisa senão justiça exata. A reencarnação é o resultado da ação *kármica* e, também, oferece a oportunidade de colocar em ação melhores causas. Se o egoísmo impera em qualquer vida, as causas do mal são postas em movimento, cujos resultados deverão ser ajustados nessa vida, ou na seguinte. A tendência do egoísmo é aumentar a cada encarnação, e, se um povo ou indivíduos continuarem nesse curso, eles irão continuamente prejudicar os outros, e provocar suas próprias reações nas mãos dos feridos. Então, se encontrarmos pessoas particularmente marcadas por perseguição, devemos ter certeza de que, como egos em outros tempos, eles foram os ofensores e estão colhendo o que plantaram.

P: O que foi que deu início à evolução?

R: O curso do Ser é um eterno *vir a ser*. O tornar-se sempre é infinito, portanto, sem começo. Este Sistema Solar e seus planetas, é claro, tiveram um começo e terão um fim, porém, cada manifestação é apenas um novo *vir a ser* do que existiu. Períodos de Manifestação e de Não Manifestação se sucedem no Espaço Infinito, para o qual não pode ser aplicado, nem início nem fim (ver a Segunda Proposição Fundamental de *A Doutrina Secreta*). A maneira antiga de expor qualquer começo é: "O Desejo primeiro surgiu n'Aquilo"; Aquilo se referindo ao Espírito, que é a causa e sustentador de tudo o que foi, é ou será. Há um começo para os primeiros vislumbres da consciência externa, que sempre tende a ampliar sua gama de percepção e manifestação, até que a transcenda e se torne um com o Todo; o Espírito Potencial tornou-se Inteligência Potente. O término do processo resulta em um novo começo, baseado na totalidade da inteligência alcançada. Tudo o que começa no tempo, termina no tempo. O tempo é uma pista para as percepções da Consciência; como diz *A Doutrina Secreta*, "O tempo é uma ilusão produzida pelo desenrolar de eventos diante de nossa consciência"; começos e fins pertencem a essa "ilusão", e não ao Espírito, sem começo e sem fim, que é o Percebedor. Como diz a *Gitā*, "O Espírito no corpo é chamado *Mahesvara*, o grande Senhor, o Espectador, o admoestador, o sustentador, o desfrutador, e também o *Paramātman*, a alma mais elevada"; ela mesma sem começo ou fim, ela produz começos e fins em manifestações, que como manifestações são sem começo e sem fim por sua vez.

P: O que significa o exposto na página 114 [ed. bras.], onde se diz: "E como toda a matéria que o Ego humano reúne apreende a marca ou a impressão fotográfica do ser humano, a matéria transmigra para o nível inferior, já que o Ego dá a ela uma impressão animalizada"?

R: O Sr. Judge estava explicando como surgiu a ideia errônea da transmigração de almas para o reino animal. A substância que compõe nossos corpos astral e físico é a personificação de inúmeras pequenas "vidas"; enquanto usamos essas "vidas" como pontos de contato com o mundo astral e físico, ao mesmo tempo os impressionamos com nossos sentimentos, sejam eles inferiores ou superiores, e quando as "vidas" partem de nossos corpos para serem substituídas por outras, como está continuamente sendo feito, a impressão que demos a elas as levará a qualquer reino com o qual a impressão esteja relacionada. De acordo com a impressão que damos a essas "vidas", avançamos ou retardamos a evolução.

P: Se houver uma condição desarmoniosa das vidas no corpo, eles atacam proporcionalmente todas as vidas dentro desse corpo, ou apenas certos órgãos?

R: Qualquer desarmonia no corpo perturba o todo. Não há apenas obstrução, mas um agravamento dos processos corporais de forma progressiva, caso a causa da doença não for encontrada e as medidas corretivas não forem adotadas.

P: Foi descoberto em exames *post mortem* que todos os tecidos do corpo são afetados.

R: Isso aconteceria naturalmente por causa do sistema circulatório. O sangue é representativo e carrega consigo a essência de todos os órgãos; qualquer órgão insalubre distribui o agravamento por todo o corpo.

P: As vidas dos reinos inferiores voltam para seus próprios reinos com a dissolução do corpo. Não seria um retrocesso? Qual é o *Karma* dessas vidas?

R: Seria um erro supor que as vidas que compõem nossos corpos voltem aos seus respectivos reinos apenas com a dissolução do corpo; durante a nossa vida, há um constante ir e vir, por meio da comida e de outras formas. As "vidas" não são as mesmas quando vão e vêm; podem permanecer no plano humano ou podem ir para reinos inferiores, de acordo com a impressão que esse lhes deu. É a impressão dada a elas que determina seu destino; o *Karma* é o do ser humano que deu a impressão e o impulso; o retrocesso – se é que pode ser assim denominado – é devido ao próprio ser humano. As "vidas", sem um senso de responsabilidade, nem o de volição, não são *karmicamente* responsáveis; sua natureza é ação, mas ação sob impulso; seu grau de consciência não é alterado, mas seus modos de ação podem ser. O retrocesso se aplica à consciência, não à forma; por exemplo, um ser em forma humana pode ascender às alturas divinas ou descer, em consciência, abaixo do bárbaro.

P: O homem usa o mesmo material ou vidas continuamente?

R: Ele usa o mesmo tipo de vidas, aquelas que são da mesma natureza de suas tendências. "Vidas" que ele usou e impressionou podem estar em outras formas do reino humano, ou em reinos inferiores, conforme o caso. Há um intercâmbio constante acontecendo, o semelhante atrai o semelhante.

P: Então o homem realmente pode mudar a natureza das vidas que compõem seu corpo?

R: Se ele não pudesse, ele estaria à mercê de seu corpo – sujeito à sua condição. Sabemos que bons hábitos podem ser adquiridos por meio do pensamento e do esforço, nessas direções; da mesma forma com os maus hábitos; essas mudanças são devidas à impressão dada às vidas em nosso corpo pelo pensamento, sentimento e esforço. Mas o corpo é o menor de nossos problemas. Se nossos pensamentos estivessem baseados nas Verdades Eternas, nossos esforços seriam para o verdadeiro entendimento e o propósito correto; as condições corporais seguiriam no devido tempo. Se nossos pensamentos estão relacionados ao corpo, as possibilidades são muito limitadas, por causa da limitação do pensamento ao plano corporal.

P: O capítulo fala da "personalidade"; teremos a mesma personalidade novamente?

R: A palavra "Personalidade" vem da palavra latina *Persona* – uma máscara, por meio da qual escondemos ou expressamos nossos sentimentos interiores. São as ideias internas e os sentimentos, o caráter geral – isso significa a palavra "personalidade": esta se encontra em constante estado de mudança, seja grande ou pequena. A "forma como pensávamos e sentíamos" não é "como sentimos ou pensamos agora". A personalidade na próxima vida será feita de tendências engendradas em vidas passadas com o acréscimo das atuais, sujeita às condições para as quais essas tendências nos trouxeram; essas condições podem incluir mudança de sexo, condição e ambiente. O sentimento de "identidade" que todos possuem não se deve ao corpo ou ao seu ambiente, mas sim à natureza egóica de cada um.

P: Por que condenam a reencarnação nas igrejas cristãs?

R: Porque eles seguiram a liderança dos padres da Igreja que anatematizaram a doutrina nos primeiros séculos da Era Cristã.

Em todo o Antigo e Novo Testamento, há evidências de que a reencarnação era uma doutrina geralmente aceita; os judeus estavam constantemente esperando "o retorno" de seus profetas, isto é, a incorporação ou reencarnação de alguém que havia ocupado um corpo antes. No Novo Testamento há uma série de alusões a isso, como quando os discípulos perguntaram onde está o profeta Elias, que deveria vir antes de Jesus, e Jesus respondeu, que Elias tinha estado com eles, mas eles não o haviam reconhecido, então, os discípulos sabiam "que ele falava de João Batista".

P: O que Cristo quis dizer quando disse que não trouxe a Paz, mas uma Espada?

R: Consta no Novo Testamento que ele disse essas palavras. Devemos sempre lembrar que aquele conhecido como Jesus não deixou nenhum escrito, e que tudo o que sabemos dele está contido em escritos de homens que, presumivelmente, ouviram as palavras, e as escreveram de forma correta. Portanto, não estamos em posição de saber se qualquer coisa escrita sobre Jesus foi corretamente transcrita; só podemos interpretar tais declarações com base no caráter geral dos ensinamentos de Jesus. É evidente a partir dos registros encontrados que Alguém no mundo dos homens havia proferido as doutrinas geralmente atribuídas a Jesus; não há nenhuma evidência histórica, entretanto, da existência de tal na época mencionada no mundo cristão. Nenhuma dessas coisas influência contra a verdade e o mérito de tais declarações, que se diz terem sido proferidas por ele; a verdade e o mérito devem radicar nas *próprias declarações*, e não na identidade de quem os disse.

Temos que comparar, por exemplo, a declaração de que Jesus veio para trazer "paz na terra e boa vontade aos homens", com aquela que diz que ele não veio para trazer paz, mas a espada, e tentar conciliá-las.

Se, como mostram os ensinamentos a ele atribuídos, ele ensinou Caridade, Perdão e um Altruísmo que inclui a todos, junto com um reconhecimento da divindade em todos, o que ele poderia querer dizer com a "espada", um instrumento de destruição? Os registros a respeito de seus ditos e atos apontam para uma luta contra as falsas religiões da época; revirar as mesas dos cambistas no templo; a violação das ideias prevalecentes com relação ao dia do *Sabbath* e outros atos indicam uma guerra contra as falsas concepções. Além disso, como uma encarnação divina, ele deveria saber o que resultaria de um mal-entendido e mau uso de seus ensinamentos, pois ele falou daquela geração como perversa e fraca e que, embora sua missão fosse destinada a trazer paz, o mal-entendido e mau uso traria o seu oposto, a espada.

Em conexão com isso, não é um fato que onde quer que o Cristianismo tenha ido, uma espada o acompanhou? E não está diante de nossos olhos, nos tempos atuais, que a guerra mundial foi provocada e travada entre as chamadas nações cristãs? Devemos concluir então que o ditado era verdadeiro e que, embora sua missão fosse de paz e boa vontade, a humanidade fez e está fazendo com os seus ensinamentos o que fizeram com o seu corpo e com as suas vestes: "Dividiram entre si as suas roupas e sobre as suas vestes lançaram sortes". Suas "roupas" são um símbolo de seus ensinamentos, e suas vestes, de "seu nome".

P: A *Gitā* diz que não há existência para o que não existe, nem há nenhuma não-existência para o que existe. Tudo deve ter existido em todos os momentos, certo?

R: Tudo o que é, chegou a ser o que é; o que quer que venha a ser, também será um *vir a ser*. A evolução é o processo de tornar-se, um desdobramento de dentro para fora; tendo-se "desdobrado" não há não-existência para ele, mas uma extensão do revelar-se. O grande Oceano da Vida contém infinitas possibilidades de existência, mas em si mesmo é não-existente, pois a palavra significa emergir-se, mostrar-se, distinguir-se, (*ex-sistere*). O Oceano da Vida é a fonte e o sustentador de todas as existências; aquilo que emergiu existe; o que não emergiu não tem existência.

P: Havendo a Vida Única e a Lei Única, parece que tudo começaria ao mesmo tempo.

R: Estamos confrontando o fato dos reinos de seres inferiores ao homem e o do próprio homem; o estado atual desses reinos mostra que houve uma diferença no início deles, como seres – ou existências. O que precisamos fazer é estudar e aplicar a filosofia de vida como ela nos é dada, para que possamos saber por que as coisas são como são, e qual é o verdadeiro propósito da existência. A lei governa tudo isso, não o sentimento.

P: Se a Consciência – o Percebedor, nunca muda; o que é que evolui?

R: O Percebedor tem o poder de perceber e aumentar sua gama de percepções. Seu poder de perceber não é alterado em razão de quaisquer percepções obtidas; ele sempre pode continuar a aumentar seu campo de percepções. À medida que suas percepções aumentam, em amplitude, ele desenvolve um instrumento melhor para dar e receber impressões. Uma inteligência cada vez maior e um aprimoramento da forma constituem a evolução.

P: Mas se o Percebedor nunca muda, qual é o elo que o liga às suas evoluções?

R: O seu conhecimento delas; ele não pode desconhecer o que ele sabe. Com base em seus conhecimentos adquiridos, outros conhecimentos podem ser adquiridos. O Universo é desenvolvido, governado e sustentado pela Inteligência.

P: O que é a Vontade?

R: Vontade é a energia da Consciência expressa em ação, em qualquer plano de manifestação. Existem muitos aspectos da Vontade, desde o comum que é "a vontade de viver", e se expressa na ação física automática, como o batimento cardíaco, a digestão, etc.; daquelas ações que seguem o pensamento comum, desejos e daquilo que se quer; daquilo que é desenvolvido por várias formas de prática; até a fase mais elevada, a da Vontade Espiritual. Esta fase é desenvolvida pelo verdadeiro altruísmo, um desejo sincero e pleno de ser guiado, governado e assistido pelo Ser Superior, e fazer aquilo que Ele tenha reservado para esse ser, quer seja sofrer ou desfrutar, por meio de disciplina ou experiência.

P: O Sr. Judge diz que a entrada para a encarnação é através da comida. O que isso significa?

R: Uma sugestão é dada no capítulo a respeito dos processos físicos reais, aos quais o Ego deve se submeter, ao passar do estado incorpóreo para o corpóreo. É claro que nossos corpos são formados e sustentados por alimentos, desde a concepção até a morte do corpo. Esse alimento provém dos reinos físicos da Natureza que se transmutam em vários elementos, constituindo e sustentando o corpo e seus processos. A reprodução ocorre o tempo todo no sangue, nas células, nos órgãos e nos constituintes mais finos do corpo, e é, necessariamente, influenciada e caracterizada pelas ideias e sentimentos da entidade consciente que habita o corpo. Não é difícil conceber uma transmutação de todas essas reproduções em uma condição sintética, que proporcionará um ponto de contato para o corpo astral da entidade reencarnante e um meio para a gradual materialização do corpo físico, órgãos e processos antes do nascimento.

P: Na página 110 [ed. bras.], o capítulo diz que *Ātmā-Buddhi-Manas* ainda não está totalmente encarnado nesta raça. O que isto significa?

R: A afirmação é que a Tríade Divina, contendo o conhecimento obtido em todas as vidas passadas, não atingiu o ponto em que esse conhecimento está disponível neste plano. *Ātmā-Buddhi-Manas* é a Tríade. A abertura de entrada, por assim dizer, que faz a conexão entre o Homem Interno e o mundo físico, é *Manas*, o Pensador e a Mente. O longo curso de evolução, necessário para transmutar os elementos físicos em uma habitação responsiva para o Ego residente, concentrou de tal maneira a atenção do Ego sobre o corpo e seus arredores - o mundo físico externo - que, enquanto usar um corpo em suas encarnações periódicas, estará limitado por seus pensamentos e ações anteriores, sob a lei do *Karma*, colhendo o que foi semeado em vidas anteriores e plantando sementes semelhantes para o futuro. Somente isso permite a operação *manásica* no Plano Físico, porque as ideias mantidas estão baseadas sobre este plano e se relacionam com ele, deixando inacessível o vasto estoque de experiências passadas e internas. Esta é a condição da Humanidade como um todo; ainda assim, nunca houve um tempo em que o ganho do pleno conhecimento e controle fosse impossível para o indivíduo. É por causa dessa incompletude da encarnação que encontramos tantos mistérios psicológicos entre os seres humanos. As experiências psicológicas pessoais são geralmente consideradas comunicações de seres superiores, variando a natureza do suposto ser com as ideias pessoais sustentadas; ao passo que, com poucas exceções, tais experiências são devidas a concepções imperfeitas da Natureza e dos poderes do Homem Interno. Experimentos em hipnotismo mostraram a existência de várias "personalidades" falando através de uma pessoa, e, cada uma delas, sendo diferente em caráter das outras e da própria pessoa a qual o experimento é feito. A explicação pode ser encontrada no fato de que, em muitos casos, a condição anormal que a hipnose produz permite que experiências fugidias e não relacionadas de existências passadas sejam percebidas e adotadas como realidades presentes. À medida que o ciclo atual avança, mais e mais desses e de outros "mistérios" psicológicos se tornarão evidentes; isso sempre permanecerá um mistério para a psicologia ocidental atual, mas a Sabedoria Antiga do Oriente resolve todos eles.

P: O que é que impede nossos psicólogos, cientistas e professores religiosos de saber dessas coisas?

R: Ignorância e orgulho. Ignorância da verdadeira natureza do homem e do propósito da existência, e orgulho de suas próprias predileções e buscas pessoais. Séculos de concepções materialistas de religião, ciência e vida em geral serviram para fechar o intelecto dos homens a qualquer percepção verdadeira da natureza da própria inteligência que estão usando nessas atividades. As crenças ocupam o lugar do conhecimento, e as teorias, o lugar da compreensão, porque ambas, tanto a crença quanto a teoria procedem da base da existência terrestre em vez da fonte espiritual real e permanente de toda manifestação.

P: Certamente a Religião não é materialista?

R: É dito que a palavra "religião" deriva do latim "re-ligare", o religar, ou ligar de volta à fonte de tudo. Existe a Religião verdadeira; também existem religiões falsas. Uma religião falsa é aquela que se baseia em concepções materialistas da Divindade e da Vida, como um Deus Pessoal existindo à parte do Universo; um salvador pessoal; um céu pessoal, eterno em sua duração; um inferno pessoal também eterno; todos esses equívocos baseados na existência física e separação são, portanto, totalmente materialistas.

P: Você diria que nossa ciência e psicologia modernas também são materialistas?

R: Tanto quanto as religiões atuais. A ciência se contenta com um exame das formas e elementos físicos, e seus atributos são observados separadamente e em combinação. Para explicar os "fatos", assim estabelecidos, muitas teorias foram deduzidas, como o "átomo", o "elétron", o "íon" e o mais recente "vitalismo" – os cientistas são evidentemente incapazes de descartar suas ideias de base material sobre tudo o que foi, é ou será. A psicologia ocidental é tão ruim ou pior, pois sua base é a pesquisa das ideias, sentimentos e emoções do cérebro-mente humano, que se baseia na existência física. Nenhum conhecimento espiritual pode vir de tais métodos; eles se assemelham aos do "*Peregrino*" de Bunyan[11] esperando encontrar a Alma do mundo em meio às purgações da matéria.

P: Não temos a Palavra de Deus na Bíblia cristã?

R: Na própria Bíblia não existe tal afirmação, além disso sabemos que cada palavra naquele livro foi escrita por homens, do Gênesis ao Apocalipse. Os vários manuscritos que compõem a Bíblia, também, foram selecionados pelos homens por seu próprio julgamento, e a declaração de que a compilação é a palavra de Deus também foi inventada pelos homens. Não há razão para acreditar que a natureza humana era menos falível nos tempos antigos do que é agora; portanto, faz parte da sabedoria julgar cada livro por seus próprios méritos intrínsecos, e não por qualquer

[11] *O Peregrino*, livro do pastor protestante John Bunyan, publicado na Inglaterra em 1678. (Nota do tradutor)

pretensa autoridade. Uma vez que a Bíblia é lida à luz dos fatos, e feita uma comparação entre as declarações vitais nela e as das religiões antigas, descobriremos que "não há nada de novo sob o Sol", como disse Salomão. Cada, assim chamada, Revelação foi apresentada por homens, e em cada caso foi apenas uma transmissão do que era conhecido antes. Aquilo que qualquer homem aceite ou rejeite, ele o faz por sua própria escolha e, portanto, é sua própria autoridade: ele deve sempre usar o seu melhor discernimento no exame de tudo o que lhe é apresentado para sua aceitação, ao mesmo tempo certificando-se de que tem todos os fatos. Autoridade em tais assuntos tem sido a perdição da humanidade por séculos, pois é certo que tudo o que um homem pode saber do Supremo é o que ele conhece em, através, e por si mesmo.

P: Qual, o senhor diria, é a razão pela qual os homens em geral aderem às suas religiões?

R: A ética que está contida em toda religião digna desse nome. Essa ética é a mesma em todas as religiões, e são reconhecidas como verdadeiras e essenciais por todas as pessoas pensantes, porque contribuem para a verdadeira felicidade e o progresso, e são percepções do homem espiritual interno. Os homens diferem apenas quanto à *fonte* dessa ética, alguns a estimando, seja como mandamentos ou revelações de algum Deus, profeta, reformador ou o que for, enquanto os mais inteligentes a percebem como expressões da lei espiritual e inerente a todo ser espiritual. A existência da mesma ética nas várias religiões contraria as diferenças promulgadas de fontes estranhas. Existe apenas uma fonte, a natureza espiritual e essencial do próprio homem.

Capítulo 9

Prosseguindo com a Reencarnação

Objeções. O desejo não pode alterar a lei. Chegadas antecipadas ao céu. Eles devem esperar por nós. O reconhecimento da alma não depende de objetividade. A hereditariedade não é uma objeção. O que a hereditariedade faz. Divergências na hereditariedade não reconhecida. A história vai contra a hereditariedade. A reencarnação não é injusta. O que é justiça. Não sofremos pelos outros, mas por nossos próprios atos. Memória. Por que não nos lembramos de outras vidas. Quem fez? Como explicar o aumento da população.

P: Na página 117 [ed. bras.] consta que "assim como progredimos nesta vida, da mesma forma, devemos progredir ao abandoná-la, e seria injusto obrigar os outros a esperarem nossa chegada, sem mudar, para que possamos assim reconhecê-los". Parece que de fato há mais progresso após a morte, do que durante a vida no corpo?

R: O contexto dessa página mostra que o Mestre está respondendo às objeções daqueles que esperam reconhecer seus amigos que os precederam, por sua aparência física e características gerais, uma expectativa que realmente se baseia na paralisação do progresso. Sabe-se, também, que o Homem Real que passa da existência em um corpo para outros estados, e retorna novamente, está realmente mesclando suas experiências de qualquer estado com suas experiências em outros estados e, consequentemente, está progredindo de forma muito mais rápida após a morte do que as condições físicas poderiam permitir. O grau e tipo de progresso feito dependem da natureza de seu pensamento durante a vida, e pode ser pequeno ou grande em uma direção ou outra. Tecnicamente falando, *Manas* inferior é o reservatório dos pensamentos e sentimentos da vida. Aqueles que são assimiláveis a *Manas* superior são absorvidos e se tornam um acréscimo a ele; enquanto aqueles que são da natureza da Terra, isto é, terrenos, permanecem como tendências a serem enfrentadas, intensificadas ou transmutadas durante a encarnação seguinte. O progresso referido é o do Ego Superior; a personalidade e a vida terrena são o campo em que o Ego atua; após a morte, a colheita sendo recolhida e o trigo separado do joio.

P: Então não haveria semeadura durante os estados pós-morte?

R: A colheita foi semeada durante a última vida terrena; durante a vida houve, o tempo todo, uma colheita das causas semeadas em uma vida anterior e as desta vida atual. Na morte, a soma total de todos os pensamentos, sentimentos, desejos e tendências mantidos durante a vida permanecem como a base ou causa para os estados subjetivos *Kāma-Loka* e *Devachan*; os efeitos disso são então trabalhados subjetivamente, esses "efeitos" da vida terrena tornando-se então a "causa" dos "efeitos" experimentados subjetivamente nos estados pós-morte. Semear e colher no campo da existência objetiva fornece a "semente" para os estados subjetivos pós-morte, *Karma* operando continuamente em todos os estados.

P: Então, diferentes indivíduos teriam diferentes estados de pós-morte, e cada um teria seu próprio período entre as encarnações?

R: Não poderia ser de outra forma; pois assim como a existência pessoal de cada um em um corpo difere de todas as outras – é peculiarmente sua, de fato –, também os estados pós-morte diferem exatamente de acordo com a vida vivida em um corpo. Alguns vivem suas vidas com muito de bondade e pouco de maldade; outros com muito de maldade e pouco de bondade, cada um trazendo sua própria proporção desses; é a proporção em cada caso que determina o período entre as encarnações. Devemos lembrar ao considerar essas questões, que tempo e espaço não são subjetivamente iguais como quando estamos no corpo; nossos dias e noites, meses, anos e duração da existência física são governados pelas revoluções de nosso planeta, mas no caso de afastamento de tais concepções de tempo, as ideias a respeito de tempo e de espaço diferem muito no plano subjetivo do ser. Quando estamos felizes, o tempo passa sem aviso prévio; quando estamos infelizes, o tempo se arrasta; em ambos os casos, as horas de nosso tempo mortal podem ser as mesmas, mas o sentido da sucessão de eventos diante de nossa consciência fará com que as horas pareçam rápidas ou lentas de acordo com o estado em que nos encontramos. Se formos capazes, enquanto estamos no corpo, de perceber tal concepção de tempo, embora haja tudo sobre nós para nos lembrar do tempo terrestre, seriamos capazes de compreender algo sobre o estado onde estas lembranças estão totalmente ausentes.

P: Uma pessoa em sua próxima reencarnação irá expressar o que assimilou?

R: Ninguém pode expressar o que não assimilou; isto é, sem ter criado uma base para a ação. Mas a pergunta deve ser alterada, deveria ser "Individualidade" em vez de "pessoa". A "personalidade" é, em qualquer vida, apenas um aspecto e a ação temporária da Individualidade, e difere em cada vida, no ambiente e nas mudanças que foram provocadas em existências anteriores – em caráter, disposição e compreensão; esses podem produzir na encarnação seguinte uma mudança de relação social, capacidade mental, natureza do corpo, ambiente físico e até mesmo do sexo. A personalidade não reencarna; a Individualidade a cada renascimento projeta uma nova personalidade, cujas qualidades e tendências são extraídas da soma total de todas as vidas passadas – não apenas da última. Todas as experiências passadas se encontram dentro e por trás de cada personalidade, podendo ser alcançada e realizada; ou pode permanecer completa ou parcialmente latente, de acordo com uma concepção mais ou menos intensa da personalidade como uma coisa em si mesma e da existência física como a única realidade.

P: Se a vida física e a experiência controlam os estados pós-morte, então pareceria que os planos superiores eram controlados pela vida no Plano Físico?

R: Eles poderiam ser assim controlados, se os estados pós-morte pudessem ser chamados de "planos superiores", mas como os estados pós-morte de *Kāma-Loka* e *Devachan* são os efeitos da última vida vivida, e são ambos pessoais em experiência, eles não podem ser chamados de planos superiores. *Kāma-Loka* e *Devachan* representam respectivamente os estados subjetivos, "inferior" e "superior", da última vida vivida como uma *persona*. Os planos superiores do ser pertencem à tríade de *Ātmā-Buddhi-Manas*, a Individualidade real, que, como ser imortal, possui todo o conhecimento adquirido através de todas as experiências passadas.

P: No caso de uma nação que se envolve numa guerra, encorajando assim os instintos inferiores, ela não atrairia para a encarnação os egos inferiores?

R: No caso particular de cada ego em um corpo, os resultados dependerão do *motivo* que o levou a se engajar na guerra ou em qualquer outra direção. Uma nação é composta de unidades individuais, a natureza da ação em qualquer caso dependendo do motivo dominante do indivíduo. Se os motivos das unidades engajadas na guerra forem por justiça e liberdade, independentemente dos atos de guerra necessários, então, quando os objetivos fossem obtidos e a paz retomada, essas unidades ainda seriam acionadas pelos mesmos motivos e atrairiam egos de natureza semelhante. A condição da guerra pode igualmente fornecer maiores oportunidades para ações justas abnegadas, para licenciosidade e aviltamento egoístas; seja qual for, vai depender da natureza e escolha *da unidade*. Uma nação não existe separada das unidades que a compõem. Uma paz egoísta resultará em maiores perversões do que qualquer número de guerras travadas por propósitos justos; o egoísmo está na raiz de todo pecado, tristeza e sofrimento.

P: Que diferença faz o tipo de família para a qual um ego é atraído; poderia ele muito bem ter sua experiência de uma maneira ou de outra?

R: A pergunta implica uma negação do *Karma* individual e, de fato, do *Karma* de qualquer tipo; não leva em consideração o fato das necessidades da Alma por meio da disciplina e da experiência. A entrada de um ego no nascimento, juntamente com as condições relacionadas a esse nascimento, é pré-determinada pelo mérito ou demérito individual de vidas anteriores. O ego não pode nascer até que as condições que satisfaçam suas necessidades estejam presentes. A lei governa em todas essas questões, ou nada poderia ser previsto como resultado de qualquer curso de pensamento e ação.

P: O ego pode, em alguns casos, ter de esperar muito tempo, não é?

R: O tempo para o ego não é o mesmo do nosso, com nossa limitação de concepções; ele é autoconsciente e ativo em planos superiores, e o "tempo", como nós o conhecemos não o afeta como ego; é apenas quando for consumada a culminação das condições que ele, enquanto estava no corpo, ajudou a produzir, que ele é inevitavelmente atraído de volta ao renascimento. O renascimento se deve aos nossos defeitos não remediados, não às nossas virtudes.

P: Existe algum lugar na Natureza em que haja uma lei regendo a hereditariedade?

R: A hereditariedade prevalece em todos os planos do ser; nós herdamos os resultados de nossas atividades em todos eles. Podemos conhecer nossa árvore genealógica terrena, mas quem de nós já traçou todos os elos de hereditariedade, astral, psíquica e espiritual que fazem de nós o que realmente somos? *A Doutrina Secreta* fala de três linhas gerais de hereditariedade, a Espiritual, a Intelectual e a Física, e diz que essas três estão misturadas e interligadas em todos os pontos.

P: A tendência da *Gitā* é na direção da libertação do renascimento. O objetivo principal do homem *não é uma existência justa e feliz em um corpo?*

R: Isso implicaria que toda a tendência da evolução seria em direção a uma existência *material*, ao passo que todos os fatos apontam na direção de que o Homem Real é em essência Espiritual, e na imensidão de seu passado acumulou vastos estoques de conhecimento, com o qual Ele se pôs em contato e está trabalhando, o que geralmente é chamado de Matéria, mas que em realidade é a inteligência e a incorporação de entidades de um tipo muito mais inferior. Seu objetivo não é o de buscar e o de tornar permanente uma personificação física perfeita para Si mesmo, mas pelo contato e uso dessas vidas inferiores para gradualmente dar-lhes o impulso para a autoconsciência, o único que pode despertar para a ação a espiritualidade latente em todas essas inteligências inferiores. A palavra espiritualidade não significa uma condição nebulosa e indefinida, como muitos a consideram, mas "um conhecimento íntimo da essência última de todas as coisas na Natureza". O Homem Real – a Tríade de *Ātmā-Buddhi-Manas* – portanto desceu à "matéria" – para usar um termo tão mal compreendido – a fim de contatá-la, entendê-la como a personificação e a expressão das inumeráveis inteligências de que é composta, e dar a essas vidas impulso e direção para a autoconsciência. O fato de Ele ter falhado em cumprir – como poderia ter feito – o propósito inicial de autossacrifício é devido às ilusões pertencentes à existência senciente, nas quais Ele se envolveu ao estabelecer causas que inevitavelmente, sob o *Karma*, o mantêm flutuando entre o nascimento, *Kāma-Loka* e *Devachan,* em uma série contínua. A liberdade do renascimento de que fala a *Gitā*, é obtido estabelecendo causas nascidas de uma compreensão da verdadeira natureza e missão do homem, e ação com base nessa compreensão enquanto em um corpo. Uma vez que a cadeia de causalidade inferior é quebrada por Ele, Ele está livre para escolher, e mais ainda, colocou em jogo, em todos os planos, a soma total de seu conhecimento. A partir de então, Seu campo é toda a Natureza, visível e invisível; Ele então viverá uma existência consciente no *Espírito*, não na matéria, e pode, enquanto ocupa corpos de duração temporária, manter e usar Sua autoconsciência espiritual, seu conhecimento e poder nesse plano de existência, sem prejuízo ou impedimento. Esses são os resultados da "liberdade do renascimento"; em vez de perda, como muitos imaginam, significa ganho incomensurável; a meta é digna de todo esforço.

P: Como podemos, em nossa ignorância, fazer esse esforço?

R: Os Mestres da Sabedoria nos forneceram os meios necessários. A ignorância é destruída apenas pelo conhecimento. A ignorância é composta de falsas concepções, e as ações com base em falsas concepções só podem levar a mais ignorância e, seus resultados, a pecado, tristeza e sofrimento. A Filosofia Teosófica, conforme dada por Aqueles que a trouxeram, deve ser aprendida, estudada e aplicada em todas as nossas relações com nossos semelhantes; isso deve ser feito por cada um de nós, ninguém pode fazer isso por nós. Isso implica que nossas predileções e preconceitos adquiridos com a adoção das visões comuns da vida devem ser abandonados, e a base de pensamento e ação que a Filosofia indica devem tomar seu lugar. Os livros devocionais, como a *Gitā* e *A Voz do Silêncio*, devem ser constantemente lidos e meditados, pois tendem a despertar percepções espirituais. Com os meios fornecidos, e um esforço para agir por e de acordo com o Ser de todos, canais serão abertos dentro de nós que levarão ao conhecimento Interior.

Como disse o Mestre: "Toda a natureza está diante de você; pegue o que puder".

P: Então os estados pós-morte seriam a construção interna das experiências adquiridas?

R: Deve ser entendido, que os estados pós-morte de *Kāma--Loka* e *Devachan são totalmente pessoais* em sua natureza. O despojamento dos desejos e paixões puramente terrestres se dá em *Kāma-Loka*; a assimilação e gozo de tudo o que foi melhor na última vida vivida é a condição *Devachânica*. Ambos os estados são subjetivos, isto é – o ser em ambos os estados está ocupado com seus próprios pensamentos, desejos e sentimentos; não está ciente da presença de outros seres, nem em contato com eles. O mundo em que vive é povoado por suas próprias criações, que para ele são tão reais quanto eram os seres físicos entre os quais se movia durante sua existência corporal. Tendo tido, no mundo físico, suas variadas experiências, ele deixa o corpo que lhe serviu de meio de contato com os seres físicos e vive nos desejos, sentimentos e pensamentos que seu contato com o Plano Físico havia gerado. Na hora da morte – da qual o ser não é ciente, mas sendo ainda consciente do *ser pensante* – os pensamentos prevalecentes são aqueles que surgiram de suas relações com os outros, fisicamente, e, necessariamente, relacionados com seus desejos – este é *Kāma--Loka*, o lugar ou estado de Desejo. Como seus desejos puramente físicos não são reforçados ou estimulados pelo contato com outros seres, eles morrem gradualmente, e seus ideais e atributos mais elevados permanecem como a base para o estado *devachânico*, um estado onde nenhum pensamento de pecado, tristeza, sofrimento ou morte pode entrar, ou mesmo que tais coisas existam. Em ambos os estados ele sente ser a mesma pessoa, obtém sua compensação pelas tristezas da vida no *Devachan,* e assimila, nesse estado, o melhor de sua vida vivida, adicionando o resultado à sua natureza interna, egóica. Em seguida, entra em um novo nascimento, baseado nas causas não consumadas que foram geradas durante vidas anteriores.

P: O que se entende por "causas não consumadas"?

R: Se – como foi mostrado – vivemos muitas vidas e afetamos de alguma maneira outros seres encarnados que requerem ajuste de nossa parte, e a coordenação de nossas vidas que, até agora, não se levou a cabo de modo a nos colocar em contato e assim tornar possível esse ajuste, essas causas não consumadas terão de ser enfrentadas como efeitos em alguma vida, e ajustadas ou fortalecidas como causas posteriores. Podemos estar enfrentando nesta vida os efeitos de causas desencadeadas em muitas vidas anteriores, bem como de uma causa mais recente. À medida que pensamos sobre os contatos com outras pessoas, nesta vida atual, encontramos algumas que foram amigáveis por um tempo, e outras que foram hostis, porém, nesse momento, ambas não são mais que memórias, nossas ligações externas com essas pessoas cessaram. Esses nossos amigos ou inimigos ainda seguem sendo afetados pelo que fizemos a eles, embora os sentimentos que foram gerados não tenham meios de manifestação no presente; não obstante, permanecem em nossa natureza, como causas não consumadas, e na natureza desses amigos e inimigos, nos quais os efeitos serão experimentados quando nos encontrarmos novamente nesta ou em vidas futuras. O lapso de tempo não muda o poder ou a natureza da causa. Devemos, portanto, fazer amigos para o futuro, como Jesus aconselhou ao dizer: "Perdoai os vossos inimigos; fazei o bem e orai pelos que vos perseguem".

P: Parece então que estamos ligados à vida terrena por uma cadeia infinita de causa e efeito?

R: Poderia ser, e será uma "cadeia sem fim" se persistirmos em colocar em movimento as causas que nos prendem ao renascimento; mas não precisamos fazer isso, e não faríamos se conhecêssemos nossa real natureza. É para apontar o caminho para a liberdade do renascimento que a Teosofia nos foi dada, para nos livrar da terrível necessidade pela qual a operação da Lei do *Karma* em nós mesmos nos obriga a passar. A *Gitā* diz: "A liberdade vem da *renúncia ao interesse pessoal* nos frutos de nossas ações". Não que desejemos escapar, mas que devemos pensar e agir de forma a realizar os propósitos da Alma. Podemos fazer isso quando conhecemos e percebemos nossa verdadeira natureza, e agimos de acordo com Ela, pois nela está a fonte de todo o poder e, com Ela, a liberdade de escolha.

P: Então um Mestre que ocupou um corpo para o benefício da humanidade não passaria pelos estados de *Kāma-Loka* e *Devachan – após a morte do corpo?*

R: Não. Ele poderia ocupar o corpo sem se ficar atado a ele. Ele estaria vivendo uma existência consciente no Espírito, embora sendo "igual a nós em todas as coisas", no que diz respeito às aparências. Ele saberia como equilibrar a causa e o efeito em tudo o que fosse feito, não tendo apego a eles, e agindo apenas para o bem de todos. Agindo com pleno conhecimento, através de um corpo, Ele não teria ilusões e, portanto, nenhum estado subjetivo pessoal como *Kāma-Loka* ou *Devachan*, e ao deixar o corpo, existiria em sua própria verdadeira natureza, como Ele sempre existiu. Como diz um antigo ditado: "Ele ama e compreende", e serve à humanidade da melhor maneira que pode.

P: Ao retornar ao nascimento, o Ego tem que passar pelas mesmas experiências no *Kāma-Loka* pelas quais passou após a morte do corpo?

R: Ele não passa pelas mesmas experiências, pois elas foram daquela vida pessoal, e, ao renascer, uma nova combinação das vidas passadas do Ego constitui a nova personalidade, consistindo de causas não consumadas, como permitido no período específico de renascimento. O Ego, entretanto, vai encontrar esperando por ele aquelas tendências *Kāmicas* que ele não superou; ao mesmo tempo, ele será fortalecido por sua assimilação *devachânica*.

P: Um Ego que exauriu suas experiências *devachânicas* e precisou renascer, porém, *não encontrou nada que se adequasse às suas necessidades, estaria em um estado miserável, não é?*

R: Devemos nos lembrar da natureza do Ego. Ele não é nenhuma de suas personalidades; elas constituem o campo de suas experiências terrenas. Quando os melhores efeitos da última vida vivida são exauridos no *Devachan* e a soma deles adicionada a todas as experiências anteriores do Ego, sejam elas grandes ou pequenas, as ilusões pessoais desaparecem. Ele existe como Ego e – para usar uma frase – revê o passado e vê o que deve lhe acontecer sob o *Karma*. Nossas concepções de tempo não têm efeito sobre o Ego; as condições *kármicas* por si só o movem; quando estas estão prontas, ele submerge no renascimento naquela raça, período e família que lhe dará o ambiente necessário de acordo com seu *Karma* individual.

P: Duas linhas no final da página 120 [ed. bras.] assinalam que as divergências da hereditariedade física são muito maiores do que as características transmitidas; isso indicaria que a hereditariedade física não é uma lei?

R: A hereditariedade física é um processo pelo qual a lei é cumprida. Há necessariamente uma conexão *kármica* entre o ego que renasce, os pais e a família para a qual ele vem. Os pais fornecem à encarnação as tendências que melhor atendem às exigências do ego para aquela vida. Existem três linhas de evolução: a Espiritual, a Manásica ou Intelectual e a Física, e essas três estão mescladas e misturadas em todos os pontos.

P: Por favor, explique a Hereditariedade Espiritual.

R: De acordo com *A Doutrina Secreta* existem Sete grandes hierarquias de seres espirituais; todo ser humano é descendente de uma ou outra dessas sete grandes classes de seres. Esta questão, entretanto, requer um estudo especial antes que qualquer tentativa de uma resposta compreensível possa ser feita; *A Doutrina Secreta* dará todas as informações disponíveis.

P: A Terra é um planeta tão pequeno no vasto conjunto de planetas, isso não indicaria que as pessoas encarnaram aqui vindas de outros planetas?

R: Não, se entendermos o funcionamento do *Karma*. Estamos conectados espiritual, intelectual, astral e fisicamente com os seres que constituem a corrente evolucionária desta Terra e não podemos nos separar deles mais do que podemos separar nosso coração físico de nossa cabeça e seguir existindo como seres físicos. Estamos *karmicamente* em dívida com todos os reinos conectados com a Terra por cada veículo de consciência que possuímos; nossas mentes também são coloridas e limitadas pela mente da raça a que pertencemos. O mesmo é verdade para as humanidades de outros planetas; eles devem colher onde semearam; não podem colher onde não semearam. À medida que nos elevarmos para a consciência do Ego, transcenderemos todas as ideias de locais específicos e estaremos sensíveis às condições variáveis em vez de lugares ou planetas.

P: Bem, depois de se ter alcançado todo o conhecimento, não haveria mais necessidade de reencarnar?

R: Talvez não nesta raça; talvez não nesta Terra novamente; mas todo conhecimento é inútil a menos que seja usado; todo o conhecimento implica em sua obtenção por todos os seres, não contém aquilo que não foi conquistado. O progresso é contínuo em possibilidades, e em um Universo infinito não há ponto de parada; cessar de progredir é estagnar. O antigo ditado é que sempre podemos nos aproximar da luz, mas nunca podemos tocar a chama, pois essa chama é o nosso Ser – o Ser de Todos.

P: É possível dizer se uma alma está progredindo em alguma encarnação?

R: A pessoa pode perceber por si mesma sua própria ignorância e, rápida ou lentamente, obter o conhecimento real. Ela deve perceber o que as vidas passadas devem ter sido pela natureza e força das dificuldades que ela encontra na luta. Isso é suficiente, se ela perceber o objetivo real, se sempre se esforçar para alcançá-lo, e será bom para ela se não pensar em seu próprio progresso, mas no que pode fazer para ajudar os outros a progredir. "Viver para beneficiar a humanidade é o primeiro passo."

P: No capítulo é dito que as pessoas encarnam junto com quem estiveram em outras encarnações. Isso seria necessariamente contínuo?

R: Devemos lembrar que o que chamamos de "pessoas" são almas que encontramos antes, fisicamente, e, assim, nos conectamos *karmicamente* a elas, para o bem ou para o mal. A conexão corpórea é provocada pela conexão *kármica* mútua, e por escolha sábia ou tola. A continuidade de tais relações depende de nossos desejos, mas não podemos controlar os desejos daqueles que não querem aquilo que fazemos. Enquanto tivermos "gostos e desgostos", como nossa base, iremos nos reunir com aqueles que os ocasionaram, enquanto estes últimos, por sua vez, podem ter mudado de "gosto" para "desgosto" ou o contrário. Podemos "sair do meio deles" não permitindo que nossos gostos ou desgostos nos governem e sendo amigáveis e úteis para todos. "O homem sábio busca aquilo que é homogêneo com sua própria natureza."

P: Visto que estamos em nossa forma atual, enquanto humanidade, *há dezoito milhões de anos, pareceria que se não houvesse guerras, não haveria espaço para todos nós?*

R: Vamos ver a questão de outro ponto de vista: se a Terra tem menos de dezoito milhões de anos, pelo menos, e não há registro de superlotação em qualquer momento, por que deveríamos temer tal condição? Foi afirmado que, embora o número de egos reencarnantes conectados com a Terra seja muito grande, o número é limitado, de fato, não tem havido aumento de egos desde o ponto médio das sete rondas. Além disso, como esses egos não tiveram uma participação pequena na formação da Terra, não pode haver dúvida de que ela acomodará em seus períodos apropriados todos os egos ligados a ela. A Lei de Compensação ou o *Karma* ajusta todas as coisas às necessidades dos seres em manifestação. E, ao considerar esta questão, não nos esqueçamos de que nossa Terra é composta, em realidade, de seis graus de substância além daquele que percebemos por meio de nossos sentidos físicos – o mais inferior de todos.

P: É dito que, ao viver de acordo com os ditames da Alma, o cérebro pode se tornar poroso. Isso pode ser explicado?

R: Frequentemente tem se afirmado que o corpo e o cérebro são formados a partir dos alimentos, sendo o cérebro mais plástico do que qualquer outro órgão do corpo. Naturalmente, as características de nosso cérebro estarão de acordo com nossos modos de pensamento e sentimento. Se nossas formas de pensar são puramente pessoais, egoístas e físicas, o cérebro responderá apenas a essas impressões; mas pensando em ideais elevados e agindo de acordo com eles, o cérebro se tornará gradualmente impressionável por eles. Quando a mudança ocorrer, o cérebro registrará tudo o que acontecer durante o sono do corpo, e estaremos em contato com todas as nossas existências passadas, e com toda a nossa natureza interna. Os "altos ideais" falados não são os chamados altos ideais da humanidade que se baseiam na existência física, mas aqueles que *A Doutrina Secreta* apresenta estarem relacionados com a real natureza espiritual, suas leis e o verdadeiro significado da Evolução em todos os planos.

Capítulo 10

Argumentos de Apoio à Reencarnação

Da natureza da alma. Das leis da mente e da alma. Das diferenças de caráter. Da necessidade de disciplina e evolução. Das diferenças de capacidade e início de vida no berço. A identidade individual prova isso. O provável objetivo da vida a torna necessária. Uma vida não é suficiente para cumprir os propósitos da Natureza. A mera morte não confere nenhum avanço. Uma escola após a morte é ilógica. A persistência da selvageria e decadência das nações dão suporte a isso. O surgimento dos gênios se deve à reencarnação. Ideias inerentes comuns aos homens mostram isso. Oposição à doutrina baseada unicamente no preconceito.

P: Por que tantas pessoas, a maioria de fato, rejeitam a ideia da reencarnação?

R: Em grande parte por preconceito, seja com base em uma concepção materialista de vida, ou devido à crença em um dogma que inibe o exercício dos poderes do pensamento. A maioria das pessoas não pensam por si mesmas, mas aceitam um ou vários tipos de ideias formuladas e sustentadas por outros; aquilo que é aceito e sustentado por um grande número de pessoas é, para muitas, evidência *prima facie* da verdade. Poucos vão abaixo da superfície e investigam as bases sobre as quais as várias crenças são fundadas, mas o buscador da verdade deve provar todas as coisas e apegar-se àquilo que é, por si mesmo, evidentemente verdadeiro.

P: A Teosofia ensina que existem outras humanidades em outros planetas; não é possível para um ego ir para algum outro planeta depois desta vida?

R: Quando consideramos que a lei inerente do *Karma* governa todos os seres; que colhemos conforme semeamos; que nosso nascimento e ambiente nesta vida são o resultado de vidas anteriores neste planeta; não podemos deixar de ver que nossa reencarnação deve ser aqui, para onde nos mudamos e trabalhamos antes. A entidade envolvida não pode se transferir para outra cena de ação antes de superar todas as causas que a atraem até aqui, e sem que ela tenha cumprido suas responsabilidades para com outras entidades no mesmo fluxo de evolução.

P: Na página 129 [ed. bras.] o capítulo diz que "Cada ser humano tem um caráter definido diferente de todos os outros seres humanos". Não é uma grande parte desse caráter derivada da hereditariedade física?

R: O homem que agora habita os corpos físicos também é a entidade consciente que os desenvolveu e os estabeleceu. Cada traço familiar, tendência e característica são devidos ao uso de corpos físicos nessa linha de hereditariedade física por um número de egos, e todos são *karmicamente* atraídos para aquela linha familiar física na qual cada um estabeleceu uma parte, e, portanto, ao regressar entra em uma família, tornando-se assim sua própria hereditariedade. *Karma* não inclui apenas nossa semeadura e colheita individuais, mas também os efeitos de nossos pensamentos, palavras e ações sobre os outros, e especialmente sobre aqueles que estão mais próximos. Cada ego encarnado tem a oportunidade de eliminar, em si mesmo, os defeitos familiares, e, ao fazer isso, beneficia a linha física.

P: Por favor, explique o segundo parágrafo na página 139 [ed. bras.); parece um pouco contraditório para mim.

R: O Sr. Judge está falando do músico Bach, cuja família não tinha nada de seu gênio, e apontando para o fato de que ele não era derivado de hereditariedade física, mas era peculiar à entidade encarnada. A vinda de filhos idiotas ou viciosos para pais que são bons, puros e altamente intelectuais não se deve à hereditariedade física, mas à natureza da encarnação do Ego. Em tais casos, deve haver alguma forte conexão *kármica* entre os pais e o Ego deficiente, uma conexão estabelecida durante vidas passadas e onde algum erro de comissão ou omissão ocorreu e contribuiu para a deficiência daquele que nasceu.

Essas encarnações cumprem dois propósitos: (1) fornecem uma oportunidade melhor para o ego deficiente nas mãos daqueles que contribuíram para essa deficiência, e (2) os efeitos *kármicos* são sentidos pelos pais, e a oportunidade é oferecida para tal ajuste, quanto for possível para eles. "*Karma* é uma tendência infalível no Universo para restaurar o equilíbrio, e opera incessantemente". O *Karma* é produzido pelos Egos, não pelos corpos que habitam.

P: Por que é que um ego trará um fator predominante em particular?

R: Porque a atenção e o esforço do Ego em outras vidas foram exercidos nessa direção específica. É bem sabido que os gênios, em muitos casos, são excêntricos em caráter e, ocasionalmente, anormais em grau acentuado; isso se deve a um desenvolvimento unilateral; o desenvolvimento correto deve ser completo e equilibrado, não especial em alguma direção e negligente em outras.

P: Na página 137 [ed. bras.], o capítulo diz que as velhas raças arianas se elevarão novamente ao auge da glória. Isso significa que elas sempre existirão?

R: O capítulo diz: "De todas as raças antigas, apenas a Indo-ariana perdura ainda como preservadora das antigas doutrinas. Em dias vindouros ela se elevará outra vez a seus antigos píncaros de glória". Somos da raça ariana, mas o Sr. Judge está falando da raça Indo-ariana, a única que preservou as antigas doutrinas, e que, devido a isso, se elevará novamente às suas antigas alturas de glória. Em termos gerais, a ariana é a Quinta Raça; quando seu curso for concluído, os egos que compõem a atual Quinta Raça constituirão a Sexta Raça.

P: Na página 139 [ed. bras.], é dito que a abelha constrói uma célula do favo de mel com exatas regras goemétricas, e que sua inteligência é o efeito da reencarnação na mente ou célula física. Os reinos inferiores seguem o reino humano?

R: A declaração mencionada é a seguinte: "E tanto faz se observamos o bebê recém-nascido estendendo seus bracinhos para assegurar sua própria proteção, ou o animal com seu grande poder instintivo, ou a abelha construindo uma célula do favo de mel com exatas regras geométricas, tudo isso é o efeito da reencarnação atuando por meio da mente ou da célula física, porque, de acordo com o que foi exposto anteriormente, nenhum átomo está isento de vida, de consciência e de inteligência própria".

A passagem *não* diz que a inteligência da abelha é o efeito da reencarnação na mente ou célula. Diz que no bebê recém-nascido, no animal ou na abelha, tudo o que aparece é o efeito da reencarnação, seja na mente, seja na célula física, de acordo com o tipo de inteligência expressada e sua forma particular; "nenhum átomo é desprovido de vida, consciência e inteligência própria". O reino humano imprime e impele as vidas inferiores para o bem ou para o mal.

P: Na página 129 [ed. bras.], "Mesmo a doutrina da sobrevivência dos mais fortes deveria demonstrar isso, porque a aptidão e a força não podem emanar do nada, mas devem finalmente se mostrar por si mesmas, no aparecimento do verdadeiro caráter interno". Por favor, explique isso.

R: No parágrafo do qual a citação foi extraída, a explicação parece bastante clara. Cada indivíduo tem um caráter definido, resultado de vidas anteriores; qualquer "aptidão" que possa haver é devido a existências anteriores. Existem conjuntos de indivíduos que chamamos de nações; essas nações têm suas características específicas; os indivíduos que compõem essas nações são reunidos devido à semelhança de características que constituem sua "adequação" peculiar a qualquer nação em particular. Tudo isso é uma pista para a afinidade *kármica* – "semelhante atrai semelhante".

P: Aqueles que são mortos na guerra seguirão a linha de raiva e de combate quando encarnarem novamente?

R: "Cada ser humano tem um caráter definido diferente de qualquer outro ser humano", e isso é verdadeiro, seja na guerra ou na paz. Assim como o caráter e as tendências estiverem durante a paz, também estarão na guerra, pois tanto a paz quanto a guerra são *condições*, e por si mesmas não mudam o caráter. A questão é: "A guerra necessariamente muda o caráter de um indivíduo?" Não há razão para pensar assim. Alguém de bom caráter e boas tendências poderia reforçá-los mediante as provações e o autossacrifício, decorrentes das condições da guerra; em outra pessoa, em quem o caráter e as tendências não eram bons, as mesmas condições poderiam oferecer oportunidade para intensificação das tendências do mal. O que forma a base para futuras encarnações é tudo uma questão de caráter individual, motivação e as lições aprendidas.

P: Um salvador poderia tirar a Rússia do caos em que ela se encontra hoje[12]?

R: As condições caóticas da Rússia são um exemplo extremo das condições mundiais; em nenhum caso é possível mudar tais condições, exceto por uma mudança de opinião por parte das pessoas envolvidas. Uma encarnação divina nada poderia fazer a menos que o povo estivesse disposto a seguir as linhas que tal pessoa estabeleceu. É evidente que mesmo em nosso próprio país, livre, as condições estão se aproximando de uma situação não muito distante da Rússia, pois estamos começando a experimentar os resultados do interesse de classe egoísta, cuja única base é o dinheiro e o poder que ele dá a seus possuidores. Aqueles que têm, desejam possuir e aumentar suas posses; e aqueles que não têm, as tirariam dos possuidores presentes e se tornariam, por sua vez, os possuidores do futuro; em ambos os casos, prevalece o princípio básico do egoísmo pessoal; não há nada a escolher entre eles.

P: Certamente a inteligência de nosso povo evitará qualquer catástrofe como a que se abateu sobre a Rússia?

R: A inteligência, baseada em princípios elevados e conhecimento verdadeiro, não pode deixar de contribuir para a justiça e uma vida correta, mas a inteligência baseada no egoísmo pessoal pode chegar a qualquer ponto no caminho da destruição. A ignorância e o egoísmo trouxeram a Rússia ao seu momento atual. Inteligência e egoísmo podem fazer muito pior. A questão real-

[12] Este livro foi escrito no ano de 1933. (N.T.)

mente é: "sobre o que se funda a inteligência?" É uma concepção material, moral ou espiritual? É muito evidente que a ideia predominante entre os povos ocidentais é material na concepção e na prática; quanto mais inteligência for usada ao longo dessa linha, mais seguros, rápidos e destrutivos serão os resultados.

P: Mas os povos ocidentais têm a religião cristã para guiá-los; eles acreditam na Paternidade de Deus e na Fraternidade do homem?

R: Não há dúvida de que os princípios enunciados por Jesus de Nazaré tornariam o mundo melhor e mais feliz; mas quem entre todas as pessoas os segue na sua vida diária ou no trato com os seus semelhantes? Professamos "acreditar" nesses princípios e na ética promulgada, e os infringimos diariamente e a cada hora; de que vale nossa religião ou nossa crença, se não a vivemos? A história antiga nos oferece exemplos dos mesmos princípios éticos promulgados por encarnações divinas em épocas passadas, entretanto as pessoas daquela época professaram, aceitação dos ensinamentos, mas seguiram o caminho do materialismo até a extinção. A menos que mudemos nossas ideias de vida e vivamos de acordo com as verdades eternas, nossas nações ocidentais com suas civilizações materialistas morrerão e desaparecerão.

P: O que se quer dizer com "as Verdades Eternas?"

R: "As Verdades Eternas" estão baseadas na natureza espiritual do homem; sua evolução sob a Lei Espiritual desde a forma mais inferior de inteligência para a mais elevada; que a Lei é inerente a cada ser e que cada um colhe o que planta sem possibilidade de evasão; que a existência física é a mais inferior e menos permanente de todas as formas, e é condicionada pelo próprio homem, de acordo com seu reconhecimento ou negação de sua natureza espiritual e moral como a verdadeira base de toda a vida.

P: O senhor quer dizer que isso pode ser obtido por meio de uma compreensão e vivência da Teosofia?

R: Exatamente isso. O homem deve salvar a si mesmo; ninguém, por maior que seja em inteligência e poder espiritual, pode fazer isso por ele. Ele deve aprender e exercitar suas percepções e poderes espirituais e fazer com que a expressão material deles se adapte a essa natureza espiritual. Na verdade, ele terá que aprender, mesmo que através de vidas incontáveis, que ele trouxe sobre si um sofrimento inexprimível; e quando tiver sofrido o suficiente, verá o erro de seus caminhos e então, talvez por muitas vidas, fará a restituição pelos danos causados e por deveres deixados por cumprir.

P: Se o mundo inteiro hoje aderisse estritamente à Teosofia, haveria competição?

R: Haveria *emulação*, não competição. Esta última é um esforço para se beneficiar às custas dos outros, enquanto a emulação é um esforço para se superar, a fim de ser de maior benefício e serviço no mundo dos homens; este serviço, entretanto, deve ser baseado nas necessidades da Alma e não nas necessidades físicas imaginárias nascidas de concepções materialistas.

Capítulo 11

Karma

Definição da palavra. Um termo desconhecido. Uma lei beneficente. Como a vida atual é afetada por atos passados de outras vidas. Cada ato tem um pensamento em sua raiz. Através de *Manas*, eles reagem a cada vida pessoal. Por que as pessoas nascem portadoras de necessidades especiais ou em más circunstâncias. As três classes de *Karma* e seus campos de operação. *Karma* nacional e racial. Infelicidade e felicidade individuais. As palavras do Mestre sobre o *Karma*.

P: Com relação à "persistência da condição selvagem"; as almas das tribos selvagens possuem um grau menor de menor experiência?

R: Na natureza da evolução – um desdobramento de dentro para fora – deve haver almas de experiência inferior, cujos corpos e ambiente correspondam à sua natureza até agora adquirida. Por outro lado, existem tribos diminuindo fisicamente, das quais os aborígenes australianos são um exemplo, onde os egos mais avançados encarnaram em outras raças, deixando o uso dessa linha física para os menos avançados. Como aqueles deixam a raça física no devido tempo, aqueles que permanecem, sendo menos capacitados, causam a deterioração da ascendência física, de modo que apenas a classe mais baixa de inteligências dessa tribo ou raça ocupa tais corpos. Finalmente, a raça física morre por meio da esterilidade, os egos ligados a ela tendo encarnado em outras raças.

P: E quanto aos mexicanos?

R: Existem muitas classes de egos entre os mexicanos, assim como em todas as raças atuais; as famílias são misturadas e raças são misturadas. No México podem ser vistos os resultados de uma mistura de sangue europeu com o dos remanescentes decadentes das antigas civilizações americanas; necessariamente sob o *Karma*, aqueles que vieram de linhagens europeias e se misturaram com os nativos, ficam presos nas linhas de suas próprias causações e têm que resolvê-las até o final, seja eliminando os defeitos da descendência ou indo com ela de mal a pior.

P: Mas os mexicanos demonstram um patriotismo muito forte.

R: Nesse aspecto, eles não são diferentes das pessoas de outras raças. O patriotismo não vem do mero nascimento em qualquer raça, mas da afinidade *kármica* do ego com essa raça; o *sentimento* está presente em todos esses casos, mas as ações que fluem desse sentimento nem sempre são compreendidas, nem aplicadas com sabedoria; o senso de separação predomina lá, como em todas as "personalidades" mais ou menos ignorantes de todas as raças.

P: Existe então algo como um patriotismo inteligente?

R: Deve haver algo como o oposto do patriotismo não inteligente, que pode ser visto por todos os lados.

P: Pode ser dada uma definição de patriotismo inteligente?

R: A questão está em como a Inteligência está aplicada ao patriotismo. Um homem muito ignorante pode ter um forte sentimento patriótico, o qual pode ser despertado para uma ação imprudente por ele mesmo ou pelo incitamento de outros. Um homem mais inteligente teria uma gama mais ampla de percepção e ação, e, no entanto, pode incorrer em sentimento e ação nacional contra outras nações, o que ele, como indivíduo, consideraria errado em relação a outro indivíduo; ambos os casos estão basicamente errados. Um patriotismo verdadeiramente inteligente consideraria o indivíduo como parte integrante da nação a que pertence; a nação como parte integrante do conjunto de nações que constituem a humanidade como um todo. Como todo indivíduo nasce em um corpo físico por meio de pais de alguma raça ou nação e, portanto, no mundo dos homens, o *Karma* de cada nascimento indica a oportunidade de alguém assim nascido de erradicar em si próprio os defeitos da família através da qual ele veio; e, através da família, os defeitos da nação, pois os defeitos nacionais são a soma de todos os indivíduos que a compõem, e a erradicação desses defeitos começa e termina no indivíduo. O patriotismo inteligente consistiria, portanto, em cumprir todo o nosso dever naquela posição onde nosso *Karma* nos colocou, para com nossa família, e para com a humanidade como sendo constituída de indivíduos, famílias e nações, reconhecendo assim que todos são iguais em espécie e diferentes apenas em grau. Se nossos deveres familiares forem bem e sabiamente executados, nossos deveres para com a nação e a humanidade, em grande parte, poderiam ter um longo alcance. "Deveres familiares" e "deveres nacionais" não significam falsos apegos à família ou à nação como um meio para orgulho, busca de prazer ou sensualidade, mas o cultivar e elevar os sentimentos e emoções superiores de nós mesmos e de nossa família e utilizá-los para o cumprimento de nosso dever para com a nação e a humanidade em geral.

P: Parece uma tarefa impossível?

R: Parece impossível porque os indivíduos não aplicarão o remédio em si mesmos; preferiríamos esperar até que a raça melhorasse e então falharíamos em nos alinharmos com ela, mas nunca uma raça ou pessoas melhoraram sem grandes e contínuos esforços de indivíduos que viram um caminho melhor e o exemplificaram e transmitiram. Foi dito que "um pouco de fermento logo levedará toda a massa"; aqueles que têm o "fermento" devem primeiro aplicá-lo em si mesmos antes que possam começar a trabalhar em outros.

P: O capítulo fala de um ego deficiente ou mau; o que isso significa?

R: Existem muitas classes de egos. Devemos sempre lembrar que os egos estão *evoluindo*; que alguns eram seres autoconscientes quando este nosso mundo começou, e que outros se tornaram seres humanos desde aquele início, e até o ponto médio da Terceira Raça. Além disso, o fato de haver homens maus e deficientes na existência física aponta para a maldade e a deficiência dos egos, pois são os egos que encarnam.

P: Eu entendi que o ego em sua natureza *é imortal* e espiritual?

R: Em sua natureza o ego é espiritual e imortal, mas como ele possui o poder de perceber e agir, exemplifica a lei de ação e reação em si mesmo, conforme trabalha dos planos superiores para os inferiores de substância, ele se envolve nos planos inferiores por meio do apego a eles e, consequentemente, sofre, até que supere sua imprudência, afirme e use sua natureza real nos planos inferiores. Como egos somos apenas parcialmente operativos nos corpos; *Manas* ainda não está totalmente empregado por nós como raça; cada encarnação é apenas um aspecto de nossas existências passadas, temos que fazer a ligação entre o superior e o inferior, enquanto estamos em um corpo.

P: Qual seria o resultado se um ego, enquanto está em um corpo, continuasse um curso de degeneração e maldade por vida após vida?

R: Nesse caso, a força das tendências postas em movimento quebraria com o tempo a ligação entre o ego e seu instrumento durante algum tempo-vital, e o instrumento com o impulso que lhe foi dado chegaria a ser uma entidade sem alma humana. Existem tais criaturas no mundo, com forma humana, mas sem alma.

P: Podemos exaurir todo o nosso estoque *kármico* durante uma só vida?

R: Na vida de mundos, raças, nações e indivíduos, o *Karma* não pode agir a menos que haja um instrumento apropriado para sua ação, e até que tal instrumento exista, esse *Karma* relacionado com ele permanece não exaurido.

Enquanto um homem está experimentando fases de seu *Karma* passado através do corpo, condições e ambiente, seu outro *Karma* não exaurido é mantido em reserva até que o corpo, as condições e o ambiente permitam que o *Karma* não exaurido opere. O transcurso do tempo não causa nenhuma diminuição da força do *Karma*, nem muda sua natureza.

P: Cada vida deve expressar apenas uma fase ou classe de *Karma*?

R: Não necessariamente. Mudanças podem ocorrer no instrumento durante uma vida, de forma a torná-lo apropriado para uma nova classe de *Karma*. Isso pode ocorrer de duas maneiras; (a) por meio da intensidade do pensamento e do poder de um juramento para pensar e fazer diferentemente, e (b) por meio de alterações naturais devidas ao completo esgotamento de velhas causas.

P: O que determina a tendência *kármica* de qualquer vida?

R: O nascimento em qualquer tipo de corpo para obter os resultados de qualquer tipo de *Karma* é devido à preponderância das tendências existentes.

P: Quando alguém nasce no mundo com certas tendências que são vistas como indesejáveis, o que pode ser feito para mudá-las e quais seriam os efeitos de tal esforço?

R: As medidas tomadas por um Ego para reprimir tendências, eliminar defeitos e neutralizá-los estabelecendo diferentes causas, irão alterar o domínio da tendência *kármica* e encurtar sua influência, de acordo com a força ou fraqueza dos esforços despendidos na realização das medidas adotadas.

P: Diferentes tipos de *Karma* foram mencionados; o que isso significa?

R: O *Karma* pode ser de três tipos; (a) aquele que está operando atualmente nesta vida por meio dos instrumentos apropriados; (b) o que está sendo feito ou armazenado para se esgotar no futuro; e (c) o que é retido de vidas passadas e ainda não está em operação, pela inadequação do instrumento em uso pelo Ego, ou pela força do *Karma* agora operando.

P: O corpo e suas circunstâncias são o campo de operação do *Karma*?

R: Existem três campos de operação do *Karma*: (a) o corpo e as circunstâncias; (b) a mente e o intelecto; e (c) os planos psíquico e astral. Como corpo, mente e alma têm, cada um, um poder de ação independente, qualquer um deles pode exaurir, independentemente dos outros, algumas causas *kármicas* mais remotas ou mais próximas do tempo de seu início do que aquelas que estão operando por outros canais.

P: Existem seres livres do *Karma*?

R: Absolutamente nenhum; o *Karma* opera em todas as coisas e todos os seres, desde o menor átomo concebível até o ser superior. Nenhum ponto no Universo manifestado está isento de seu domínio, pois manifestação significa ação, e a ação traz seus resultados exatos. *Karma* é a lei inerente do poder de agir em todos os seres de todos os níveis; em cada caso, o poder de agir é exercido de acordo com o grau de inteligência adquirido. O Universo é a Consciência incorporada.

P: *Karma* racial, nacional e familiar, foram mencionados; o que esses termos significam?

R: Como todos os seres são do mesmo tipo – isto é, espiritual em essência e da mesma fonte – todos estão conectados em planos internos, e cada um afeta todos os demais de uma forma útil ou prejudicial.

Karma racial, influencia cada unidade da raça, por meio da lei de causa e efeito por distribuição. O *Karma* nacional opera sobre os membros de uma nação por meio da mesma lei mais concentrada. O *Karma* familiar governa apenas numa nação onde as famílias foram mantidas puras e distintas; pois em qualquer nação onde haja uma mistura de família – como ocorre em todo período de *Kali Yuga* – o *Karma* familiar é, em geral, distribuído por uma nação. Todos os homens, tendo os mesmos princípios como constituintes de sua natureza estão conectados por princípios internos e externos de seu ser; eles, portanto, afetam um ao outro de maneiras sutis e não percebidas, bem como pelas maneiras externas que são normalmente percebidas.

P: Se todos os seres de todos os graus são afetados pelo poder dinâmico do pensamento e sentimento humanos, nós, como seres humanos, devemos ajudar os reinos inferiores que constituem a Terra em que vivemos?

R: Esse é o ensinamento. Cataclismos da natureza são provocados pelos efeitos separativos e destrutivos do pensamento egoísta e errado dos seres humanos. Um cataclismo pode ser atribuído a uma causa física, como fogo interno e perturbação atmosférica, mas estes foram causados pela perturbação criada pelo poder dinâmico do pensamento humano. Alguma sugestão disso pode ser encontrada nos escritos de São Paulo quando ele fala de toda a criação gemendo de dor de parto por causa das iniquidades do homem.

P: Todos os seres humanos têm que sofrer em tais cataclismos?

R: Não. Os egos que não têm conexão *kármica* com uma parte do globo onde está ocorrendo um cataclismo, são mantidos fora de sua operação de duas maneiras: (a) por repulsão agindo sobre sua natureza interna que os induz a se moverem para outro lugar, ou (b) por serem avisados por aqueles que observam o progresso do mundo.

P: Como podem as ações dos homens produzir convulsões da Natureza?

R: Por meio de seu efeito cumulativo sobre a natureza psíquica dos seres elementais. *Karma* é a nota-chave de todas as condições, pois governa o menor átomo, bem como o ser espiritual mais elevado. Os elementais do reino mineral e dos reinos abaixo dele (os elementais propriamente ditos) são embriões psíquicos. Cada pensamento, do homem ao ser evoluído, passa para o mundo interior e se torna uma *entidade ativa* ao se fundir com um elemental – isto é, com uma das forças semiconscientes dos reinos. Ele sobrevive como uma inteligência ativa – uma criatura gerada pela mente. Assim, um bom pensamento é perpetuado como um poder ativo e benéfico; um maligno, como um demônio maléfico. O cérebro atuando automaticamente armazena apenas energias brutas e gera correlações infrutíferas, causando finalmente convulsões na natureza. É análogo a combinações de substâncias químicas produzidas por mentes científicas – elementos antagônicos mantidos em suspensão, e, no final, uma faísca é suficiente para liberar e provocar explosões terríveis.

P: E, de maneira semelhante, as ações do homem ou *Karma* podem produzir efeitos benéficos nos reinos inferiores da Natureza?

R: É o homem o verdadeiro motivo e poder direcionador neste Universo, pois ele está à frente, sendo autoconsciente, com o poder de adquirir qualidades, de compreender a natureza de todos os seres e de manipular as naturezas inferiores. Cabe a ele usar essas naturezas de modo a produzir os melhores resultados para todos os seres envolvidos na corrente de evolução que constitui a Terra e o Sistema Solar. O homem produziu muitas combinações e transformações nos reinos inferiores, que seriam impossíveis para eles sem poderes benéficos de auxílio.

P: Então, o homem é um criador em um sentido muito mais amplo do que estamos acostumados a pensar?

R: Sem dúvida. O impulso para a ação nos reinos inferiores procede originalmente dele. Todas as ações conscientes dos reinos inferiores procedem do homem. Depois da ação, sempre há a reação. Os elementos, "ar, água, fogo e terra", ou qualquer porção ou combinação destes, todos têm suas reações sobre nós. Experimentamos essas reações dos elementos devido à nossa atitude em relação a eles e ao uso deles, pois somos nós que os induzimos a agir de forma benéfica ou maléfica. Tornados, terremotos, sofrimentos de qualquer tipo, como guerras ou contendas, tanto nos elementos quanto entre os homens, são todos produzidos pelo homem.

P: Você falou do "cérebro que age automaticamente"; existe outro tipo de ação possível com nossos cérebros?

R: Certamente. Em um caso, há apenas força bruta armazenada e lançada sem qualquer transmutação dessa energia bruta em formas dinâmicas superiores. No outro, na intelecção do cérebro ocupado verdadeira e cientificamente, há a evolução de uma forma sublimada de energia espiritual que, cosmicamente falando, é capaz de produzir resultados ilimitados para o bem. O cérebro humano pode ser usado como um gerador incansável das forças inferiores em formas superiores de energia. O adepto não cria nada novo; ele só transforma os materiais na natureza. Alguns desperdiçam e aviltam o poder criativo; outros conservam e elevam as naturezas de todos.

P: Parece não haver limite para a responsabilidade de qualquer pessoa?

R: Não há. Seja o que for que alguém pense ou faça, não se pode fazer sem afetar outros seres, sejam seres humanos ou seres inferiores ou superiores, pois cada ação é sentida em todo o Universo em algum grau. Ele obtém a reação em sua própria natureza moral das linhas de sua ação mental; e ao mesmo tempo ele estará fisicamente agindo na mesma linha, afetando os outros para o bem ou para o mal, tanto no plano interno quanto no externo de ação; então ele obtém a reação física.

P: Então, nunca há injustiça?

R: Não há injustiça. O que aparentemente percebemos como sendo injustiça, é devido ao fato de não vermos as causas que produziram os presentes efeitos nocivos. Se não temos conhecimento de nossa própria natureza real e da Lei do *Karma* que é inerente a ela, então a sensação só pode ser a de que recebemos injustiça e abrigamos ódio e ressentimentos. O que nos impede de entender essas coisas é, principalmente, que não sabemos para que estamos aqui. Olhamos para as coisas com base em uma vida e, ao nos encontrarmos nesta vida, imaginamos que é algo com o qual não temos nada a ver. Vendo aqueles que consideramos mais afortunados do que nós, queremos saber a razão, e como nenhuma resposta é possível, com base no que supomos, presumimos que estamos recebendo injustiças. Se o *Karma* é a doutrina da responsabilidade, a Reencarnação é a doutrina da esperança. Ambos vão juntos. A razão de estarmos na Terra, de acordo com o ensinamento ocultista é: não estamos aqui por causa de nossas virtudes, mas estamos aqui por causa dos nossos defeitos. A "personalidade" é, na verdade, o campo para eliminação de defeitos. Se não aprendermos qual é o objetivo da vida e não fizermos o trabalho, estaremos apenas criando mais defeitos para ajustar e mais problemas para nós mesmos.

P: Quem pode ser o juiz dos motivos de um homem, no que ele sente e faz?

R: O próprio homem. Mas ele deve esquecer-se de si mesmo, se quiser julgar com verdade. Nenhum juiz pode ser imparcial se tiver algum interesse próprio em suas próprias decisões. Portanto, se temos algum interesse próprio em nossas decisões, não podemos julgar nossos motivos; só podemos julgá-los corretamente quando nada buscamos para nós mesmos. O melhor guia e a maior proteção que qualquer homem pode ter é um desejo firme de beneficiar a humanidade e não buscar nada para si mesmo.

P: Ao punir aqueles que receberam punição, não ajudamos o *Karma* e nos tornamos um agente da justiça?

R: Não. A Bíblia tem muitos provérbios ocultos. Você conhece aquele que diz: "A vingança é minha; Eu retribuirei, diz o Senhor (Lei)." A lei cuida de si mesma. Não precisamos nos tornar instrumentos de vingança. Temos em nossa civilização moderna nossos meios de nos vingar; mas, na verdade, nossos meios são errôneos, imperfeitos e prejudiciais. Tirar a vida de um ser por ter matado outro, não é mais justificado quando feito por um número de homens do que foi o primeiro assassinato. Isso está errado, mas afastar o assassino para que ele não possa continuar a ferir outras pessoas é outra história.

P: Ferimos outras pessoas com nosso ódio?

R: Nenhum homem pode sentir ódio e não ferir os outros.

P: Mas se nossos próprios pensamentos forem de tal ordem que não exista *ódio em* nós, não seríamos afetados pelo ódio de outra pessoa?

R: Essa é toda a história. Se um homem pensa em, e sente por, seus semelhantes sem ódio ou vingança nele, nada desse tipo pode tocá-lo.

P: Se alguém afetado pela ação de outro não deseja prejudica-lo, isso mitiga a ação desse outro?

R: Claro que sim. Mas existem duas proposições aí. Quem foi ferido está colhendo o que plantou ou não poderia ter sido ferido.

Mas ele pode, por sua mudança de natureza e atitude e seu desejo de parar de ferir os outros, recusar-se a fazer qualquer mal em troca. Mas aquele que inflige ou ainda conserva a injúria, obtém todas as reações que fluem dessa atitude. Ele não mudou; ele ainda é da mesma natureza; ainda tem o mesmo desejo. Muitas vezes, quando alguém prejudica o outro e não recebe nenhum retorno da mesma espécie, ele fica mais furioso do que nunca. Você não pode fazer outra pessoa se sentir diferente, a menos que ela queira. Assim, enquanto pensamos gentilmente no outro, não podemos mudar seus sentimentos. Só ela pode fazer isso. Portanto, podemos ajudá-la ou não; mas, em todos os eventos, obtemos o benefício do efeito de nossa própria atitude benéfica. Se não afetamos o outro favoravelmente, é porque ele está tão infectado (não afetado) que não podemos ajudá-lo. Tudo depende da natureza do destinatário; da "natureza animal". Pegue uma cascavel. Nenhum homem, por mais amáveis que sejam seus sentimentos, poderia mudar a natureza dessa cobra.

P: Mas se é nosso *Karma* ter sentimentos e pensamentos ruins e vingativos, então não podemos deixar de agir dessa forma?

R: Sim, podemos. *Karma* é a ação presente, bem como o efeito presente da ação anterior. Embora nem sempre possamos afetar a atitude de outra pessoa, podemos sempre, como acabamos de dizer, afetar nossa própria atitude. Se não pudéssemos seríamos meras máquinas, meras criaturas de nosso passado, não criadores no presente. Devemos saber disso, pois qualquer um sabe fazer melhor do que infligir dano. Ele reconhece o que é prejudicial para o outro, mas se é tão egoísta que não se importa, ele se torna uma força destrutiva, não criativa; e deve receber a reação. "O mal deve estar no mundo, mas ai daquele por quem o mal vem". Ai daqueles que fazem de si mesmos o agente por meio do qual o *Karma* maligno atua, porque é a sua própria natureza que é influenciada nesse caso.

P: O que significa ser sem *Karma*?

R: Tudo o que é sem *Karma* é aquilo que vive e pensa em nós, aquele que Percebe, o Homem Real. Ele é o instituidor e o experimentador de todo *Karma*. Não há *Karma*, a menos que ele o faça. Ele não é mudado pelo *Karma*, nem se torna maior nem menor; mas enquanto apegado à ação (*Karma*) ou em um corpo e circunstâncias criadas por ele, ele experimenta tudo o que flui das ações às quais está apegado, até que cesse o apego a esse tipo de ação. Ele obtém todas as experiências que suas ações naquele corpo lhe trazem.

P: *O OCEANO* diz que certas entidades são aniquiladas devido à sua maldade. Isso se refere ao Ego?

R: Como poderia ser isso, se o Ego, o Homem Real, não é afetado permanentemente pela ação? Vejamos isso da seguinte maneira: Um Ego, ou ser espiritual, foi tão completamente perverso em suas ações por muitas encarnações que não existe um pensamento ou sentimento bondoso de qualquer tipo; nada além de pensamentos brutais e egoístas, produzindo apenas dor e sofrimento no mundo. Suas obras são destruídas: a personalidade construída por esse tipo de pensamento e sentimento. Nada dessa personalidade pode ser unida ao, ou assimilada pelo, ser espiritual. Tendo sido sua atitude totalmente contra o resto, o movimento do todo deve ser o de suprimir esse tipo de obras (*Karma*) *para fora da existência*. Isso não destrói o Ego, mas destrói suas obras, seu acúmulo de experiências. Isso o tira de seu lugar, e ele tem que recomeçar de onde estava antes de iniciar sua má trajetória, pois é aí que ele pertence. O Ego *não pode* ser aniquilado; mas suas encarnações podem ser de tal natureza que se perdem e ele é jogado para fora de certa corrente, precisando voltar ao lugar onde deixou o fio e, assim, recomeçar. Mas o Homem Real e as suas verdadeiras obras permanecem; isto é, a sabedoria e experiência adquiridas. Ele pode perder muitas folhas do Livro da Vida, mas Ele permanece.

P: Mas deve haver *Karma* para trazer aquele Ego de volta?

R: Ele ganhou o *Karma* de voltar aos depósitos mentais armazenados em encarnações anteriores, seja neste globo ou em algum outro, e começar de novo em uma linha baseada nesses depósitos mentais. Ele perdeu uma grande quantidade de tempo e esforço, e experimentou uma grande quantidade de sofrimento infrutífero – infrutífero para o bem, isto é, seu único efeito sendo destrutivo para todas as suas obras. Quando voltar à encarnação, ele terá que superar as tendências que engendrou – a tendência para se repetir.

P: Isso parece um pouco confuso.

R: Não deve haver confusão se você tiver em mente a ideia da Individualidade – o ser espiritual permanente, o Ego reencarnante, que é a Tríade de *Ātmā-Buddhi-Manas*. *Manas* inferior – a personalidade – é a perspectiva da existência física que o *Manas* superior tem, como resultado de seu pensamento e ação no Plano Físico da vida. Ele pode mudar essa perspectiva ou pode perdê-la e começar uma nova série de esforços; ou em alguns casos ele pode ser expulso por aquela encarnação ou por um grande período e ter que encarnar em um novo período, sob condições de ignorância em vez de conhecimento. Esse também é o seu *Karma*; os maus resultados gerados por suas próprias ações anteriores. As tendências geradas por ele seriam as únicas bases que ele teria; e estas teriam que ser conquistadas.

P: Esse destino não pode ser evitado?

R: Somente por uma mudança de base; a adoção de um melhor curso de ação. Qualquer tentativa de "evitar" os resultados de nossas próprias ações só resulta em uma reação mais forte; porque, ao tentar evitar, somente armazenamos ou retemos aquela força que naturalmente teria se exaurido em seu próprio período.

P: Qual é realmente a causa do *Karma*?

R: *O Karma* é, o primeiro, o último e o tempo todo, *ação.* ; e não podemos compreender o *Karma* até compreendermos a ideia de que todo o Universo é inteligência, expressando-se em miríades de formas e de muitas maneiras. É a ação da inteligência que produz todos os efeitos percebidos neste plano de existência.

P: Como essa declaração se aplica ao indivíduo?

R: Individualmente, cada um é *Karma*, pois ele é tanto o ator quanto aquele que recebe os resultados que procedem de sua ação. *Karma* nunca é uma força externa, nem qualquer ser ou seres; são as ações coletivas de seres com os quais nos colocamos em alguma relação, mas essa relação é totalmente individual de nossa parte. Colocamos certas causas em movimento e somos obrigados a experimentar os resultados que fluem dessas causas, pois cada movimento no Universo afeta outros seres em todas as direções, e sempre há a reação no ponto de perturbação. Devemos necessariamente ser o ajustador.

P: Então o *Karma* é a força que move a ação do indivíduo?

R: Cometemos um erro ao pensar que as "forças" fazem qualquer coisa por si mesmas. As forças estão operando o tempo todo; mas nenhum número de forças nos colocará no lugar certo quando estivermos agindo de maneira errada. A inteligência, movida em direções adequadas ou inadequadas, é o ator real, e nós mesmos somos essa inteligência. Se nossa inteligência não está operando corretamente, nenhuma outra inteligência pode nos ajudar. Se houver forças benéficas e poderosas, a única maneira de trabalharmos com elas e nos beneficiarmos delas é elevando-nos ao seu plano de operação. O mesmo ocorre com as forças malignas e destrutivas: a única maneira de entrarmos na linha de seu poder é sendo malignos e destrutivos.

P: Os *Lipikas* são mencionados em *A Doutrina Secreta* como os Senhores do *Karma*, como registradores do *Karma*. Parece como se fossem seres externos.

R: Não, os *Lipikas* não são seres pessoais, embora essa ideia tenha sido aceita por muitos estudantes teosóficos que interpretaram mal as declarações de *A Doutrina Secreta*. Que tais seres praticamente "manipulam" o *Karma* é alheio a todo o ensino.

Existem, como partes componentes de cada ser humano, princípios, que são extraídos das sete grandes hierarquias do ser. A ação, sempre que realizada, é através de, e sentida por, um ou outro ou todos esses princípios, e há registro do efeito geral e individual produzido – tudo o que é bom e tudo o que é mau – entre essas hierarquias a quem os princípios pertencem. A ação encontra seu próprio lugar e foco de reação. Cada hierarquia tem sua própria individualidade como *uma massa*; a individualidade não é característica das unidades. Consequentemente, os *Lipikas* podem ser considerados os pontos de registro dos efeitos gerais e individuais do *Karma*; embora esta afirmação exija como um modo de explicação a geometria, que é uma expressão na forma da reação de todas as forças da Natureza.

P: Como, então, podemos nos tornar sem *Karma*?

R: Nunca poderemos nos tornar sem *Karma*, no sentido de estarmos livres do *Karma*, pois o *Karma* opera em todos os seres, desde o menor átomo até o ser superior do Universo. Mas quando deixamos de agir de qualquer forma para benefício pessoal, quando a causa é sempre universal em sua ação, então os efeitos são proporcionais com a lei. Nós não temos *Karma* porque não estamos aplicando a lei; somos apenas seus agentes e focos.

P: Pode um indivíduo livrar a si mesmo do *Karma* nacional de uma nação egoísta?

R: Uma nação se torna egoísta por seus indivíduos, e o egoísmo fará guerra entre indivíduos, classes de homens ou massas de homens, já que a guerra começa dentro do homem, não fora dele. Mas se um indivíduo não concorda com as ideias egoístas que governam sua nação, nem com os métodos seguidos de acordo com elas, e se ele protesta contra sempre que pode, então ele não está conectado a elas. Ele está no meio de tudo isso sob o *Karma*, e qualquer que seja o *Karma* que cabe a ele por sua conexão em alguma parte, ele o receberá, mas ele cortou a conexão com a ideia nacional no que diz respeito a qualquer futuro *Karma*.

P: *Não estão todos os trabalhadores no socialismo, nos sindicatos e em áreas semelhantes ajudando a mitigar o Karma* nacional?

R: Sem dúvida, todos são sinceros em sua devoção e sacrifício por esse motivo; mas que melhoria permanente pode vir se estiverem trabalhando por coisas erradas de maneira errada? Seu motivo está totalmente relacionado com a existência física, prosperidade, facilidade, conforto. Nenhuma tentativa nesse sentido pode trazer qualquer benefício duradouro, como testemunham várias das chamadas reformas que vieram e se foram – reformadores com elas. Onde estão seus sacrifícios? Todos nós procedemos da mesma Fonte e estamos todos viajando em direção à mesma meta; mas nunca obteremos métodos corretos e relações corretas até que entendamos nossa própria natureza e ajamos de acordo com ela. Essa é a única maneira de mitigar o *Karma* nacional ou individual.

P: Mas se cada um tivesse uma educação, ele poderia ser capaz de compreender essas coisas?

R: A educação de uma pessoa não faz diferença essencial. Qualquer homem pode entender a justiça. Ele pode entender que o mérito é a única coisa que pode trazer mérito, e ele pode entender o suficiente para cumprir seu o dever para com sua família e todos os outros. De um modo geral, os homens pensam que o mundo lhes deve a vida, oportunidade, educação. Tudo o que precisamos considerar é que *devemos nossos serviços ao mundo*. A situação de cada homem depende de qual realmente é a sua natureza. Se um homem é bom, justo e nobre em sua mente, ele não precisa de melhores condições para comportar-se assim. O mero viver sob vantagens educacionais não significa conhecimento ou compreensão das causas da opressão. Além disso, nenhuma pessoa com disposição para aprender deixará de encontrar uma maneira de aprender, independentemente das condições.

P: O que, então, impede os homens de entender o correto e o incorreto, e essa justiça que chamamos de *Karma*?

R: Eles assumem a posição de irresponsabilidade, por ressentimento com uma suposta injustiça; eles esperam colher onde não semearam; eles estão procurando alguma coisa para si mesmos. Então, eles estão prontos para ouvir qualquer uma ou todas as várias panaceias oferecidas, e ir atrás de tudo que promete algo em troca de nada. Eles não olham para dentro; eles não são humildes; eles não perguntam qual é o propósito do Homem Interno; como é que eles são como são, e não estão em algum outro lugar sob outras condições.

P: Você acha que somente a compreensão dessas ideias de *Karma* e Reencarnação podem salvar a nação de problemas internos?

R: É a única saída. Até que os homens entendam que não estão aqui por uma única vez, que tudo o que eles recebem, eles merecem, teremos tantos e piores problemas do que já tivemos, pois quanto mais tempo durar, mais intensas serão as reações. Mas, talvez os homens ouçam essas verdades evidentes e óbvias apenas quando houver uma subversão e destruição tão absoluta que eles tenham que parar e pensar.

Como os Mestres fariam se pudessem salvar a humanidade! Eles têm feito tudo o que podem. A Mensagem está aqui e é nossa única esperança. Jesus disse: "Ó, Jerusalém, quantas vezes eu quis reunir os teus filhos, como a galinha acolhe os seus pintinhos debaixo das suas asas, mas vós não aceitastes!" E Jerusalém foi destruída. Não precisamos pensar que não existe o mesmo perigo para nós. Não há nada em nossa civilização que seja duradouro – ferrovias, livros, edifícios – nem uma única relíquia sobraria depois de uns cem anos. Portanto, se existem aqueles que têm olhos para ver, que têm ouvidos para ouvir e que podem compreender, portanto, que trabalhem o tempo que puderem para colocar essas ideias diante de seus semelhantes, para que as ideias se espalhem e façam os outros pensar.

P: Então a compreensão de um número relativamente pequeno de indivíduos proporcionaria as condições certas?

R: Deixe-os tentar. As condições certas só podem surgir quando os indivíduos "seguem o Caminho". Quem, então, vai fazer isso? Não há ninguém que impeça alguém de viver uma verdadeira vida teosófica. Mas o que é necessário primeiro é a compreensão da vida teosófica. Pode ser vivida em qualquer lugar, sozinho ou em grupos, pois é uma vida de ideias corretas. A única maneira de obter melhores condições é por meio de melhores ideias. Melhorar as condições sem melhorar as ideias apenas coloca os homens em uma posição mais favorável para agir com base em ideias erradas, dando-lhes a oportunidade de explorar seu egoísmo.

P: O mero desejo de ajudar a humanidade sofredora não abriria finalmente uma porta para a ação?

R: Se realmente desejarmos ajudar a humanidade, esquecendo-nos de nós mesmos, trabalhando para os outros sem pensar em sucesso, fracasso ou recompensa, as portas se abrirão para nós, assim que estivermos prontos. Isso é lei.

P: Se alguém deseja benefício para o todo, ele próprio se beneficia por esse desejo?

R: Devemos lembrar que um *desejo não é uma condição.* Um mero desejo não vai muito longe, a menos que estabeleçamos as condições que potencializem e ativem o desejo. Se desejarmos beneficiar a humanidade, a pergunta é: o que estamos fazendo para produzir esse benefício? O que temos que fazer é parar de pensar em nós mesmos, parar de imaginar para nós mesmos, parar de pensar em como iremos nos sair. Pois esse "nós" é a personalidade, que está sempre mudando, de ano para ano, de mês para mês, de dia para dia.

P: Quando o nosso *Karma* não permite que tomemos parte ativa para minorar a tensão das condições do mundo, qual deve ser nossa atitude mental em relação a elas?

R: É manter uma atitude alegre, calma e confiante, percebendo que os moinhos dos deuses moem lentamente, mas moem excessivamente fino; que o *Karma* está causando ajustes que devem trazer uma compreensão, pelo menos em algum grau, da fraternidade universal, impossível sob quaisquer outras condições. Mas se nos sentamos desanimados e dizemos que não há nada a fazer e que nem adianta fazer nada, porque as pessoas são egoístas e nunca vão entender, então nada pode ser feito. Devemos estar sempre confiantes com a maior determinação de manter a atitude correta com base no pensamento que a Teosofia apresenta, trabalhando sempre pelo direito, pelo princípio, pela liberdade da Alma.

P: No entanto, trabalhar sob essa base não produz bom *Karma,* pelo que se pode julgar pelo *Karma* de Jesus na cruz.

R: A questão não é se estamos trabalhando para um *Karma* bom ou um *Karma* ruim, mas se estamos tentando fazer a coisa certa. No caso de um Ser como Jesus é preciso às vezes tomar um corpo da raça, para que Ele se comunique com o povo, ensine-o e ajude-o como só se pode fazer por meio de um corpo semelhante ao deles. Ele toma o corpo de uma família, necessariamente, e cumpre seu *Karma* como membro dessa família, considerando-o fisicamente. Ele mitiga o *Karma* da família ou da raça, meramente experimentando seu *Karma* corpóreo, e, ao corrigir os defeitos da família, eleva desta forma esse *Karma* familiar.

P: Então, ele então finalizou esse *Karma* naquele momento e ali mesmo?

R: Só no que diz respeito a esse corpo. Mas mesmo o Ser mais elevado que entra em um corpo físico para compartilhar uma mensagem, por Sua própria atitude e por Sua própria ação, e pela Mensagem que Ele deve trazer, encontra-se em desacordo com a ordem estabelecida das coisas, e colhe insultos, calúnia, difamação e maus tratos de todos aqueles que se opõem a Ele. Ele merece isso? Não; não é o Seu *Karma*, mas o *Karma* daqueles que O perseguiram, caluniaram e maltrataram.

P: Um teósofo temeria praticar o mal para evitar que chegue um mau *Karma* para si?

R: Ele temeria fazer o mal, não por causa do *Karma* ruim que viria a ele, mas porque ele sabe que não deve praticar o mal. Ele sabe apenas fazer o bem, mas se fizer o mal deve necessariamente temer, pois as consequências são certas; está diante dele o fato de que o mal não recai somente sobre ele, pessoalmente considerado, mas deve se reproduzir sobre outras pessoas que têm essa tendência. Não foi Jesus quem disse: Com a mesma medida com que medirdes aos outros, assim também sereis medido. "Irão vos colocar no regaço medida boa, cheia, recalcada e transbordante, porque com a mesma medida com que medirdes, sereis vós medidos também." [Lucas 6:38]. Se somos teósofos, sabemos como calcular o custo e podemos calcular de antemão os juros compostos que acompanham as ações más. Por outro lado, não devemos procurar proteção para nós mesmos contra as más ações, mas pense e aja de forma que nenhuma proteção seja necessária; nada além do bem pode nos afetar se pensamos fazer o bem, agir bem e sentir o bem. O erro não chega a nós de outra forma senão por nosso pensamento maligno e egoísta.

P: A natureza espiritual do homem nunca é afetada pelo *Karma*?

R: Não; o Espírito Imutável no homem não é afetado em sua natureza, ou alterado por qualquer coisa que possa experienciar, mas tem seu aumento de poder e conhecimento através de várias fases de evolução e avanço. Não cometamos o erro de buscar qualquer finalidade, a não ser do ponto de vista da progressão contínua. Um estado de perfeição como finalidade seria a estagnação. Em um Universo infinito, existem oportunidades infinitas, e quaisquer que sejam os níveis de conhecimento ou poder que possam ser alcançados, sempre haverá outros campos de ação mais além.

P: É a tendência do *Karma* a de restaurar sempre o equilibrio, de modo que no final de um *Mahāmanvantara* todo o *Karma* entre os seres seja ajustado, ou que o equilíbrio seja absolutamente restaurado?

R: Não há tal coisa como um reajuste completo, no sentido de que todos os seres são reajustados individualmente, assim como não há uma paralisação da interação de toda a massa. Da mesma forma, quando nossa ação física cessa por causa da morte do corpo, o *Karma* ainda não foi reajustado, mas espera nosso retorno a um corpo onde possamos prosseguir com ele. Deve haver sempre, para qualquer evolução, efeitos ainda não ajustados. A taxa de progresso de qualquer ser está de acordo com o progresso de toda a massa durante o *Manvantara*; assim, seu progresso é compartilhado ou controlado pelo *Karma* universal do qual ele faz parte. No final de um *Manvantara*, então, pode-se dizer que há um período de assimilação, ao invés de um de ajuste completo, o que, entretanto, permite que outra base seja tomada por toda a massa de seres envolvidos.

P: Então o *Karma* fica apenas suspenso temporariamente?

R: Sim; pois o tempo não é um fator no ajuste do *Karma*. É uma questão de condições.

P: Mas não é possível encontrar o tempo de reação de uma causa previamente estabelecida?

R: As reações puramente físicas podem, é claro, ser verificadas, mas quando chegamos às reações mentais, o tempo envolvido é afetado pelas condições em que nos colocamos ou nos encontramos. *Nós* fazemos as condições favoráveis para a reação. O *Karma* pode existir no sentido de que a causalidade foi adiante e o efeito foi sentido por outros, mas podemos ainda não estar naquela condição em que podemos fazer o ajuste, porque outro *Karma* está operando tão fortemente a ponto de manter esta reação particular parada. Diz-se que quem entende o *Karma* entende os limites do tempo, e quem entende os limites do tempo entende o *Karma*, mas esse entendimento não será nosso até que entendamos o funcionamento das causas, e isso no momento não é necessário. Se pudéssemos saber agora, exatamente, quando viria a repercussão de uma ação, provavelmente gastaríamos todo nosso tempo imaginando o que poderíamos fazer para evitá-la, para melhorá-la ou para arranjar a condição certa para recebê-la. A coisa a fazer é encarar tudo e qualquer coisa exatamente como surge. Não devemos assumir a posição de guardar dinheiro para um dia de necessidade, que isso é apenas uma suposição para nós mesmos. "Basta a cada dia o seu mal". Cuide do hoje. Não importa a próxima hora. Cuide disso. Cuide de cada momento, cada hora, conforme vai passando, não temendo nada, sem duvidar de nada, com total confiança, confiando na Lei de nossa própria natureza. Se sentirmos nossa responsabilidade e agirmos da melhor maneira possível para o bem de todos, sem pensar em qual será o efeito para nós mesmos, então estaremos ajustando e trabalhando o *Karma* da melhor maneira possível.

P: O *Karma* bastante positivo não pode superar rapidamente os efeitos do mal?

R: Não, não pode; os efeitos de cada um devem seguir seu curso, embora duas classes de *Karma*, igualmente fortes, se são de natureza oposta, poderiam se neutralizar por um tempo e permitir a operação de uma classe mais fraca de *Karma*. Mas se estamos falando dos efeitos sentidos por um corpo, podemos saber que eles são apenas uma pequena porção do *Karma*. Não importa qual seja o *Karma*, seja ruim ou prejudicial, seja bom, se a atitude de quem está passando por ele for correta, ele surge como uma oportunidade. A única maneira de diminuir os efeitos do *Karma* ruim é tomar a atitude certa em relação a ele. Quando chegam os bons tempos, podemos semear boas causas; quando os tempos difíceis chegam, ainda podemos tentar semear boas causas, usando a oportunidade para ganhar força, coragem e compreensão da vida. Parece que estamos sempre tentando evitar o *Karma* maligno e obter o *Karma* bom para nós, sendo que o que devemos fazer é fazer uso de tudo que vier. Dessa forma, pagamos nossas dívidas a um devedor que não podemos evitar – nós mesmos. Não nos esforcemos para tentar evitar nada, mas vá direto ao trabalho que está diante de nós. Então a alma começa a agir, a vontade começa a agir e o poder da vontade aumenta. Não há vontade operando com uma personalidade vacilante e inconstante, com medo disso e daquilo, com medo de que não seja capaz de suportar isso ou aquilo. Somente o sentimento de responsabilidade nos tirará dessas considerações pessoais.

P: O melhor *Karma* seria, então, eliminar o *Karma* ruim?

R: Bem, digamos que nada é bom e nada é ruim, tudo é oportunidade – a melhor oportunidade, porque a alma sabe o que precisa para aumentar seus poderes e manter sua energia. Às vezes, não reconhecemos nossas oportunidades, pois elas estão ocorrendo a todo o momento. Cada evento é uma oportunidade – até mesmo a passagem de pessoas na rua, e os pensamentos e os sentimentos que elas despertam em nós; o que sentimos em relação aos outros, nossas relações com eles, nosso contato com eles, nossas relações familiares, sociais, de negócios e nacionais – todas essas são oportunidades a serem aproveitadas de todas as maneiras; cada uma delas constitui *Karma*. Nosso contato com a Teosofia é uma oportunidade *kármica*.

P: Seria possível distribuir o *Karma* por um longo período de tempo?

R: Novamente, isso depende da atitude que temos. Podemos distribuir o *Karma* por um longo período de tempo, ou podemos nos apressar, porque somos seres autoconscientes, e esse fato sempre significa que temos o poder de escolha. Nossa atitude muito diferente em relação à vida devido ao nosso estudo da Teosofia tem a tendência de acelerar o *Karma*; ou podemos dizer: conforme nos apressamos, encontramos o *Karma*.

P: O *Karma* pode ser precipitado mesmo que seja muito pesado?

R: Nenhum de nós, talvez, teria a disposição ou a coragem de ir tão longe a ponto de sermos incapazes de suportar o fardo do *Karma*. Nunca teremos um fardo que não possamos carregar, embora possa parecer muito pesado. Devemos esclarecer aquilo em nós que não é correto, justo, e que não nos permite agir como devemos. Quanto mais rápido fizermos isso, melhor, mas acelerar somente o tanto que pudermos suportar. Apressamos tanto o *Karma* benéfico quanto o ruim, é claro, mas o homem que não confia em seu *Karma* passado para o bem ou para o mal não pode progredir muito rapidamente.

P: O *Karma* não gasto permanece inerente ao ser na forma de depósitos mentais?

R: É impresso ou tatuado em sua própria natureza imperecível. É por isso que dizemos que um homem traz consigo suas próprias condições, quaisquer que sejam. Como ele poderia sair de seu descanso no *Devachan*, ou após um *Manvantara*, e continuar com a evolução novamente, se não houvesse nada com que prosseguir? Deve ser lembrado que *Karma* é *causa*, tanto quanto efeito.

P: Ao retornar à vida terrena, o ego compreende completamente a justiça da reencarnação e realiza a tarefa de boa vontade?

R: Certamente. Depois de deixar o *Devachan*, e antes do renascimento, o ego tem uma oportunidade por sua própria natureza de perceber exatamente quais devem ser os resultados do nascimento vindouro. Em seguida, ele mergulha para resolvê-lo por meio das condições em que o *Karma* o colocou; ele não pode resolver isso a partir da condição egóica. É um *Karma* ruim ser colocado aos cuidados de pessoas cujas ideias são absolutamente errôneas, mas se nossa intenção tem sido fazer a coisa certa, e nos mantivermos nesse curso, então sempre algo dentro de nós nos impedirá de receber como verdade qualquer coisa que não seja evidente por si mesma.

P: O destino, então, está intimamente conectado com o *Karma*?

R: Depende de como você olha para isso; isto é, se você colocar o dedo no fogo, o "destino" será uma queimadura. A hora de decidir o destino foi antes de colocar o dedo no fogo. O único "destino" é aquele que vem de nossas próprias decisões.

P: Nem todo *Karma* começa no Plano Mental, não importando onde os efeitos são sentidos?

R: O *Karma* começa e é sentido no Plano *Manásico*, como é facilmente visto ao considerarmos que não importa o que aconteça com alguém, fisicamente ou de qualquer outra forma, *a menos que ele pense sobre isso*, não fará diferença para ele quanto à felicidade ou infelicidade. Se de qualquer forma ele é sentido, então, o *Karma* começa e termina no Plano *Manásico*, e aí reside a razão para manter a atitude correta; e ver que o *Karma* nos traz o que precisamos para remediar os defeitos de nossa natureza e fortalecer nossos esforços. E são os esforços que contam. O sucesso ou o fracasso não têm consequências, mas o esforço permanece conosco, como uma parte de nós mesmos; a energia gasta no esforço nunca nos deixa.

P: *Não mudamos o Karma* dos planos inferiores para os planos superiores?

R: Nós não mudamos o *Karma*, mas mudamos nosso pensamento pessoal; isto é, obtemos *Karma* no lugar em que estamos. Não pode nos atingir onde não estamos. Nós próprios somos as variantes, não as coisas que ocorrem.

P: Não é o dever de um homem cumprir as leis de seu país, quer ele as aprove ou não? Não é esse seu dever *kármico*?

R: Nascidos sob essas leis e compelidos por elas, visto que são feitas de acordo com as ideias de nossos semelhantes, não devemos ter nada com que nos preocupar, a não ser cumprir nosso dever para com nossos semelhantes. Por que deveríamos reivindicar uma superioridade sobre nossos semelhantes a qual não possuímos, visto que dependemos deles para nossa existência? Mesmo que eles tenham determinado mover-se em uma certa direção que não está de acordo com nosso pensamento, e não possamos sair da multidão, ainda assim, o tempo todo, cada um pode ser um ser espiritual. Um soldado pode fazer tudo o que seus superiores mandam, mas isso não pode impedir que seu pensamento, vontade e sentimento trabalhem na direção certa, e então ele tem sua oportunidade – uma oportunidade maior, talvez, na guerra, do que ele teria em paz, por causa das próprias dificuldades que ele apresentava para vencer. A guerra atual nos tirou da dura rotina do pensamento. Se, pela destruição de milhões de homens, outros milhões forem levados a pensar como nunca antes, se forem feitos para se sacrificar, para ver o uso e o benefício do sacrifício, então muito será ganho para o mundo. Se, também, uma nova base for estabelecida, então aqueles que morreram como expiação vicária por nós, voltarão em um tempo infinitamente mais favorável do que nunca antes para a humanidade. Não há nada perdido; nenhum trabalho é em vão.

P: Qual é o significado do "Muro de Proteção" mencionado em *A Voz do Silêncio*?

R: Os Mestres são o grande Muro de Proteção. Enquanto aqueles grandes seres não têm controle sobre a escolha dos seres humanos, Eles têm controle sobre os seres menores e as forças menores da Natureza, e podem conter catástrofes que nos esmagariam, vindo sobre nós sem controle dos reinos abaixo de nós, visíveis e invisíveis; onde em nossa ignorância despertamos muitas forças inimigas. Embora os Mestres, por uma questão de razão e de fato, não tomem parte ativa na guerra que está, neste momento, acontecendo, na medida em que podem controlar as condições climáticas e outras interferências materiais, que podem afetar negativamente o lado certo, eles o fazem. *Karma* é a nota chave para todas as condições, pois governa o menor átomo, bem como o ser espiritual mais elevado; ele governa homens, animais, mundos e períodos de evolução, em suas ações individuais e em suas interações coletivas. Em seu sentido mais amplo, *Karma* é ação; todo efeito flui de alguma ação, de alguma causa precedente, e a reação é apenas a continuação dessa ação. *Karma* é a base da evolução; o oceano da vida se separando em suas gotas constituintes, depois do *Pralaya*; é a ação, em continuação das ações passadas que entraram naquele período assimilativo e dele saem como uma causa. *Karma* é o meio pelo qual a evolução prossegue. O benefício de entender o *Karma*, no entanto, não é ser experimentado seguindo o mundo, raça ou *Karma* nacional, mas no estudo de nossas próprias linhas e vidas pessoais, e a aplicação e relação desse estudo com as leis universais. Nós somos o *Karma*; nós representamos o *Karma*; como pensamos, somos os criadores do *Karma*. Não há *Karma* a menos que haja um ser para fazê-lo ou sentir seus efeitos, e como cada ser em seu grau tem o poder de agir, perceber e receber os efeitos da ação, deve-se perceber que *Karma* não é uma lei imposta ao homem por deuses, demônios, homens ou seres de qualquer classe, mas é inerente a todos os seres; portanto, é a lei da justiça absoluta, e cada homem é responsável por seus próprios assuntos externos, condições e circunstâncias, por seu caráter, qualidades e tendências, por sua natureza mental, moral, psíquica e espiritual, em todos os planos de consciência. Ele é igualmente responsável pelos efeitos de seu pensamento e ação em seus semelhantes e nos reinos abaixo do homem; ele não pode se salvar às custas de qualquer outro ser, nem pode ter verdadeira felicidade enquanto qualquer um de seus semelhantes sofrer. Como ele é um ser autoconsciente com o poder de adquirir qualidades e de manipular as naturezas inferiores, cabe a ele compreender a natureza de todas as coisas para que possa usá-las com beneficência. Somente quando o sentimento de responsabilidade, que é o início da abnegação, leva os homens ao esclarecimento de suas mentes e à conformidade de sentimentos, pensamentos e atos com a verdadeira razão de ser da vida, esse entendimento pode ser obtido. As leis e os princípios da existência – a verdadeira razão de ser da vida – são apresentados pela Teosofia; portanto, o contato de cada homem com ela é tanto uma oportunidade quanto uma responsabilidade, para a qual ele foi submetido pelo *Karma*. Ele pode aproveitá-la ao máximo ou pode negligenciá-la a fim de deixar de obter ou estender seu benefício. Assim, sua recusa em tirar vantagem o tornará menos determinado, em alguma outra vida, a cumprir o propósito de sua natureza, que caso seja negligenciado o derrotará, sob quaisquer circunstâncias ou pressão, o que ele percebe estar conduzindo-o na direção correta. . Mas sempre haverá aqueles que testarão a Teosofia em suas próprias vidas, aprenderão o que ela é, e continuarão o trabalho até o fim. Eles, em seu próprio tempo, devem vir a ser os líderes e pioneiros da humanidade, aprendendo, mesmo que o aprendizado leve séculos de sofrimento. Se a luz da Teosofia pura for mantida acesa com clareza, ela será a luz salvadora de todo o mundo. Assim deve ser. Mas a questão é: quem serão os portadores da luz?

Capítulo 12

Kāma-Loka

O primeiro estado após a morte. Onde e o quê são o céu e o inferno? A morte do corpo é apenas o primeiro passo da morte. Uma segunda morte depois disso. Separação dos sete princípios em três classes. O que é *Kāma-Loka*? Origem do purgatório cristão. É uma esfera astral com vários graus. Os *Skandhas*. A concha astral do homem no *Kāma-Loka*. É desprovida de alma, mente e consciência. É o "espírito" das salas de *sessões*. Classificação de conchas no *Kāma-Loka*. Magos negros lá. O destino de suicidas e outros. Inconsciência pré-devachânica.

P: O capítulo fala de *Kāma-Loka* como um lugar; é um lugar meramente em um sentido metafísico?

R: É um lugar "fisicamente" no sentido de que é um grau de substância – a substância astral ou atmosfera que circunda a Terra a uma distância apreciável – composto das emanações físicas e psíquicas da Terra. Mas é um "lugar" metafísico no que diz respeito à consciência da pessoa envolvida.

P: Então o Plano *Kāma-Loka* é o Plano Astral?

R: É. Não vamos a nenhuma localidade específica para alcançá-lo, assim como não vamos a qualquer lugar em nosso estado de sonho. Simplesmente estamos nesse estado. *Kāma-Loka* é como o estado de sonho, no sentido de que é temporário; quando a energia que gerou os sonhos se esgota, sejam eles bons ou ruins, o homem entra em sua própria natureza como pessoa.

P: Se o *Kāma-Rūpa* é desprovido de consci*ência, como pode o Kāma-Loka* ser comparado ao estado de sonho, no qual a consciência está ativa?

R: Não é declarado que *Kāma-Loka* é desprovido de consciência. Estamos, ou podemos estar em *Kāma-Loka* agora mesmo como nos sentimos, mas não somos *Kāma-Rūpas* [*Rūpa* = forma, corpo; *Kāma* = desejo]. Um homem mergulhado em um estado de escuridão está em *Kāma-Loka* tanto como se tivesse se livrado de seu corpo. Não devemos confundir o corpo, ou veículo, com a consciência que o utiliza. Vamos lembrar o tempo todo que nós, como Consciência, estamos trabalhando na e sobre a substância; não devemos confundir as formas produzidas pela Consciência com a própria Consciência.

P: Em quanto tempo o Homem Real deixa o estado do *Kāma-Loka*?

R: O Homem Real fica apenas por um curto período de tempo, após a morte do corpo, conectado com o *Kāma-Rūpa*; durante esse tempo, ele está ligado a ele tanto quanto pode estar ligado ao corpo físico no momento; mas ele quase imediatamente solta este corpo *kâmico*, assim como ele deixa ir o físico. O Homem Real, em casos comuns, entra praticamente de imediato no estado *devachânico*. O *Kāma-Rūpa* começa a se desintegrar imediatamente, e continua se desintegrando muito rapidamente, se não for reforçado por práticas mediúnicas e outras.

P: Não poderia haver alguns casos em que o Homem Real seria detido em *Kāma-Loka?*

R: Os princípios mais elevados de um materialista absoluto, ou de alguém que deu os primeiros passos em direção à magia negra, ainda estão realmente conectados com o *Kāma-Rūpa*, mas, caso contrário, apenas algum tipo de desejo interno por algo, fortemente sustentado, poderia deter o Ego. Em geral, não seria esse o caso, pois quando o corpo morre, as bases dos desejos, ou seja, os órgãos perdem seu poder de excitação. A memória de cada célula e de cada órgão se desvanece, quando eles não fazem mais parte de um ser orgânico, e assim não surge mais desejo. Pode haver um período de apenas cinco ou quinze minutos ou um ano, quando nossos desejos correriam nos moldes que havíamos sustentado durante a vida, mas eles não podem se renovar muito bem, pois não há assento para seu funcionamento. Apenas algum desejo insatisfeito e muito forte mantém um *Kāma-Rūpa* existindo por um longo tempo, e o corpo de desejos pode ser renovado apenas por alguma pressão externa. Mesmo que um *Kāma-Rūpa* existisse como uma massa coerente de tendências por centenas de anos, isso não significaria que o Ego estivesse conectado a ele. Se ele estivesse conectado, ele teria algum controle.

P: O corpo *kâmico* existe então como uma entidade separada e à parte do homem que o deixou?

R: Vamos lembrar no início, depois e sempre, que o Homem Real tem seus constituintes visíveis e invisíveis. Os constituintes visíveis estão no corpo; os constituintes invisíveis estão no corpo astral. Quando o corpo está ocupado, o homem está lá – o poder controlador. Quando ele abandona o corpo, o corpo permanece o que era. Quando ele deixa seu corpo astral em *Kāma-Loka*, ele permanece exatamente como ele o deixou. Ele não está detido em *Kāma-Loka*, mas seus restos mortais estão lá, assim como seus restos mortais no Plano Físico, por um tempo ou duração maior ou menor. Os restos mortais não estão conscientes de forma alguma; são inúteis para o homem e incontroláveis por ele. Mesmo que eles possam ter algum efeito sobre ele, mesmo assim ele não está consciente do fato. Se ele estivesse consciente, ele teria controle sobre eles; sua vontade seria operativa. Mas ele não está lá de fato.

P: Existe algum sofrimento em *Kāma-Loka?*

R: Não para o Ego. Os desejos e paixões que constituem o *Kāma-Rūpa* voltam à sua própria natureza e tornam-se ainda mais felizes com a mudança. Eles pertencem ao mundo animal ou *kâmico*, não à matéria astral.

P: Mas ainda não somos responsáveis pelo *Kama-Rūpa*, mesmo quando deixamos *Kāma-Loka*?

R: Sim; *Kāma-Rūpa* é como uma máquina que não sabemos como operar e controlar. Se causar danos a outras pessoas, ainda somos responsáveis pelos danos. Temos que assumir o controle dessa máquina velha e continuar trabalhando até saber como controlá-la.

P: Você diria que a condição no *Kāma-Loka* é meramente uma continuação da existência física, no sentido que muitos de nossos sonhos são?

R: Na maioria dos casos, aquele que morre de morte natural tem uma existência no *Kāma-Loka* análoga ao tempo do estado de sonho que precede o sono profundo; mas sentimentos e desejos do tipo de inveja, vingança, raiva, luxúria, permanecem ali como forças, que continuam operando depois que o homem não tem mais contato com elas. Ele encontrará os resultados dessas operações quando voltar.

P: Podemos chamar o *Kāma-Rūpa* de corpo de pensamento?

R: Não, não é um corpo de pensamento; é o resíduo do pensamento – o efeito do pensamento sobre a substância, ou sobre as vidas que a compõem. Cada pensamento que temos se aglutina com alguma pequena vida e lhe dá direção e impulso, mas já que essa vida, por si mesma, não é consciente, ela repetirá o impulso dado a ela até que a energia se extinga. Conjuntos desse tipo de vida serão coerentes por algum tempo após a morte do corpo, e mesmo depois que a pessoa for para o *Devachan*. O *Kāma-Rūpa* existe depois que a personalidade o deixa, assim como ocorre com o corpo físico depois que a alma se afasta dele; ele ainda existe como um corpo, em suas vidas, e tem seu efeito em outros organismos.

P: Os *Kāma-Rūpas* realmente nos afetam ou nos movem astralmente?

R: Eles existem completamente desprovidos de consciência ou orientação de qualquer tipo, soprados por toda atração ou repulsão. Eles não têm vontade nem consciência, e podem nos afetar apenas quando os atraímos por meio de fortes sentimentos, manifestando luxúria, raiva ou inveja.

P: As três classes de *Skandhas* são as vidas dos vários planos?

R: Os *Skandhas* são as vidas mais os impulsos que receberam essas vidas. Todas as vidas pertencem a quem as desenvolveu, e tudo o que elas sabem é a direção que lhes foi dada. Elas não têm poder de escolha; não podem iniciar o impulso, mas meramente recebê-lo. Portanto, os *Skandhas* são nossas tendências, a qualidade da força que transmitimos às várias vidas nos vários planos ou departamentos da natureza, físicos, mentais e psíquicos. Impulsionamos as vidas físicas em nossos corpos; impulsionamos as contrapartes astrais que tornam a expressão física possível; impulsionamos as vidas que têm a ver com nossos processos de pensamento. Como foram incitadas por nós, elas estão conectadas a nós por atração magnética ou elétrica, e quando retornamos à Terra, nós as atraímos de volta para nós, ou energizamos os *Skandhas* das três classes, os quais, podemos ver, tornam possível a operação de diversas classes de *Karma* ao mesmo tempo.

P: Então todo o ensino a respeito dos *Skandhas* é meramente outra ilustração de causa e efeito?

R: Sim, não podemos pensar, sentir, dizer ou fazer qualquer coisa sem colocar em marcha algumas das infinitesimais vidas incolores, com as quais toda a atmosfera pulsa em toda parte, em uma determinada direção. Somos responsáveis por essas vidas porque as criamos como esse tipo de vida. Se a força colocada em nosso pensamento foi muito pequena, a direção pode durar pouco, mas pensamentos e sentimentos fortes energizam fortemente. O total dessas vidas sempre existe nos Planos Físico e Astral, e nós as atraímos de volta para nós como um agregado porque fomos os criadores e originadores delas.

P: Como é que a pessoa que está deixando o corpo faz a revisão de sua vida passada depois que o coração parou de bater e a respiração acabou, e que uma pessoa que está se afogando faz a mesma revisão, estando ainda viva?

R: Alguém que está se afogando está na própria ponte da morte, e, de acordo com o tempo que ele fica sobre a ponte, será a extensão da revisão, a qual necessariamente surgiu a partir do abandono – ou do abandono parcial – da vida física. Embora os médicos possam ter pronunciado a morte, enquanto houver uma centelha de calor animal no corpo, o cérebro ainda pensa. Porque não pode avançar, ele deve voltar, e assim o pergaminho é desenrolado desde a hora da morte ou da morte próxima, e a pessoa lê o registro de todos os seus pensamentos, palavras, ações e impressões desde o último momento até os eventos da infância.

P: Esta revisão ocorreria em um morto por uma explosão?

R: Uma morte assim não é completa. O homem ainda está vivo física, mental e moralmente, tanto quanto estava antes do corpo quando despedaçado. Ele está sem o corpo físico, apenas, assim como suicidas e criminosos executados. Todos aqueles que foram arrancados repentinamente da vida dessa maneira não estão realmente mortos; eles têm seus gostos, desejos e paixões de todo tipo, os quais podem ser gratificados somente por meio de um ser ocupando um corpo físico. Um resultado da pena capital é o aumento do crime, porque esses homens incorpóreos estimulam com suas paixões as mentes dos homens já inclinados ao mal.

P: Qual é a diferença entre o corpo astral permanente e o comum?

R: O astral comum é construído com base nos *Skandhas*, enquanto o astral permanente é construído durante a vida com base nas aspirações e esforços auto induzidos, a partir da substância astral, mas não exatamente da substância astral terrestre. Se alguém que está construindo um astral permanente dá lugar à raiva ou a maus sentimentos em qualquer direção, ele estraga sua construção, mas o antigo corpo astral "*eskândico*" é deixado em pleno funcionamento. Alguém com um astral permanente nunca têm um *Kāma-Loka*, nem um *Devachan*, pois ele sabe demais e não pode ser atraído para essas condições. Então ele volta, trabalhando não apenas com tendências, mas com aspirações, conhecimentos e esforços, que são permanentes.

P: Qual é o processo pelo qual os reinos inferiores são afetados por nossos pensamentos e aspirações? É possível elevar as vidas em nosso corpo do plano animal ao humano?

R: As vidas dos reinos inferiores que usamos em nossos corpos estão indo e vindo o tempo todo. Enquanto elas estão dentro de nossa esfera de influência, elas são afetadas por nós e carregam essas impressões de volta para os reinos inferiores. Daí elas são atraídas para um corpo humano novamente, que tem dentro de si tipos de vidas semelhantes. Algumas vidas, ou aquelas influenciadas pelo bem, permanecem no plano humano, enquanto vidas influenciadas pelo mal voltam para os reinos inferiores. Pegamos nossos corpos emprestados da terra e os renovamos o tempo todo, para que as vidas que marcamos com um impulso correto voltem para nós.

Capítulo 13

Devachan

O significado do termo. Um estado de *Ātmā-Buddhi-Manas*. A operação do *Karma* no *Devachan*. A necessidade do *Devachan*. É um outro tipo de pensamento, sem corpo físico para obstruí-lo. Apenas dois campos para a operação das causas – o subjetivo e o objetivo. O *Devachan* é único. Não existe tempo para a alma. Duração da estadia lá. A matemática da alma. A permanência média é de 1500 anos mortais. Depende dos impulsos psíquicos da vida. Sua utilidade e finalidade. Nos últimos pensamentos da morte, o estado *devachânico* é formado. O *Devachan* não é sem sentido. Vemos aqueles deixados para trás? Trazemos suas imagens diante de nós. As entidades no *Devachan* têm o poder de ajudar aqueles que amam. Os médiuns não podem ir aos que estão no *Devachan*, exceto em casos raros e quando a pessoa é pura. Só Adeptos podem ajudar aqueles que estão no *Devachan*.

P: Os seres no *Devachan* entram em contato uns com os outros?

R: Não há nenhum contato entre os seres no estado *devachânico*; caso contrário, seria mais uma existência objetiva do que subjetiva. Também não haveria possibilidade de a alma experimentar a condição celestial, se houvesse contato com outros seres, uma vez que tal contato é a fonte da maioria dos problemas que temos.

P: Então, o *Devachan* é um estado egoísta?

R: Não é mais egoísta do que a vida terrena, mas é o melhor tipo de ausência de egoísmo que conhecemos. É o céu considerado do ponto de vista das pessoas, de acordo com a existência pessoal, mas as energias trabalhadas lá são relativas aos ideais e aspirações elevados que foram mantidos em vida, e talvez prejudicados na expressão. No *Devachan*, quando aqueles princípios que ocasionaram o obstáculo às altas aspirações são removidos, então, como pessoas, começamos a trabalhar sobre eles. Não há obstrução; continuamos funcionando de acordo com nossas ideias e sentimentos; fazemos nosso próprio lugar de acordo com nossos desejos.

P: Então o ponto de vista pessoal não é perdido até o renascimento?

R: A personalidade não é descartada até que o Ego saia do *Devachan*; só então o Ego retoma sua própria natureza. O fim do período *devachânico* é o término e a consumação da personalidade. No caso de uma criança morrer antes de o Ego ter sido completamente unido ao corpo físico – antes da idade de seis ou sete anos – não poderia, é claro, haver nenhum *Devachan*, já que, na realidade, ele teria sido elaborado após a vida anterior. Esse Ego se retira para seu próprio estado, aguardando condições para renascer.

P: O que determina a duração da permanência de uma pessoa no *Devachan*?

R: As entidades são mantidas no *Devachan* pela própria força de seu estado de felicidade; eles não têm nenhum estímulo para sair dali; somente quando a força de suas aspirações de vida se esgota, eles emergem dela. Esse é o caso com a generalidade dos seres, mas se uma entidade de natureza forte e limpa entra no estado com o desejo de poder ajudar na Terra em um corpo, ela pode ser despertada de seu sono para assumir um corpo por aqueles Adeptos cuja função é realizar tais serviços. Esses Adeptos são seres livres de toda ilusão e eles próprios são capazes de agir conscientemente, não só no estado *devachânico*, mas em todo e qualquer plano de existência. Consequentemente, eles, e somente eles, podem entrar em contato real com os seres no *Devachan*.

P: Você diria que não há contato com o Ego real no estado *devachânico*, no que diz respeito a este Plano Físico?

R: O Plano Físico não tem nenhuma relação com o estado *devachânico*, embora, assim como *Kāma-Loka* está em qualquer lugar, o *Devachan* também está em qualquer lugar. Enquanto falamos em ir e vir para o *Devachan* como se fosse uma questão de espaço e distância, pode haver seres *devachânicos* exatamente onde estamos agora. Mas, por não pertencerem a este plano, não nos perturbam e nós não os perturbamos. Os constituintes do Plano Astral variam, assim como os constituintes de nossa Terra e os outros elementos mais sutis. A natureza e o elemento mais sutil dos corpos *devachânicos* podem estar aqui sem sofrerem qualquer dano ou serem prejudicados por qualquer um dos elementos mais grosseiros do *Kāma-Loka*.

P: Certamente, então, se pudéssemos nos elevar ao estado *devachânico*, poderíamos estar com aqueles entes queridos que se foram?

R: Devemos então estar no mesmo estado de vibração com eles e, sem dúvida, experimentar algo de sua bem-aventurança, pois seus sonhos felizes nos incluiriam. A força do vínculo de amor não pode ser limitada. Em nossa passagem noturna para o sono profundo, no plano correspondente ao *Devachan* deles, algo disso ocorre – cuja memória retorna conosco nos sonhos.

P: Suponhamos que dois seres que se amam, mais que tudo na vida, morram em um intervalo muito curto espaço de tempo um do outro, eles poderiam estar em contato real?

R: Duas almas simpáticas desenvolverão cada uma suas próprias sensações *devachânicas*. Cada um faria do outro um participante de sua bem-aventurança subjetiva, embora cada um esteja dissociado do outro no que diz respeito à relação mútua real. Que companhia poderia haver entre entidades puramente subjetivas? A questão de morrer dentro de um curto espaço de tempo não tem relação com o *Devachan*, onde o elemento tempo não desempenha nenhum papel; toda noção de tempo está perdida ali. A morte de um, é claro, pode enfraquecer "a vontade de viver" do outro que ainda está na Terra e apressar sua partida.

P: Mas se os habitantes do *Devachan* não retornam à Terra, como o Sr. Judge afirma no capítulo, o que então é visto nas sessões e que é identificado como a pessoa que partiu?

R: Não é o Ego; nenhuma forma materializada é a forma do espírito que a reivindica. Todas essas formas são meramente formas eletromagnéticas – meramente superfícies refletidas – modeladas em imagens vistas na luz astral e construídas a partir de material extraído algumas vezes de remanescentes de *kama-rúpicos*, e em grande parte das próprias forças vitais do médium e dos assistentes. Pode-se inferir que as seções são cheias de perigo para os assistentes, tanto física quanto mentalmente.

P: Parece haver um grande reavivamento de interesse nos últimos anos desta linha de comunicação com "espíritos" – algumas indiretas, por meio de médiuns, e outras diretas, por intermédio do tabuleiro ouija. É possível obter-se algum conhecimento nessa direção?

R: Absolutamente não. A psicologia que pode ser encontrada neste capítulo sobre o *Devachan*, apenas deve mostrar a tolice de colocar qualquer confiança nas comunicações do "espírito", sejam diretas ou indiretas. As comunicações atuais por meio dos médiuns exibem a mesma ignorância, a mesma falta de consistência e valor que eram comuns às comunicações do último quarto do século. Procuramos em vão entre eles qualquer conhecimento dos princípios e leis aplicáveis à vida diária; procuramos em vão por qualquer fundamento lógico de existência contínua, além do corpo físico.

Quanto às chamadas comunicações diretas do tabuleiro ouija, onde, é claro, *o assistente se torna um médium passivo* (o aspecto obscuro e perigoso da prática), temos apenas que sugerir a nós mesmos uma analogia, para trazer à tona seus absurdos. Supondo que fosse possível, em casos excepcionais, uma pessoa acordada se comunicar com uma pessoa que está sonhando, o relatório recebido nada mais seria do que as visões do sonhador, não transmitiria nenhum conhecimento da condição ou experiência de outros sonhadores. Aqueles que passaram para o estágio espiritual individual estão além do alcance de quaisquer médiuns, e aqueles que ainda estão no estágio astral pessoal devem ser deixados sem serem perturbados por intrusos nefastos. É absolutamente fútil tentar estabelecer comunicação com os "sonhadores" na esperança de obter conhecimento dos estados pós-morte.

P: Que medidas haveria para aquelas pessoas que não têm nenhuma crença particular em relação ao "céu", nenhum apego particular a pessoas ou atividades, mas são naturalmente benevolentes de uma maneira ampla?

R: Elas passariam rapidamente através do *Kāma-Loka* para o "céu" (para a "glória"), onde a formulação de ideias abstratas e a consideração de princípios gerais preencheria seus pensamentos.

P: A alma requer este período específico para descanso ou assimilação?

R: A alma daquele que tem experimentado constantemente a vida, sem nenhuma oportunidade para assimilar, precisa descansar de suas vicissitudes e se livrar dos impedimentos; e o *Devachan* oferece isto com o propósito de assimilação. Mas não é necessário que todos tenham um *Devachan*. Alguns podem assimilar suas experiências aqui mesmo, e essa é a melhor maneira. Na verdade, quem não deseja descanso, mas sim trabalhar no mundo por seus semelhantes, não poderia ter um *Devachan*. Ele encontra seu descanso em seu trabalho, e quanto mais modos de trabalho ele empreende, mais descanso ele obtém.

P: O lugar de poder, então, é o corpo físico?

R: O lugar de poder está absolutamente ao nosso alcance agora. Depois de abandonarmos o corpo físico, a velha máquina pessoal ainda funciona. Primeiro o mal é filtrado, por assim dizer, e então temos o que é bom. Quando esse bem se esgota, voltamos à vida física novamente. No *Devachan*, estamos limitados a um estado; na vida física, podemos estar em qualquer um dos céus ou infernos.

P. Quando vamos dormir à noite, entramos em estados mais profundos – os estados de nosso ser real. Por que, então, devemos entrar no estado *devachânico* com a morte do corpo?

R: Todas as noites nós passamos, assim como em nosso ser real, através dos estados intermediários do *Kāma-Loka* e do *De-*

vachan, em um grau intensificado. É uma interrupção para o Ego das percepções terrenas; mas, apesar disso, o Ego ainda está conectado com a vida terrena e o corpo físico. O esforço durante a vida física é do Ego. O progresso obtido é a colheita do Ego. É na vida terrena que ele estabelece sua cadeia de causas. A personalidade é apenas o campo em que o Ego atua. Durante a vida, há um ir e vir intermitente dos estados de sono do Ego; mas com a morte do corpo há um longo período que representa uma limpeza geral, por assim dizer, de todos os estados pessoais da última vida vivida e uma limitação para os efeitos. Os pensamentos pessoais devem ser trabalhados, e não são até que o *Devachan* se esgote, o Ego novamente entra em seu próprio estado e sabe o que está por vir a partir daquilo que já foi. Na vida, todas as noites ele entra naquele estado espiritual, em sua verdadeira natureza. A conexão entre *Manas* inferior e superior deve ser feita durante a vida em um corpo; não pode ser feita em qualquer outro momento. Após a morte são apenas os efeitos naturalmente decorrentes da última vida vivida que devem ser esgotados, até o último resíduo, e nestes o Ego fica privado de sua própria verdadeira natureza, a qual, entretanto, antes de retornar à vida terrena, ele reassume por um tempo.

P: O que significa retomar "sua própria verdadeira natureza" durante o sono profundo?

R: "Sua própria verdadeira natureza" é a natureza espiritual divina, que inclui todas as experiências, faculdades e conhecimento de todo o passado. Essa é a natureza do homem "perfeito", para quem não há ruptura de consciência de plano a plano, para quem sua verdadeira natureza é a realidade sempre presente. Quanto a nós, embora a consciência esteja operando o tempo todo e de maneiras diferentes, nos identificamos com o veículo ou instrumento de cada estado, e não passamos *conscientemente* de um para o outro.

P: Ao sair do *Devachan* é a existência anterior que fornece condições para um novo nascimento?

R: Não necessariamente. O efeito predominante do *Karma* de qualquer vida em que possamos entrar pode ser extraído de meia dúzia de vidas anteriores, onde o *Karma* não foi exaurido.

P: Os *Skandas* duram mais de uma encarnação?

R: Eles são tudo o que pode ter sido levado de uma encarnação para outra, e pertencem sempre ao plano da encarnação. Eles são a consumação e a essência de todas as tendências. Algumas das tendências que adquirimos em existências anteriores podem não ter tido oportunidade de se esgotar, mas nós as temos. Onde quer que haja o mal, ou tendência ao mal de qualquer tipo na raça, todo ser humano na raça possui os germes desses males e precisa apenas das condições para fazê-los germinar. Se tivermos olhos claros o suficiente para ver a natureza dessas coisas, podemos evitar as condições para sua germinação.

Capítulo 14

Os Ciclos

Uma das doutrinas mais importantes. Palavras correspondentes em sânscrito. Poucos ciclos conhecidos no Ocidente. Eles causam o reaparecimento de antigas personagens vivas. Eles afetam a vida e a evolução. Quando o primeiro momento chegou. A primeira taxa de vibração determina as subsequentes. Quando o homem deixa o globo, as forças morrem. Convulsões e cataclismos. Reencarnação e *Karma* misturados com a lei cíclica. As civilizações voltam. O ciclo dos *Avatares*. Krishna, Buda e outros passam por ciclos. Personagens menores e grandes líderes. A intersecção de ciclos causa convulsões. Ciclos da Lua, do Sol e o Sideral. Ciclos individuais e o de reencarnação. O movimento através das constelações e o significado da história de Jonas. O relógio zodiacal. Como as ideias são impressas e preservadas pelas nações. Causa de Terremotos, Fogo Cósmico, Glaciação e Inundações. Os Ciclos *Bhramânicos*.

P: Como são instituídos os ciclos?

R: Os ciclos, é claro, não são estabelecidos por algum grande ser para os seres humanos. Consideremos os ciclos da terra girando em torno de seu eixo, da lua girando em torno da Terra, de ambos girando em torno do sol, e do sol girando em torno de um corpo central, passando por várias constelações no curso de 25.868 anos. Todos esses ciclos foram instituídos pela força e inteligência daqueles seres que estiveram presentes no início da evolução deste Universo e deste Sistema Solar; é a recorrência e reaparecimento daqueles seres de tempos em tempos que estabelecem os grandes ciclos; os ciclos significam o retorno do que era antes.

P: Como você diria que o *Karma* está conectado com a lei dos ciclos?

R: Em última análise, os ciclos realmente significam *Karma*. Podemos ver que nos colocamos dentro de nossas próprias relações com as mudanças do sol por meio das várias constelações. Os signos do Zodíaco sob os quais viemos, quando lidos corretamente, nos dão um índice de como será o estado da civilização em um dado momento, porque os seres que estabeleceram relações particulares no passado imenso simplesmente retornaram e recomeçaram essas relações anteriores e as condições semelhantes.

P: Então estamos sujeitos aos ciclos como estamos ao *Karma*?

R: Assim como estamos sujeitos à reencarnação. Novamente, reencarnação significa o mesmo que ciclos. Por meio da encarnação, nos colocamos em relação com todas as coisas físicas – a Terra em que estamos, as condições nessa Terra, a relação com outros planetas e outros sistemas. Todas essas são condições que criamos; experimentamos essas condições em um corpo na Terra e estamos sujeitos a elas por causa de nosso pensamento e ação,

P: Mas somos obrigados a deixar os ciclos trabalharem sobre nós?

R: Certamente devemos experimentá-los, pois somos a causa deles. Devemos operar sob eles, mas não precisamos estar sujeitos ou controlados pelas condições apresentadas. As verdadeiras causas sempre residem por trás dos efeitos físicos. A natureza espiritual do homem é a sua força motriz, a força sustentadora – a própria Vida, a própria Consciência – por trás de tudo o que foi criado. Portanto, tudo o que está na Terra foi estabelecido em planos superiores de existência, pelas inúmeras ações de várias inteligências. Encontramo-nos física e externamente sob as condições, mas internamente temos o poder de nos elevar acima delas.

P: O homem pode chegar a um lugar onde os ciclos não operem sobre ele ou interfiram com ele?

R: Apenas em um sentido. O homem está sempre sujeito a ciclos. Quando chega a hora de dormir, por exemplo, ele não pode deixar de retrair-se em si mesmo. Mas a consciência pode estar em tal estado de atividade que não haja interrupção ou falta de memória entre os vários estados. Normalmente, o homem não sabe qual é sua atividade consciente enquanto o corpo está dormindo.

Consequentemente, ele está sujeito ao ciclo do sono em um grau muito maior do que um Adepto.

P: Se cumprirmos a lei cíclica, podemos dizer que estamos trabalhando com os ciclos?

R: O conhecimento é adquirido exatamente dessa maneira. Os ciclos percorrerão seu ciclo, estejamos conscientes do fato ou não, mas, por estarmos conscientes dos ciclos, podemos tirar proveito deles. Manter-se firme durante um ciclo de queda é tão necessário quanto fazer o avanço adequado durante um ciclo de ascensão. O fato do retorno de impressões ou de eventos de todo tipo é uma oportunidade pela qual podemos alcançar um estado mais elevado a cada ciclo subsequente.

P: Por favor, explique o seguinte na página 190: "Não se pretende demonstrar que as conjunções causam os efeitos, mas que, idades atrás, os Mestres de Sabedoria resolveram todos os problemas com relação ao ser humano", etc.

R: A conjunção dos planetas não produz o efeito; ele apenas marca a hora, como o faz o relógio zodiacal ou como os nossos relógios comuns. Não produz o efeito, mas indica quando será o efeito de uma determinada causa.

P: O que se entende na última cláusula da mesma frase – "imprimindo nas mentes das nações mais antigas a simbologia do Zodíaco"?

R: No começo da Terra estão presentes, primeiro os Egos mais velhos ou mais avançados da Terra passada. Também entram, seguindo os Egos avançados, aqueles que são menos avançados, até que todos os que são autoconscientes estejam ocupados, digamos assim, no estado inicial do globo. Além disso, vêm aqueles Egos que representam a humanidade incipiente – uma humanidade análoga à dos atuais animais superiores desta Ronda que irão evoluir em nossa sétima Ronda. Os Egos superiores, então, tendo trabalhado no primeiro globo e o estabelecido, passam para o segundo, enquanto a corrente seguinte de Egos está chegando ao primeiro estado. Os Egos mais elevados ou mais avançados são os que imprimem nos Egos subsequentes ou menos desenvolvidos o conhecimento a respeito dessas leis; é a transmissão do que foi conhecido antes.

P: Com base no fato de que o homem é um ser espiritual e sempre pode mudar seu curso, não vejo como os Mestres poderiam trabalhar com os ciclos, a menos que as pessoas necessariamente agissem de maneira muito semelhante.

R: Eles calculam os ciclos de acordo com a média da massa da humanidade, não com base na posição do indivíduo em relação ao ciclo. Um indivíduo pode assumir uma posição muito diferente daquela da massa em relação a algum ciclo, mas mesmo assim ele se move com ela e está preso a esse ciclo; ele tem que se mover com aquela raça, acima ou abaixo dela. Ninguém pode escapar da corrida a que pertence.

O efeito dos ciclos sobre nós, entretanto, ou o uso do retorno cíclico, depende do indivíduo. Se houvesse, digamos uma revolução em todo o mundo, todas as formas perturbadas, todas as ideias de valorização e propriedade destruídas, como os homens seriam afetados? Alguns seriam terrivelmente afetados; outros, muito pouco. Dependeria totalmente dos indivíduos – da medida de seu apego aos resultados produzidos por tal curso de eventos. A liberdade vem da falta de interesse próprio nos resultados de tudo o que fazemos. Se trabalharmos com as coisas, não para as coisas, para o melhor de tudo, sem nos apegarmos ao sucesso ou ao fracasso, então não seremos atingidos por tais catástrofes. Elas não podem nos atingir. Estamos interessados em seus efeitos sobre os outros e não sobre nós mesmos.

P: Então, as massas devem aprender, assim como o indivíduo, a agir independentemente do interesse próprio?

R: Essa é a posição. Se cada homem fizesse tudo o que pudesse por todos os outros homens, ninguém sofreria. Não haveria pobreza de nenhum tipo.

P: Podemos esperar um retorno cíclico do Reino do Terror[13]?

R: Sem dúvida. As mesmas condições que o provocaram na França podem causar a mesma convulsão em qualquer outro país.

---

[13] Durante a Revolução Francesa, o Período do Terror, ou O Terror, ou Reinado de Terror, ou Reino de Terror ou Período dos Jacobinos, foi um momento da história da França compreendido entre 5 de setembro de 1793 e 27 de julho de 1794. (Nota Ed. Bras.)

É significativo notar que muitos anos antes da Revolução, um certo grandioso personagem conhecido como Conde St. Germain estava em cena na França. Ele desempenhou muitas missões diplomáticas para os potentados da época e os advertiu continuamente do que aconteceria, de modo que certas mudanças fossem realizadas e certas salvaguardas fossem colocadas. Lá, uma tentativa foi feita por Aquele que sabia conter aquele *Karma*. O tempo todo o seu esforço estava na linha da verdade – da verdadeira fraternidade em seu sentido mais elevado.

P: Mas o lema da Revolução Francesa foi "Liberdade, Igualdade e Fraternidade".

R: Sim; esse mesmo lema foi usado para ajudar a fazer revolução e um derramamento de sangue – usado para propósitos destrutivos, ao invés de estar de acordo com a base construtiva espiritual que as palavras realmente representam. Um paralelo interessante pode ser observado neste país. Já em 1886, o Sr. Judge disse que este grande e glorioso país não descansaria por muito tempo, que o povo se levantaria – para quê, quem pode saber? Ele disse que se nossos legisladores soubessem o que estava por vir, e pudessem evitar seus efeitos, eles o fariam; mas que nenhuma legislação e nenhum esforço de qualquer patriota valeriam quando soasse a hora, quando os reajustes *kármicos* entre as pessoas tivessem que ocorrer.

P: Por que os homens não dão ouvidos a avisos desse tipo?

R: Muitos assumem a posição de que, é claro, tal coisa não poderia ocorrer aqui. Eles estão obcecados com a ideia de que estamos espiritualmente muito avançados e além dos tempos em que essas condições serão possíveis. Mas estamos tão avançados, como um todo? Não estamos, como um todo, buscando interesses próprios, ganância pessoal, fama pessoal e posses de todo tipo? Não existe um verdadeiro entendimento entre os homens, em geral, particularmente entre os nossos políticos e os chamados "homens de inteligência", sobre qual é o propósito da vida; consequentemente, não há aplicação do único conhecimento que ajudaria. O que está por trás da Liga das Nações[14], neste momento, em processo de estabelecimento? Interesse próprio de cada nação. É absolutamente inútil evitar o problema. Precisamos ver qual é o verdadeiro problema da humanidade. O fato é que não temos ideais reais; é cada um por si – individualismo, interesse próprio, egoísmo. No entanto, estamos conectados com outros indivíduos e com outras nações. O que acontece com eles, provavelmente, sentiremos em maior ou menor medida.

P: Se todos os homens tivessem o ideal de Fraternidade, de acordo com o apresentado pela Teosofia, poderíamos ver alguma diferença marcante nas condições?

R: Tudo depende dos ideais que os homens defendem. Se as pessoas como um todo pudessem ser colocadas na posição de ouvir a mensagem da Teosofia e aplicá-la, a miséria, o sofrimento e as privações que agora existem no mundo praticamente deixariam

[14] Atualmente Organização das Nações Unidas (ONU). (Nota Ed. Bras.)

de existir. Mas está além do alcance de qualquer poder fazer com que os homens a ouçam e apliquem. Eles devem primeiro desejar e escolher ouvir.

P: Então, estamos muito limitados em nosso poder de ajudar?

R: Ser "limitado" não nos dá nenhuma desculpa para não fazer tudo o que podemos, e isso é tudo o que qualquer um pode fazer. Se há entre uma grande classe de seres aqueles que sustentam certo ideal, e fazem o esforço necessário para isso, eles não são realmente da mesma classe que os outros, e não operam nas mesmas condições. Mas se eles permanecem constantes em ajudar os outros, a maior ajuda reverte para os demais com o tempo. Podemos chamar assim uma liga de *indivíduos* que cresceriam em conhecimento e poder e se tornariam cada vez mais capazes de ajudar todos os demais.

P: O senhor diz que a única esperança de qualquer nação é ouvir as ideias certas? Então, o que nos diz sobre a Rússia?

R: Na Rússia, eles ouviram os *líderes*. Esse é o problema aqui. Algum líder prometeu a eles a propriedade daqueles que a possuíam, sem nenhum trabalho e muito o que comer. Isso é o que eles queriam. Então eles ouviram sua promessa e, de acordo com aquilo que escutavam, ele conseguiu colocá-los sob tal disciplina que nenhum deles ousaria dizer não. Eles precisam de um líder que conheça o que é *certo* e que governe com mão de ferro pela causa do direito. Então, todos seriam impulsionados a fazer o bem para o benefício dos demais. Só dessa forma poderia ser feito na Rússia.

P: De um modo geral, ideais elevados desenvolveriam uma verdadeira linha de energia?

R: Todo ser humano é um dínamo incessante continuamente produzindo energia, e que finalmente afetará a própria Terra em que vivemos. O cérebro é um distribuidor; nenhuma energia que colocamos em qualquer tipo de pensamento é perdida, mas torna-se parte da energia da Terra. Se essa energia for devotada mais à desintegração do que aos ideais bons e construtivos, então a destruição ocorrerá não apenas na civilização, mas na própria Terra. Não há separação entre nós e os outros reinos. Estamos todos ligados uns aos outros. Vivemos nos reinos inferiores; obtemos nossos instrumentos com eles e os afetamos de forma benéfica ou maléfica. Na energia que colocamos no interesse próprio, estamos gerando uma influência maléfica, que finalmente, em curso cíclico, culminará em algum desastre. A energia gerada por ideais elevados também dará resultados, mas em algum grande benefício. Temos que aprender Teosofia, porém mais, temos que torná-la uma força viva em nossas vidas, a fim de que tenha um efeito benéfico e se espalhe além de nosso estreito horizonte de pensamento e sentimento. Temos que fornecer essa energia dinâmica, não para um canal, mas para todos. É o poder da Consciência quando liberto do interesse próprio; é o Espírito, livre de autointeresse.

P: Na página 194 [ed. bras.] se lê: "Os quatro *Yugas* são: *Krita* ou *Satya*, a idade de ouro; *Treta*, *Dvāpara*, e *Kali*, ou idade da escuridão". A natureza dos dois intermediários não é explicada. Qual seria a natureza desses dois ciclos?

R: Os ciclos são chamados de Ouro, Prata, Bronze e Ferro. A natureza de cada ciclo corresponderia de alguma forma à natureza dos metais, seus valores e seus constituintes. A primeira Idade corresponde à infância - um ciclo de inocência e pureza. Em seguida, vem a juventude com sua exuberância de vida; depois a masculinidade, quando todas as forças estão em ação - o intelecto tende a ultrapassar a natureza espiritual. A Idade do Ferro sempre surge como resultado de toda a força do intelecto sendo despendida na tendência das coisas materiais, ao invés de ao longo da linha da percepção espiritual.

P: O que se segue à Idade de Ferro?

R: Quando a Idade de Ferro chega ao fim de seu ciclo, segue-se em sucessão regular a Idade de Ouro. Mas ainda falta muito. Terminamos apenas os primeiros cinco mil anos de *Kali Yuga*, o que nos deixa com cerca de quatrocentos mil anos ainda pela frente. Digamos que em cinquenta mil anos todas as civilizações da Terra superem suas possibilidades como tais. Em seguida, vem uma grande perturbação, como as mudanças geológicas aparentes em qualquer planeta mostram que ocorreram. Essas perturbações são as reações das forças que o homem reprimiu por tanto tempo e causam uma redistribuição dos continentes. Suponha por um momento que uma grande catástrofe abateu-se sobre a Terra; que a terra desceu como acontece em tais períodos, e terras se elevaram aonde antes havia mar; que um remanescente do povo escapou e se estabeleceu nessas terras. Os que sobrevivessem se preocupariam com as primeiras necessidades da existência – comida, roupas e abrigo. As artes e ciências que existiam não teriam lugar, mas se tornariam apenas uma tradição para as crianças nascidas sob essas condições. Seus filhos teriam uma tradição ainda mais distante das artes antigas. Assim, uma fase inteiramente nova de existência seria estabelecida. As gerações vindouras, sobrecarregadas com o fardo do sustento, aprenderiam apenas as artes e ciências aplicáveis ao seu ambiente, e o ciclo do retorno das artes antigas demoraria a chegar.

Essa seria a história de nossa atual civilização ocidental. Em duzentos anos ou mais, todos os nossos marcos desapareceriam. Então, talvez em alguma outra vida, em algum outro continente surgido do mar, deveríamos estar nos perguntando que povo deixou esta ou aquela pequena relíquia de civilização. Esta civilização passará pelas mesmas fases que qualquer outra; apenas apresenta as personificações de almas que passaram por civilizações anteriores. Pois nós somos a segunda raça, a terceira e a quarta raça; a segunda se mesclou com a terceira, a terceira com a quarta, a quarta com a quinta, e assim a mesclagem com as raças futuras deve continuar. Em todas essas raças foi vivida uma era de inocência e pureza, seguida por uma era em que a pureza e a inocência decaem através do crescimento do intelecto ao longo das linhas físicas, e então o ímpeto físico da civilização continuou em toda a sua complexidade até a extinção.

P: A Idade de Ouro começou depois que adquirimos os corpos atuais?

R: Não; os nossos corpos não eram tão concretos; eles eram mais plásticos, de um estado de matéria mais sutil. Naqueles dias havia gigantes, isto é, formas muito grandes em comparação com as atuais. Essas formas tornaram-se cada vez mais concretas.

P: Que classe de Egos trouxe a Idade de Ouro?

R: A classe que agora representamos, pois devemos ter vivido na Idade de Ouro. É apenas o ciclo do renascimento das nações, análogo ao nosso renascimento em outro corpo: primeiro vem a infância, depois a juventude, a maturidade, a decadência e a morte. Em nosso atual *Kali-Yuga*, enquanto raça, estamos em nossa "maturidade".

P: Todas as nações estão agora passando pelo *Kali Yuga*?

R: Não necessariamente. Outras nações podem estar agora em sua era de inocência e pureza, mas, é claro, o *Kali Yuga* tende a se tornar mais e mais geral. Enquanto as nações forem desconhecidas umas das outras, separadas por terra e mar e, consequentemente, em inteligência, os vários ciclos podem funcionar de forma bastante independente, mas assim que a inteligência começar a se espalhar por todo o globo e houver conexão quase instantânea, o *Kali-Yuga* começa a se tornar uniforme.

P: Então os ciclos se sobrepõem e não terminam abruptamente?

R: Os ciclos sempre se sobrepõem. Não há ponto de ruptura direto. Não poderia haver um curto tempo de parada e, em seguida, um início imediato novamente. Sempre há uma fusão de uma coisa com a outra, assim como a noite se funde gradualmente com o dia. Os ciclos têm sua manhã, meio-dia, seu crepúsculo e sua escuridão definitiva, cada período fundindo-se imperceptivelmente em outro.

P: O que estabelece o ciclo de vinte e quatro horas, incluindo dia e noite?

R: No que diz respeito à Terra, o ciclo de vinte e quatro horas é governado pela sua revolução em seu próprio eixo, que ao se mover ao redor do sol nos apresenta a aparência de dia e noite. Mas, no que nos diz respeito a este ciclo, como em todos os outros, são estabelecidos por, e de acordo com as necessidades dos seres que estão sob a influência deste ciclo. Devemos lembrar que, no início, o sol e todos os planetas pertencentes a este Sistema Solar estabeleceram, por meio de suas relações e interrelações, uma ordem de movimento, ou certa taxa de vibração, que é a chave que rege todos os movimentos. Pegue o ciclo de dezenove anos da lua, mencionado pelo Sr. Judge, como ilustração, lembrando que todos os ciclos ocultos que afetam a Terra são contados pela lua. São quatro semanas e treze meses lunares. Agora, multiplicando o treze por quatro e o resultado por dezenove, obteremos um número que somará sete. O mesmo ocorre com o ciclo solar de vinte e oito anos. Multiplicando 4 x 13 e depois por 28, obtemos uma resposta em que o total dos algarismos também chega a sete. Esse mesmo sete se repete em quase todos os ciclos.

P: Isso é devido ao fato de nossa natureza séptupla?

R: É uma pista para o fato de que *tudo* é sétuplo; é por isso que são sete rondas, sete raças, sete sub-raças, sete dias da semana, sete cores, sete envoltórios da alma, etc.

P: O período de sete anos na vida do homem tem algum significado particular?

R: Sim. Os primeiros sete anos darão uma inclinação determinante para os próximos sete; os próximos sete anos têm uma influência determinante nos sete que virão, e assim por diante. Então, há outro ciclo significativo – o ciclo nove. Sempre que passarmos pelos cinco e tivermos certas coisas em movimento, os próximos quatro seguirão as mesmas linhas, porque o cinco é o equilíbrio. Assim, nove é o número perfeito, e além de ser o número da perfeição é também o número da morte, – isto é, quando há perfeição em uma direção, vem a destruição dessa perfeição e o início de um novo nove. O número dez é chamado de conclusão da perfeição, porque sete e três formam o dez. O sete é o lado manifesto da natureza – o visível; os três estão ocultos – o ciclo *Ātmā-Buddhi-Manas* –, o Espírito, o Ser e a sabedoria adquirida, e a potência criativa ativa dessa sabedoria. Os três ocultos e os sete manifestos se aplicam em todas as direções, como com números, cores e sons, os quais têm seu correspondente significado em toda a vida e manifestação.

P: Existem ciclos de cem anos?

R: Existem. A cada cem anos, os Mestres da Sabedoria têm feito uma tentativa de realizar algo melhor na forma de ideais, tais como os homens da época podem assumir, com suas ideias nesse tempo. Tal tentativa pode ser vista na formação desta República. Naquela época viviam várias pessoas, algumas das quais conhecemos na história e outras das quais nada sabemos, que tiveram a ideia de uma República da Fraternidade e a levaram adiante. Quem fez mais do que qualquer outra pessoa pelas ideias que prevaleceriam foi Tom Paine; no entanto, nenhum homem foi mais criticado pelos primeiros teólogos. Em seguida, vem George Washington. O que foi que o sustentou durante aquela luta quase impossível contra as dissensões, ignorância e o egoísmo das pessoas por quem ele lutou e que o apoiaram tão escassamente? Bem, ele tinha apoio. Há um significado maior do que parece no fato de que Lafayette veio da França e trouxe-lhe uma espada. Muitos registros, além dos registros maçônicos superiores, mostram que esta República pretendia ser uma República baseada na Fraternidade. Mas nós nos afastamos desse ideal e caímos no individualismo.

P: Um indivíduo pode ter seu próprio Ciclo Dourado no *Kali Yuga?*

R: Certamente sim, neste sentido: todo o bom *Karma* do passado de várias vidas pode vir à fruição em uma. Então ele teria um Ciclo de Ouro para aquela vida, mas uma grande quantidade de *Karma* menos afortunado permaneceria por gastar, e a próxima vida poderia trazer uma limpeza de tudo o que não havia sido limpo. O que parece bom nem sempre é bom, mas muitas vezes é ruim. Se um homem de posses, riquezas, cultura e tudo o que parece desejável no mundo, usasse essas vantagens em detrimento de seus semelhantes, ele apenas aumentaria a miséria que tem que desfazer. Na realidade, não precisamos invejar aqueles homens que estão em posições elevadas e obtendo muitas recompensas dos sistemas que administram. Eles estão na pior posição imaginável e a vez deles deve chegar. Ninguém pode fugir da Lei sem ter servido aos demais com seus ganhos. Nesta época há uma mistura de castas e devemos lembrar que há castas em todo lugar: – Os *Brahmanes*, os Guerreiros, os Comerciantes e os *Sudras*[15], quando muitos *Sudras* de coração ocupam cargos elevados e os *Brahmanes* os inferiores.

P: Haverá um ajuste cíclico das castas?

R: Sempre existe esse ajuste; isto é, as pessoas estão continuamente sendo trazidas para diferentes posições, altas e baixas, mas, em qualquer ciclo, toda a coletividade de homens em contato uns com os outros nos diferentes tipos de experiência deve ser considerada. Se os *Sudras*, quando estão no poder, o utilizam de forma benéfica, eles mantêm seu lugar elevado; e se o utilizam contra o bem-estar de todos os outros, eles devem, inevitavelmente, reassumir seus lugares como *Sudras*.

P: Existe alguma possibilidade de encurtar a Idade de Ferro?

R: Absolutamente nenhuma. Uma vez, essa pergunta foi feita ao Sr. Judge: "Podemos fazer algo contra o *Kali Yuga*?" Ele disse:

[15] Os *Sudras* são a quarta casta, aqueles que têm a natureza servil. São os trabalhadores braçais. (Nota Ed. Bras.)

"Não, mas você pode fazer muito nele". Em uma época como o *Kali Yuga*, a energia gasta tem quatro vezes mais potência do que em qualquer outra era. A própria rapidez do movimento em *Kali Yuga* torna possível fazer muito mais do que em qualquer outra era.

P: A maioria de nós está sob a necessidade de reencarnar, mas os Grandes Seres que vêm a nós encarnam por sua própria escolha. O que determina o ciclo de seu aparecimento?

R: Se os homens espiritualmente perfeitos que vêm como encarnações divinas em diferentes períodos da história do mundo não precisassem retornar, ainda haverá condições na Terra que os atraem para cá. A natureza dos Egos na Terra em qualquer determinado momento é o que produz o aparecimento de um Grande Ser. Então, também, tais Seres aparecem nas interseções de grandes ciclos, como ocorreu entre 1875 e 1898, quando três grandes ciclos se cruzaram. O primeiro período de cinco mil anos de *Kali Yuga*, que começou com a morte de Krishna, o Mestre da *Bhagavad-Gitā*, foi concluído nesta época. O ciclo de cem anos, quando nos últimos vinte e cinco anos de cada século um esforço é feito pela Grande Loja, por meio de Mestres ou seus discípulos, o estabelecer ideias melhores entre a humanidade também estava em operação. O sol, durante este período, passou de Peixes para Aquário, e ali, também, havia um sinal. A interseção desses três ciclos, então, significava várias coisas, mas um dos significados era que, naquele período ou próximo a ele, um Grande Personagem apareceria na Terra, com o conhecimento que a civilização e a mente da época permitiriam. Se quisermos saber quem foi esse Ser, precisamos apenas pensar na linha de nossos estudos. O ser conhecido pelo mundo como H.P. Blavatsky, era conhecida pelos Mestres por outro nome, como Eles declararam, e o conhecimento apresentado por Ela, ou por Ele, é o que conhecemos como Teosofia.

P: Alguma mudança marcante ocorreu entre os homens, em geral, na interseção desses ciclos?

R: Religiões, ciências, governos e povos estavam mudando. Por isso mesmo veio o Grande Personagem. As condições foram tais que permitiram aquela visita, e tornaram possível tirar dela o maior proveito. Quando as formas antigas estão mudando, as mentes dos homens estão mais abertas, e então é a hora para o trabalho que somente pode ser realizado pelos grandes seres.

P: Por que o trabalho foi iniciado neste país em 1875?

R: Porque o ciclo trouxe novamente o que existia antes. Aqui, entre este povo, os antigos egípcios voltaram; velhos persas também; velhos hindus e aqueles de outras nações antigas você pode encontrar encarnados entre nós, se souber como. Mais abaixo na escala estão aqueles que em encarnações anteriores eram os índios vermelhos da América; seu *Karma* permite que eles reencarnem na raça que os maltratou e suplantou. Também neste país existe uma agregação de indivíduos de quase todos os países do globo, de modo que uma mistura de esforços físicos está acontecendo, a qual, com o tempo, produzirá um corpo de natureza bastante diferente de quaisquer corpos físicos anteriores. Ao mesmo tempo, a natureza psíquica desses seres antigos avança, aumentando sua sensibilidade e tem sua influência sobre o esforço físico. Assim temos um grupo de Egos com um campo maior de habilidades para compreender e perceber melhor do que as classes anteriores.

Todas essas são considerações que trazem de volta Salvadores e apontam para uma coisa que devemos e precisamos entender – que Aquele que iniciou a obra, neste país, é *iniquilável.* A nossa compreensão será melhor, se, com essa ideia em mente, estudarmos os ensinamentos desse Ser e dessa Grande Loja. Quanto mais pudermos entender, a partir desse ponto de vista, mais receberemos – mais perto estaremos da sabedoria. O status desse Ser é uma grande lição que a compreensão da lei dos ciclos deve nos ensinar.

P: Por que é que os ensinamentos de Jesus, que foram limitados a um povo, recebem muito mais consideração dessas nações ocidentais do que os ensinamentos da Teosofia, que foram escritos em preto sobre branco, com um apelo para o mundo inteiro?

R: Não é um *Karma* apropriado que os egípcios agora encarnados, que escravizaram os judeus da antiguidade, sejam escravizados pelos dogmas da religião judaica? Porque não são os ensinamentos de Jesus os geralmente postos em praticados pelos chamados povos cristãos. Os verdadeiros ensinamentos de Jesus foram os ensinamentos da Teosofia. Jesus ensinou as mesmas coisas que Buda ensinou cerca de seiscentos anos antes dele; Ele apenas repetiu os mesmos ensinamentos para um povo menor, para os judeus, que eram Sua missão, como Ele próprio disse. Essa missão se espalhou para um povo despreparado para o conhecimento, mas preparado para todos os tipos de superstições e dogmas. Jesus veio em um ciclo inferior ao que trouxe Buda. Uma era de escuridão mental e espiritual estava começando, e em vez de o conhecimento ser distribuído, na verdade, teve que ser retirado da classe ignorante de Egos então existente. Mesmo na Índia, onde muito desse conhecimento antigo era mantido, e era uma questão de registro, ele era preservado separado das massas. É por isso que Jesus ensinou as multidões em parábolas.

P: Se a lei da intersecção dos ciclos aponta para o fato de um grande Ser aparecer na Terra, ela também obliteraria qualquer ideia de um sucessor, não é?

R: A interseção de três ciclos apontando para um evento muito extraordinário na vinda de certo Personagem está na raiz de um entendimento de toda a filosofia. Se não compreendermos o fato de que a fonte da filosofia é *um conhecimento verdadeiro*, e percebermos que o Ser que apresentou esse conhecimento o conhecia, e ofereceu tudo aquilo que poderia ter sido dado neste tempo, não teremos compreendido a primeira pista. Com essa pista, podemos obter mais e mais luz em todas as direções; podemos ver o que essas coisas significam, pois na verdade elas tendem a abrir o que você pode chamar de olho espiritual.

P: Neste capítulo se fala de um *Avatar* vindouro que combinará as qualidades de dois dos maiores entre Aqueles do passado. O que isso significa?

R: Naturalmente, precisamos reconhecer que ainda não chegamos ao fim de nossa órbita, e muito ainda está para ocorrer antes disso. Não haverá fim das tentativas de promover e divulgar as ideias que devem despertar as mentes dos homens. Como golpes rápidos de martelo, essas tentativas precederão tudo, e a quem estiver por vir. Assim sendo, Krishna era guerreiro, não no sentido militar, mas no *verdadeiro* sentido; Ele era um administrador, enquanto Buddha era uma inteligência ética. O próximo grande *Avatar* será a união da inteligência administrativa da ética.

P: Eu ouvi alguns teósofos dizerem que outro grande Salvador logo virá.

R: Ele virá quando estivermos prontos, mas os Mestres não deram o ciclo de Sua vinda, por uma razão muito boa. Muitos dos judeus a quem foi prometido um Messias não O reconheceram quando Ele veio, e ainda estão procurando por Ele. Da mesma forma, muitos teósofos não O conheceram e O tiveram encarnado em vários corpos, proclamando-o.

P: O ciclo da Teosofia dependeria do trabalho dos alunos?

R: Se todo esforço for feito para continuar o trabalho como os Mestres o deixaram para ser continuado; se for *promulgado*, não especulado, terá uma influência muito mais ampla, e no próximo Advento um conjunto de pessoas estará pronto para o Mestre.

P: Esses esforços gerais são feitos em uma época em que a destruição de algumas das grandes civilizações é iminente?

R: Sim; mas devemos lembrar que a destruição de uma civilização não significa a destruição dos Egos. Significa a destruição do sistema anteriormente seguido. Então, os indivíduos que seguem o antigo sistema, de uma maneira ou de outra, morrem ou são destruídos fisicamente. É uma questão de Grande Escolha para todos, e uma questão de que lado e de que caminho nós tomaremos.

P: A ignorância do homem muda sua evolução, ou a lei dos ciclos muda sua ignorância?

R: A ignorância do homem o mantém ignorante. Essa é a sua evolução. Se ele quiser permanecer ignorante, nenhum ciclo e nenhuma pessoa podem mudá-lo.

P: Quais são os ciclos do destino?

R: Todos são ciclos de destino. Aplicado a nós mesmos, somos nós que fazemos nosso próprio destino – nós o fixamos por nós mesmos. O buraco em que caímos é o buraco que cavamos. Esse é o nosso destino.

P: Você vai explicar algo sobre a aplicação desta lei dos ciclos, na formação e na quebra de hábitos pessoais?

R: A doutrina dos ciclos se aplica a todos os lugares. Não há uma única impressão, de qualquer tipo que tenhamos, que não retorne; não há nem mesmo um pensamento, pensado por nós, que não volte; ou um ato que praticamos que não retorne. Estamos passando por ciclos regulares o tempo todo – ciclos autoestabelecidos. Ora, a maneira de corrigir os hábitos é reconhecendo que os pensamentos errados retornarão, mesmo aqueles indesejáveis, sob a lei são obrigados a retornar. Então, estabeleça um pensamento oposto – um pensamento de natureza oposta, ou um sentimento de um tipo oposto, ou comece um ato de um tipo oposto. Continue fazendo isso da melhor maneira possível e, finalmente, você destruirá o antigo ciclo e estabelecerá um novo.

Há pessoas que sentem "tristeza" – seus dias de desânimo. O Sr. Judge disse uma vez: "tenho outras coisas, mas nunca tenho tristeza". Entretanto, a maioria das pessoas tem. A "depressão" vem e parece tomar posse total da pessoa; mas pode ser curada, se ela aproveitar a oportunidade de estabelecer um ciclo diferente. Ela deve notar o fato de que a depressão surge por volta de um certo período, que normalmente um certo intervalo transcorre entre esses períodos de tristeza, e sabendo que eles estão vindo, deve estar preparada para eles. Então, a pessoa começa a pensar no dia mais feliz, no momento mais feliz ou na associação mais feliz que já teve, e se apega a essa felicidade da melhor maneira que pode. Ela não terá sucesso na primeira vez, nem mesmo na segunda vez, talvez, mas se continuar o esforço, cada vez estará mais fortalecida, pois é observando o retorno das impressões que podemos corrigir esses hábitos. Hábitos de qualquer tipo são instituídos por repetições. A primeira vez que fazemos algo, ainda não é um hábito; mas repetimos a ação e continuamos repetindo-a e, finalmente, ela se torna automática. Com o conhecimento dos ciclos, os hábitos estão sob nosso controle inteligente.

P: Quais são os principais fatores que influenciam o período de tempo transcorrido no caso dos retornos de impressão individual?

R: A própria causa. A primeira impressão tem em si sua própria limitação, pois o retorno de uma impressão está de acordo com a qualidade e a força da primeira causa. Por exemplo, se olharmos para uma luz por um momento, e depois fechamos nossos olhos, veremos aquela luz dentro do olho, mudando um pouco, indo e vindo, até que a impressão desapareça. Isso leva apenas alguns segundos; outras causas demoram mais para amadurecer, de acordo com sua natureza e a natureza colocada nelas.

O tema dos ciclos é da maior importância e valor, tanto para o homem, considerado pessoal e individualmente, como para as nações e civilizações, consideradas grandes corpos de unidades. Há dois pontos neste capítulo que, em particular, devem dar ao aluno uma visão perspicaz. Uma é que, é o homem, considerado espiritualmente, quem mantém todos os outros reinos juntos. Quando seu trabalho termina na Terra, ele a abandona – sua força é retirada e a desintegração das várias vidas que compõem o globo começa. Os cataclismos de fogo e inundação, por meio dos quais essa desintegração procede, não são causas, mas o resultado da retirada do homem.

Outro ponto é que os ciclos não são o retorno de impressões *forçadas* sobre nós. *Nós somos esses ciclos.* Os ciclos são os retornos das causas que colocamos em movimento antes, como indivíduos, como um povo, como uma raça e como toda a humanidade. Estamos todos ligados a todos os outros seres no Universo em que nos movemos. Todos os retornos no Zodíaco, nas órbitas dos planetas, no curso do sol e em qualquer outra direção são sempre o retorno de causas postas em movimento por aqueles que estão sentindo os efeitos. Se nos encontramos na era das trevas, em uma época de epidemias físicas e psicológicas, isso significa que estamos relacionados a elas. Devemos começar a ver a causa no efeito, e se o efeito é maléfico, sair desse tipo de efeito para uma verdadeira base de pensamento e ação, enquanto permanecemos com nossos irmãos peregrinos e prosseguimos avançando com eles. Assim têm feito os Mestres.

Capítulo 15

Diferenciação das Espécies
Os Elos Perdidos

Origem última do homem não detectável. O homem não derivou de um único par, nem dos animais. Sete raças de homens apareceram simultaneamente no globo. Elas agora estão amalgamadas e se diferenciam. Os macacos antropóides. A origem deles. Eles vieram do homem. Eles são descendentes da progênie originária de união não natural na terceira e quarta raças. As raças atrasadas. Os livros secretos sobre a questão. As características humanas dos macacos explicadas. Os reinos inferiores de outros planetas. Sua diferenciação por interferência inteligente dos *Dhyānis*. O ponto intermediário da evolução. Formas astrais de rondas antigas solidificaram-se em rondas físicas. Elos perdidos, o que são e por que a Ciência não pode descobri-los. O objetivo da Natureza em todo esse trabalho.

P: Se os cientistas admitissem a existência do Plano Astral, eles não seriam capazes de fazer grandes avanços em suas investigações?

R: Infelizmente, os cientistas da atualidade que o admitem relacionam-no apenas com a existência *post-mortem*. Para eles, é uma mera consideração sentimental. Se eles dessem ao Plano Astral uma consideração científica verdadeira, eles descobririam muitas verdades. Eles nunca entenderão a evolução, por exemplo, até que admitam o Plano Astral, já que todos os "elos perdidos" podem ser encontrados lá.

P: Em que estado de matéria as Mônadas da cadeia anterior começam a trabalhar nesta cadeia?

R: Elas começam no primeiro ou mais alto estado da matéria, mas esse primeiro estado é bem diferente dos estados subsequentes. É um estado de amalgamação que pertence ao Globo Um da cadeia terrestre na primeira ronda e na parte inicial da segunda ronda. Então começa uma diferenciação. Todos os reinos começam seu trabalho ao longo das linhas que vinham seguindo na lua. A condensação começa e, consequentemente, a primeira solidificação da forma humana também começa aqui.

P: Por que encontramos relíquias fósseis de mamíferos, e não do homem?

R: Os mamíferos são apanhados, por assim dizer, na solidificação. Os fósseis são as verdadeiras formas astrais.

P: A "alteração das formas" pelos *Dhyanis*, mencionada na página 204, é feita pelo pensamento?

R: Certamente. Com o conhecimento e a sabedoria surge o poder de adicionar a, ou o de subtrair de qualquer forma dada, e isso é feito principalmente no período astral de evolução. Os reinos que vêm para a cadeia terrestre permaneceriam exatamente o que eram na lua, se não fosse pelos seres que se tornaram perfeitos, espiritual, intelectual e fisicamente e que guiam toda a evolução. Eles mapeiam o campo, por assim dizer. Os reinos inferiores começam seu trabalho tal como são, sem nenhuma conexão entre eles e nenhum contato com os seres superiores. Todos estão trabalhando por conta própria, em sua própria base. Então chega o momento em que todo o esquema evolucionário é sintonizado por meio das formas dos seres superiores. Quando todos os reinos estão totalmente amalgamados, então vem a solidificação e o início do ciclo geral da Terra.

P: Os órgãos de percepção são formados pela consciência?

R: Eles não poderiam ser formados de nenhuma outra maneira. Eles não se fazem por si mesmos. Eles são evoluções. Devemos lembrar que as sete classes de seres que abandonaram a lua como um planeta já trabalhado e gasto, no que lhes dizia respeito, tinham suas próprias formas orgânicas e levaram adiante o tipo de humanidade. Eles representavam a humanidade da lua e a expressão mais elevada, de acordo com a classe de todas as outras classes. Todos estavam no estado mais sutil de matéria. Primeiro, as sete classes funcionam cada uma à sua maneira, ou seja, há uma separação em classes; então, com a orientação das classes mais altas, elas passam a trabalhar juntas, ou seja, há um amálgama gradual.

Por fim, vem a diferenciação perceptiva, ou seja, cada um regressa à sua própria classe novamente, mas com tudo o que ganhou das outras classes. Assim, a Consciência progride, por meio do contato com outros e da difusão do conhecimento do todo.

P: O que significa "material inorgânico" no último parágrafo do capítulo?

R: Devemos lembrar que o Mestre, ao falar conosco, usa palavras com as quais estamos familiarizados, termos que são de uso comum entre os cientistas. Todos os seus ensinamentos declaram que não existe *nada* sem consciência, e a matéria pode ser inorgânica apenas no sentido de que não possui os mesmos órgãos de percepção que outra vida possui. Portanto, não significa que o poder da consciência não esteja presente no "material inerte", que é "inorgânico" apenas para a nossa percepção, e "inerte" em comparação com o poder de pensamento e ação possuído pelos reinos superiores.

P: Existe, na realidade, alguma linha nítida de demarcação entre o vegetal e o animal?

R: A linha de demarcação pode ser observada na força de locomoção. Os vegetais não se movem conscientemente. Quando eles têm sua própria força motriz em qualquer elemento, eles não são mais classificados como vegetais. Eles passam para o reino animal.

P: Existe algum objetivo na evolução?

R: A inteligência está sempre aumentando e cria seu próprio objetivo. Ela é seu próprio objetivo. E este é inatingível, porque aquilo que é *em si mesmo* é inatingível. Nunca poderemos abarcar além de nossa própria consciência, não importa o que possamos fazer neste ou em dez mil outros planetas.

P: Por favor, explique o significado [p. 199, ed. bras.]: "As variedades de caráter e capacidade, que posteriormente apareceram na história do ser humano, são o efeito das variações provocadas nos Egos durante o curso de outros longos períodos de evolução, em outras cadeias de globos."

R: Isso significa que todas as exibições do poder do conhecimento, ou do progresso, ou das qualidades, são a manifestação no homem de qualidades e poderes adquiridos há muito, muito tempo. São as condições que possibilitam seu surgimento. Se formos conscientes, como de fato éramos, quando começamos esta Terra, devemos ter inerentes todas as qualidades que agora possuímos. Elas foram adicionadas e alteradas, mas as qualidades estavam lá. Simplesmente criamos as condições em que as qualidades pudessem se manifestar.

De acordo com este capítulo, devemos ter em mente o fato de que descemos as escadas dos sete graus de substância, *e que cada grau de substância foi formado pelos seres que operam nos graus anteriores de substância.*

P: O que significa o momento de escolha para a humanidade como um todo?

R: É a velha história na Bíblia da separação das ovelhas dos cabritos. Deve chegar o tempo no progresso da humanidade quando há duas divisões – a do caminho da direita e o da esquerda, ou, quando, como diz *A Doutrina Secreta*, uma parte da humanidade vai para o norte e a outra para o sul. Os seres da mesma classe se movem por conta própria. Quando essa divisão chega ocorrem muitos cataclismos terrestres que servem para causar rupturas físicas na humanidade, como o desaparecimento de velhos continentes e o estabelecimento de novos.

O momento da escolha existe o tempo todo para cada indivíduo. Nesse momento, ele pode seguir qualquer caminho, mas quando chega o momento geral de escolha, ele segue o caminho ao qual se tornou vinculado por sua natureza e disposição. Estamos constantemente seguindo a linha de separatividade, ou de unidade, escolhendo um caminho ou outro, e deve chegar o tempo em que as diferenças entre aqueles que seguem o caminho da mão direita e aqueles que seguem o da esquerda serão tão grandes que não existirá conjunção possível entre eles.

P: Na página 170, está escrito: "E foi com estes que os últimos atlantes repetiram de novo o mesmo pecado dos "sem mente", mas desta vez com plena responsabilidade". O que torna alguém responsável?

R: Os atlantes da Quarta Raça eram seres *Manásicos* e, ao repetir o que foi feito na Terceira Raça pelos "Homens sem Mente", incorreram em plena responsabilidade *kármica*, que, como afirma o Capítulo, terá que ser resolvida em um período muito posterior ao atual. A massa dos homens terá que enfrentar esse *Karma* com toda a sua força, mas para os indivíduos a oportunidade está sempre presente para se afastar do *Karma* coletivo, de pagar nossas dívidas, por assim dizer, à medida que avançamos, e sair do meio daqueles que não querem fazê-lo. Se cumprirmos todo o nosso dever ao longo das linhas que os Mestres apontaram, necessariamente no momento da separação, ocorrerá que não teremos que enfrentar o *Karma* destrutivo completo, que deve sobrevir àqueles que tomaram o outro lado. Porque eles terão que enfrentar a destruição de todo seu trabalho e começar outra vez na nova evolução.

P: Então eles não terão na nova evolução o benefício de seus conhecimentos anteriores?

R: Eles perdem o poder. Pode ser que não percam a disposição. No entanto, eles têm o poder de mudar a disposição e têm ajuda no fato de que são colocados junto com outros seres de uma disposição diferente no período de amalgamação. Seres com o tipo adequado de atributos estão lá, e eles têm a oportunidade do exemplo.

P: Por que esta Terra tem apenas uma lua enquanto Júpiter tem quatro?

R: Se considerarmos a lua um planeta deserto, podemos imaginar um período na evolução de um planeta em que pode haver nascimentos rápidos, digamos assim, permanecendo vários *Kāma-Rūpas* em vez de apenas um. Nossa lua é um *Kāma-Rūpa* da antiga Terra; as quatro luas de Júpiter são igualmente *Kāma-Rūpas.*

P: O termo "raças" se refere às formas ou aos Egos?

R: Refere-se às formas. A consciência evolui em sua própria forma de acordo com sua necessidade, e atinge seu próprio grau particular de inteligência. Agora, existem sete graus, ou hierarquias de inteligência. Para qual hierarquia ela tende, dependerá do tipo de evolução escolhido, ou da base de pensamento e de ação tomada pelo Ego. Ele está realmente usando todas as hierarquias em seus invólucros ou corpos internos e externos.

P: Então temos que tornar homogêneos nossos vários invólucros?

R: A consideração de nossa natureza setenária deve nos ajudar nesta questão. Não há forma de natureza, por mais baixa que seja, que não apresente agora o estado homogêneo. O estado homogêneo está por trás e dentro de todas as formas. Segue-se, então, que somos nós mesmos homogêneos, nesse aspecto, e, portanto, estamos em contato com o estado homogêneo em tudo na Natureza. É por meio dessa homogeneidade que podemos conhecer e compreender a Natureza, porque aí estamos em contato com um determinado ponto. Todos os processos em todas as direções a partir desse ponto podem ser encontrados, sejam eles de um sol, de um planeta, de uma planta, de um animal ou de um ser humano.

P: Pode-se dizer, então, que o objetivo fundamental do homem é a realização de sua própria natureza?

R: Para usar um termo, podemos dizer que "o objetivo fundamental" é a realização da natureza imortal e eterna do próprio homem. Só alcançamos essa realização através da experiência, através de contatos de quase todos os tipos, mas temos que ver que não somos os contatos, nem todos eles juntos, nem somos a experiência adquirida pelos contatos. O homem não pode perceber sua natureza imortal até que veja que ele, como Percebedor, está absolutamente separado e não identificado com tudo pelo qual ele passa. Nenhuma dessas percepções é ele mesmo. Ele olha para todos elas, obtém experiências delas, usa-as como uma base para ações futuras, obtém resultados, bons ou maus delas; mas Ele não é nenhum delas.

P: Qual é o significado da palavra "Natureza", conforme usada pelo Mestre no parágrafo final do capítulo?

R: Nesta frase particular do Mestre, escrita em resposta a um pensador científico na Índia, Ele usou o termo como o cientista o usaria, mas de acordo com a filosofia, a natureza não prefere conscientemente nada, porque não há nada a preferir, e não há natureza, por si só. "Natureza" significa meramente a agregação de uma interdependência e interrelação de todos os seres. É um termo para a percepção da interrelação e interconexão entre os seres e a força que emana deles; é uma agregação dos efeitos de todas as forças postas em movimento por seres inteligentes de diferentes graus. Portanto, não podemos imaginar que "Natureza" seja algo que exista fora da humanidade.

P: Por qual processo a Consciência é desenvolvida através das diferentes raças?

R: A filosofia mostra que a Consciência não é desenvolvida; a Consciência sempre é. É a *inteligência* que se desenvolve de maneiras diferentes, em diferentes graus de substância, em diferentes planos do ser. A inteligência adquirida é uma compreensão das externalidades em sua relação com a própria Consciência. Após a conclusão das rondas de qualquer globo, a inteligência que foi adquirida em cada reino é o que permanece como o tipo para o próximo planeta. Essa inteligência adquirida é a base do mundo arquetípico, em que os tipos são formulados; no qual, digamos com referência a esta Terra, toda a inteligência adquirida na lua é formulada, todos os vários graus de inteligência estão contidos, existindo antes que o mundo seja formado. Quando o dia da manifestação chegar novamente, e quando o amanhecer aparecer, então, cada forma de inteligência se diferencia e avança até atingir aquele estado em que pode se manifestar sobre a base já adquirida na evolução passada. Portanto, é a Consciência o tempo todo, em primeiro e último lugar, a raiz de toda manifestação. O Percebedor está sempre por trás por trás de cada forma. O que se aprende em relação às externalidades ou a qualquer instrumento é a quantidade de inteligência adquirida e, à medida que essa inteligência aumenta, ela se torna a base sobre a qual os melhores instrumentos são formados.

P: Cada uma das sete raças tem sete princípios?

R: Certamente; todas as coisas são formadas de sete princípios.

P: Então, apenas um ou dois princípios foram totalmente desenvolvidos nas raças terrestres?

R: Vamos ver desta forma. Os Egos – *Ātmā-Buddhi-Manas* – têm a base setenária em si mesmos, mas trabalham com outros graus de inteligência inferiores a eles. Eles existiam como Egos, mas seu trabalho era com os vários tipos que constituíam suas expressões físicas, e esse trabalho era feito sobre a base de sete princípios. Para ilustrar. Agora tenho um corpo físico, mas não havia corpo físico naquelas primeiras raças. O que deveria ser trabalhado não estava então presente. Os princípios estavam em embrião, ou latentes, até que a base dos sete princípios foi aplicada a todos os corpos que deviam evoluir durante o processo de crescimento do mundo. O próprio corpo, como está agora evoluído e constituído, tem suas sete divisões e é o princípio inferior.

P: Como seres de sete princípios, seus corpos eram em geral do mesmo tipo?

R: Sim, pois a diferenciação ainda não havia começado. Quando a diferenciação ocorre, entretanto, é de uma maneira setenária – um princípio evoluindo do outro, um princípio seguindo o outro. Digamos então, que havia apenas um princípio, mas as possíveis diferenciações eram sete. A partir desse princípio mais elevado, o segundo princípio foi desenvolvido; destes dois, o terceiro; do terceiro, o quarto e assim por diante. Na verdade, há apenas uma Consciência em todos nós, e há apenas uma forma mais elevada para todos nós, que pode ser chamada de matéria homogênea; com essas duas em conjunção continua a divisão setenária.

P: Por que as sete raças apareceram ao mesmo tempo?

R: Há uma divisão setenária assim que ocorre a diferenciação. Todas as classes de egos que eram autoconscientes na conclusão do ciclo da lua se diferenciaram em sete classes, ou graus, como fizeram todas as outras classes de seres conectados com essa evolução. Juntas, elas constituem as sete grandes hierarquias de seres, que fornecem ao Ego suas sete classes de instrumentos, pois estamos conectados com essas hierarquias por meio de nossos instrumentos.

P: O Sr. Judge diz [p. 204, ed. bras.]: "Através de *métodos conhecidos por eles (os Dhyanis)* e pela Grande Loja, eles trabalham sobre as formas que foram trazidas de outros globos, e, acrescentando aqui, tirando dali e com frequência alterando, transformam gradualmente, por tal alteração e adição, os reinos da Natureza, como também o gradualmente formado corpo denso do homem". Por que essa transformação não poderia ser deixada para o impulso natural dos reinos?

R: A diferenciação dos animais e outras espécies começou e continuou até certo ponto dentro de sua experiência. Mas essa experiência é limitada. Consequentemente, no ponto dessa limitação, a interferência inteligente de uma mente ou massa de mentes é absolutamente necessária, se os tipos antigos tiverem de ser trocados por tipos melhores. Se os velhos tipos permanecessem, não haveria progresso externo e não haveria instrumentos melhores. A inteligência deve estar ativa para produzir a evolução.

P: Não há interferência inteligente acontecendo agora?

R: Claro que há. Como Luther Burbank produziu o cacto sem espinhos? Primeiro, ele encontrou um cacto com muito poucos espinhos e obteve sementes dele. Do cacto cultivado com aquela semente, ele tirou um com menos espinhos e continuou a trabalhar na eliminação dos espinhos. Aqui a inteligência humana foi aplicada sobre aquele cacto – suas forças foram usadas para produzir outra variedade – o cacto sem espinhos.

Os seres superiores são capazes de trabalhar de uma maneira diferente do que a dos reinos inferiores. As próprias formas com as quais o homem começou não são as que temos agora, mas, na verdade, são bastante diferentes. As formas físicas das primeiras raças humanas eram simiescas e gigantescas em tamanho, mas foram trabalhadas pelo homem até se tornarem o que são agora, mais utilizáveis em todos os sentidos, embora ainda longe de serem perfeitas.

Há uma declaração neste capítulo [p. 202, ed. bras.] que devemos observar particularmente: "Assim como o homem veio a este globo de outro planeta, embora na ocasião fosse, é claro, um ser de imenso poder, antes de ficar completamente enredado na matéria, igualmente vieram os reinos inferiores de outros planetas, em gérmen e tipo, para continuar sua evolução ascendente, passo a passo, com a ajuda do ser humano, que, em todos os períodos de manifestação, encontra-se à frente da vaga de vida". São os egos autoconscientes por meio de cujos esforços todas essas formas são produzidas, tomando a base que a forma havia alcançado no globo anterior e tendo a inteligência para saber que melhorias poderiam ser feitas. Depois de construir uma casa, sabemos como construir uma melhor da próxima vez. Então, a mudança continua. Os seres nos reinos inferiores não puderam terminar sua evolução na precedente cadeia de globos, antes de sua dissolução; isto é, não haviam chegado ao estágio de autoconsciência.

No trecho: o "homem" está na "frente da vaga da vida", o Sr. Judge se refere ao Percebedor, que está na raiz de nosso ser e que somos nós mesmos. O que temos que lembrar o tempo todo é que, seja no reino mineral, vegetal, animal ou humano, seja nos reinos superiores ao homem, é sempre o Ego, o "Eu", que é a força motriz, o poder em evolução. Esta consideração do Percebedor e os vários processos pelos quais Ele veio, as várias condições de substância e experiências adquiridas, realmente exigem um estudo de *A Doutrina Secreta* – um estudo muito diferente daquele do corpo físico ou astral, ou *Kāma-Loka* ou *Devachan*, que tem a ver com a parte pessoal.

P: Então o propósito da evolução é construir o corpo físico?

R: Para que o Homem Real possa contatar as formas inferiores da Natureza. Ele não poderia ajudá-las a menos que estivesse em contato com elas. E são nossos contatos nesta Terra que nos mantêm aqui. Nós gostamos disso, e assim conseguimos continuar indo e vindo.

P: Não deveria o homem se esforçar para fazer um instrumento perfeito e assim melhorar os reinos inferiores?

R: O homem deve usar qualquer instrumento que tenha para sua melhor vantagem, e isso só pode acontecer pelo crescimento de dentro para fora. Por exemplo, se usarmos nosso sentido de visão, nosso sentido de audição, nosso sentimento, da maneira correta, esses sentidos podem ser ampliados e podemos ver mais, ouvir mais e sentir mais profundamente. Não requer um tipo particular de corpo para fazer isso. Qualquer tipo de corpo serve, porque através dele entramos em contato com os reinos inferiores. O corpo físico é feito de comida, é sustentado por comida e retorna à terra quando acabamos com ele.

Há um constante ir e vir de nossos corpos, em endosmose e exosmose, de vidas carregadas por quaisquer que sejam nossos pensamentos, sentimentos ou emoções enquanto estavam em nossa esfera de influência. Essas vidas vão para outros corpos e, finalmente, voltam aos reinos inferiores novamente, completando o ciclo de cima para baixo, e levando com elas as impressões recebidas, as quais aparecem no reino mineral, vegetal ou animal como uma força benéfica ou maléfica. Portanto, podemos ajudar melhor a Natureza por meio de nossos pensamentos e sentimentos.

P: Qual é o verdadeiro fator determinante em nossos pensamentos e sentimentos?

R: O motivo por trás deles. Agora, nossos cientistas não se dão conta de que a planta, por exemplo, tem vida senciente; no entanto, se as plantas e os minerais são tratados com base em uma consideração de uma vida neles, e com o sentimento motivado por essa consideração, uma percepção superior pode ser despertada neles.

P: É um fato que as flores se desenvolvem muito melhor para aqueles que as amam?

R: Certamente, é um fato. O impulso da mente do ser superior é comunicado à consciência da planta. Algumas pessoas nem mesmo conseguem manusear as plantas sem danificá-las, enquanto outras conseguem manejá-las com benefícios.

P: Se obtivermos pleno conhecimento a respeito da existência física, seremos capazes de habitar em alguma esfera superior?

R: O objetivo não é tanto escapar deste estado na Terra, mas alterá-lo, o que deveria ser nosso dever e nosso prazer. A menos que reconheçamos nossa própria natureza e a natureza dos reinos inferiores, não poderemos cumprir nosso dever para com nossa própria natureza, nem para com a natureza dos reinos abaixo de nós. Quando obtemos esse conhecimento, porém, criamos um instrumento melhor para nós mesmos e para todos os outros seres, e então não há necessidade de fuga. Devido à nossa ignorância, temos a necessidade de reencarnar. Temos que ajustar nossas relações com outros seres enquanto estamos em um corpo, e até que esse trabalho seja feito no corpo, teremos que retornar à Terra. Estamos aqui para ajudar, e não podemos ajudar a menos que aprendamos e conheçamos a natureza dos reinos inferiores nos quais estamos incorporados e que estamos usando, seja para seu bem ou para nossos propósitos egoístas.

Capítulo 16

Leis, Forças e Fenômenos Psíquicos

Nenhuma psicologia verdadeira no Ocidente. Ela existe no Oriente. O homem é o espelho de todas as forças. A gravidade é apenas uma meia lei. Importância da polaridade e coesão. Tornando objetos invisíveis. Imaginação todo-poderosa. Telegrafia mental. Ler mentes é roubo. Aporte, clarividência, clariaudiência e segunda visão. Imagens na luz astral. Sonhos e visões. Aparições. Clarividência real. O estímulo interno causa uma impressão externa. Luz astral, o registro de tudo.

P: Qual é o propósito deste capítulo do livro?

R: Familiarizar os alunos teosóficos com a explicação e os fatos reais por trás dos fenômenos comumente conhecidos, e alertar contra a aceitação de ideias erradas a respeito deles. Todo estudante, seja na vida quando começa o estudo desta filosofia verdadeira, ou em uma vida subsequente, está fadado a entrar em contato com os habitantes dos vários estados psíquicos internos, e se ele tem em mente uma compreensão melhor deles, – um conhecimento de seus perigos, – é capaz de passar por eles sem danos. Em *A Voz do Silêncio*, o Plano Astral é chamado de Sala do Aprendizado, de terríveis provações, onde sob cada flor uma serpente jaz enrolada. Todos os alunos sinceros que conhecem os perigos do Plano Astral nunca se empenharão em entrar nele por meio de qualquer tipo de prática. Eles entrarão em contato naturalmente com os tipos de perigos existentes lá, mas alertados e protegidos pelo firme desejo de beneficiar outros – aprender com o propósito de ajudar os outros. O conhecimento surgirá espontaneamente dentro do homem que procede corretamente com uma base filosófica sólida. Ele não precisará tentar entrar. Nenhum professor verdadeiro jamais o impulsionaria a adquirir poderes psíquicos.

P: É dito que alguém pode chegar ao limiar da divindade e então recuar. O que isso significa?

R: Alguém pode se encontrar num certo lugar onde o próprio poder nele traria resultados brilhantes com os quais ele poderia ficar deslumbrado. Então ele pode cair no exercício do poder simplesmente porque o possui, mesmo com a ideia de que nunca o usaria, exceto para o bem. Mas enquanto houver um pensamento egoísta ou um sentimento egoísta, enquanto um sentimento de vingança, ou apenas de irritação, puder ser gerado nele, ele estará em perigo porque o mesmo poder que funciona para o bem, irá com a mesma força, prejudicar.

P: Se as chances de ilusão são infinitamente maiores no mundo astral do que na consciência desperta, como podemos nos proteger contra enganos?

R: Só existe um caminho seguro – por meio discernimento correto e verdadeiro, que, além do mais, nunca poderá ser alcançado de baixo para cima. Devemos agir a partir da parte espiritual mais elevada de nossa natureza – de cima para baixo. A forma astral da substância deve ser guiada desde o plano superior do ser. Portanto, embora saibamos que existe esse reino ilusório da natureza, e que as pessoas podem e exibem poderes relativos a ele, o que precisamos fazer é perceber mais e mais a natureza do Homem Real e trabalhar o tempo todo a partir dessa base. Como a base espiritual mais elevada compreende tudo, à medida que alguém cresce em sua gama de percepção espiritual, todo o Universo se torna conhecido; isto é, a pessoa entra em contato instantaneamente com todas as coisas e todos os serem que existem em qualquer lugar.

P: Não é o Plano Astral meramente um reflexo da Terra?

R: A palavra "astral" terá que ser abandonada em algum tempo, pois é muito geral. Podemos dizer que a luz astral é aquela fase de todo o Plano Astral que está em conexão direta com a nossa Terra. Existem muitos estratos diferentes de substância astral, e o estrato ao redor da Terra é permeado por todas as emanações psíquicas e físicas que surgem da Terra; também reflete e afeta todas as pessoas na Terra. Essa luz astral corresponde à atmosfera, que os cientistas dizem que existe ao redor da Terra por quarenta milhas.

P: Qual é o perigo nos fenômenos psíquicos?

R: O perigo da ignorância. Da forma como agora estamos constituídos e com as nossas ideias presentes, se tentássemos comunicar-nos com seres que só podemos ver parcialmente e cuja natureza não poderíamos conhecer de forma alguma, estaríamos nos abrindo à sua influência. Temos nosso próprio trabalho a fazer em nosso próprio lugar; temos nossa própria esfera de influência dentro da qual somos protegidos e que potências estranhas não podem quebrar, a menos que façamos uma abertura para elas. Pois se voltarmos nossas mentes e sentimentos para elas, podemos abrir as portas para entidades sub-humanas, ou entidades depravadas do Plano Astral.

P: Haveria a mesma objeção em atrair elementais?

R: Sim. Afirma-se que existem muitas formas de vida elemental, todas com seus próprios poderes naturais, qualidades, modos de ação e leis, mas não há nenhuma explicação adicional a respeito de sua natureza, pelo motivo de que uma vez que a chave é dada, o mero pensamento sobre eles os atrai. Então, qual seria a utilidade de pensar nessas linhas? É como introduzir em nossos corpos matéria que não é de forma alguma assimilável; porque não pertence ao corpo é decididamente prejudicial. Tal pensamento serve apenas para manter esse tipo de ação em movimento e para atrair aqueles tipos de seres que não são responsáveis mais do que o fogo ou a água. Nossos pensamentos não devem ser sobre coisas externas, exceto para usar essas coisas para o melhoramento de todos. Muitas informações nesse sentido são retidas, porque se as tivéssemos, as usaríamos apenas de forma prejudicial ou destruidora.

P: Existem elementais *Búddhicos* e *Manásicos*?

R: Existem vidas em todos os planos. Existem vidas *Búddhicas*, vidas *Manásicas*, vidas *Manásicas* inferiores, vidas psíquicas e físicas – existindo no que é conhecido como a substância ou matéria desses vários planos. Não existe matéria por si só, mas sempre é a criação de algum tipo de pensamento. Em nossa evolução das formas de qualquer plano usamos as vidas desses planos e as treinamos ao longo das linhas de nosso pensamento.

P: Se deixamos de pensar nos elementais, o que acontece com eles?

R: Quando a coloração ou energia que é empregada para influenciá-los morre e não há mais suprimento, eles então retomam sua própria disposição natural sem cor. Os elementais assumirão qualquer forma que a imaginação do homem criar para eles. É o pensamento do homem que faz as imagens para essas vidas operarem, e lhes dá direção. De acordo com seu pensamento, ele criará formas de beleza ou formas de um tipo oposto – formas construtivas ou destrutivas. O que é a imaginação senão o pensamento criando uma forma? E a imaginação é a "faculdade essencial", como diz o Sr. Judge, porque todo progresso de qualquer tipo deve ser imaginado antes de ser colocado em qualquer operação. Imaginação é o poder de pensar, usado na prática.

P: Se nosso pensamento tende a energizar vidas elementais, não enfraqueceríamos os elementais bons se deixássemos de pensar?

R: Mas estamos pensando o tempo todo. Não podemos parar de pensar. Estamos o tempo todo treinando vidas – colorindo vidas sem cor. Se deixarmos de agir na direção certa, é claro, agimos na direção errada. Se estivermos energizando a qualidade *Tamásica*, por exemplo, não estamos energizando a qualidade *Sátvica*.

P: Então a evolução ocorreria muito mais rápida se todos trabalhassem a partir da mesma base de pensamento?

R: Sim, a base de separatividade está em oposição a toda a Natureza. O problema é que, embora sejamos divinos, não agimos de acordo com a natureza divina. Precisamos entender o que somos e qual é realmente o propósito da vida. Então, teremos um consenso de imaginação, pensamento e vontade. Duas ou três vontades, todas agindo na mesma base são muito mais fortes juntas do que três vontades separadas; quanto mais agem na mesma base, maior é o poder de atuação – em proporção sempre crescente.

P: Qual é a explicação para o fato de que as formas elementais e astrais podem ser vistas por alguns e não por outros?

R: Simplesmente porque essa fase de visão foi desenvolvida em algumas pessoas e não em outras. Mas isso não significa conhecimento; nem significa mesmo um desenvolvimento normal. Na verdade, às vezes significa uma condição anormal em que os vários princípios dos vários corpos estão separados, como é o caso de médiuns sujeitos à epilepsia. Quando os princípios não estão coordenados, não há uma visão correta no Plano Astral; e quando há desconhecimento das causas no Plano Astral, as deduções em palavras deste plano geralmente estão erradas. A verdadeira clarividência seria o poder de ver na luz *Akáshica*. Toda a nossa visão é refletida pela luz de cima para baixo, por meio dos vários princípios inferiores.

P: Podemos dizer que toda matéria é luminosa, no sentido de que emite uma luz de algum tipo?

R: Há luminosidade em todo tipo de matéria, embora não seja aparente para nós.

P: Em que grau de inteligência *é* considerado estar o *radium*?

R: Podemos dizer que o *radium* está mais próximo da essência do *espírito* dos elementais do que alguns outros. Todos os metais possuem alguma essência radiante, mas a forma do *radium*, que é muito rara e difícil de obter, quando segregada tem a faculdade de brilhar por sua própria luz. Há um fluxo incessante do sol de sua homogeneidade para a substância homogênea de nossa Terra, da qual todas as outras formas de matéria de nossa Terra são produções.

P: Então os elementais metálicos são de outra classe além da substância vegetal ou animal?

R: De fato, eles estão mais próximos do reino astral. Algumas coisas estranhas podem ser observadas ao olhar para essas formas de matéria. Por exemplo, uma pedra não queima por haver mais fogo nela do que na madeira.

P: Alguns cientistas afirmam que há eletricidade nos vegetais?

R: A mesma essência pode ser encontrada em todos os reinos. Algumas formas não a expressam tanto quanto outras, mas todas têm a mesma essência, origem e destino último. É voltando à raiz de cada forma que o Adepto é capaz de compreender as leis de sua evolução, bem como de qualquer outra forma de matéria com graus ou tipos semelhantes.

P: *É* o sol um grande distribuidor de poder vital?

R: O sol é a onda vital de nosso Sistema, mas em si mesmo possui todos os princípios que o homem possui. Então, nós nos beneficiamos mais ou menos do sol de acordo com a forma como pensamos nele. Podemos sentar ao sol e obter dele apenas calor, mas podemos extrair de seus princípios mais elevados tudo o que está lá. Tudo está no nosso caminho, segundo nossos pensamentos. É a maneira como pensamos em algo que põe as forças em movimento.

P: Essa afirmação tem a mesma conotação do que o Sr. Judge diz, de que se ele tivesse quinhentos homens e mulheres devotados à Teosofia, ele mudaria a história do mundo?

R: Sim. Se houvesse quinhentos homens e mulheres honestos, sinceros e altruístas devotados à Teosofia haveria o poder da unidade – uma energia dinâmica – que moveria o mundo. Talvez todos nós gostaríamos de fazer parte desses quinhentos, mas o que nos impede? Simplesmente as ideias que sustentamos agora, segundo as quais nossa energia é gasta em grande parte de forma destrutiva, ao invés de construtiva. Quando passamos a viver em uma base construtiva sólida, com os ideais mais elevados, a força estará presente, pois há uma força nos seres humanos, quando limpos da cor do egoísmo, que é maior do que a força do próprio sol – a força da direta inteligência autoconsciente colocada no trabalho.

P: O Capítulo [p. 212, ed. bras.] diz: "... o Adepto versado nessa grande dinâmica é capaz de dispersar os átomos de um objeto – excetuando-se sempre o corpo humano".

R: Porque nenhum corpo humano ou animal poderia ser tão disperso sem a destruição da vida desse corpo. Mas, embora o corpo não possa ser disperso, pode ser alterado de modo a não ser visto, embora esteja presente. Isso é feito por uma compreensão das leis do *Ākasha*, éter, pelas quais a visão pode ser detida até certo ponto e não avançar mais. Ou seja, pode ser feito um ponto, tomando uma órbita, e parar ali. Então, o corpo dentro dessa barreira seria invisível.

P: Eu deduzo do que disse o Sr. Judge que a coesão é um poder em si, e não devido à atração ou repulsão. De que forma pode ser distinguida dessas duas forças?

R: A coesão é o poder produzido pela vontade, e que só a vontade pode dispersar; ao passo que a atração e repulsão dos átomos da matéria, se não forem perturbadas por uma força superior, se exaurirão e permitirão que os átomos voltem à sua forma original. Você pode separar as partículas de qualquer coisa; ou seja, você pode dissolver os sólidos em líquidos etc.; mas se você permitir que eles sigam suas próprias direções, eles voltarão à sua forma original. No entanto, a vontade do homem pode manter unida ou dispersar qualquer forma, e a coesão de um sol, digamos, é devida ao poder combinado de todas as inteligências que formam o sol agindo em uma direção.

P: Como o poder de adesão está relacionado à coesão?

R: Existem algumas substâncias de tipos diferentes, corpos distintos, como sólidos e líquidos, que podem aderir, mas é por causa da atração elétrica ou magnética, nessas substâncias, que de outra forma não adeririam facilmente. As grandes leis da força elétrica estão por trás de todas essas operações. A coesão funciona nas partículas de um único objeto. Tal como agora constituído, existe uma taxa de vibração que representa a combinação das vibrações das inteligências que compõem o objeto. Em outras palavras, o objeto possui um acorde de massa que o mantém em forma. Depois de conhecer o acorde da massa, você pode atingir um tom mais alto e o objeto se dispersará.

P: O domínio do ar por parte do homem é um poder místico?

R: Não; não é de forma alguma um poder místico. O desejo do homem de voar e obter uma máquina que o capacite a fazer isso é o único poder por trás do domínio do ar. Qualquer menino que empinar pipa entende o princípio primordial do voo – que é o ângulo do impacto do ar sobre uma superfície plana que mantém a máquina erguida. Mas, talvez, o desejo de voar venha de algo no passado – algo até então escondido na natureza dos homens. As Raças Atlantes, dizem, travaram suas batalhas no ar. Eles, entretanto, não usavam gasolina para impulsionar seus veículos. Eles usavam a força solar, e tinham um motor solar que não possuía maquinário, mas servia como um ponto focal – um ponto de impacto – para os raios do sol em várias fases de operação – como uma força motriz, uma força ascendente, uma força descendente, ou qualquer força necessária.

P: *Não são* os orientais, devido a um certo sistema de respiração, capazes de superar a polarização e, assim, levitar o corpo?

R: Eles se concentram em uma ideia até perderem todo o sentido da existência corporal. Não é levitação consciente. Eles podem ou não superar a polarização do corpo, pois depende do conhecimento de quem está usando o processo, e também da condição do corpo astral e do corpo físico naquele momento. Eles têm que saber a maneira correta de produzir a levitação. Mas para que alguém quer levitar? Qual seria a utilidade disso?

P: O conhecimento da levitação não foi bem utilizado pelos egípcios na construção das pirâmides?

R: Isso foi nos tempos antigos, antes de nos tornarmos o que somos agora. Devemos lembrar que não somos tão bons como antes, nem tão sábios. Descemos mais as escadas e, para usar um símile, nesse momento, estamos trabalhando no porão, em vez de no primeiro andar. Quando trabalhamos na nação egípcia, tínhamos o conhecimento que nos permitiu mudar a polaridade das imensas pedras e torná-las fáceis de manusear. Até mesmo trazê-las de distâncias tremendas foi conseguido pelo conhecimento da polarização. Em um período, usamos música; isto é, certos métodos de cantar. Em outros períodos, usamos um metal que não conhecemos até o momento. Esse metal tinha o efeito, quando colocado sob qualquer objeto pesado, de impedir a atração da terra, pois isso é que é o peso – a atração da terra por certas massas de substância. Quebre essa atração e o peso será como nada, ou apenas um peso comparativamente leve.

P: O Sr. Judge fala de nós como sendo os atlantes que eram feiticeiros. O que isso significa?

R: Os atlantes usaram mal os poderes que tinham. Mas não estamos dizendo isso sobre os atlantes; estamos falando sobre nós mesmos. A velha Religião-Sabedoria ensina que, na realidade, nós somos os atlantes. Já tivemos grandes poderes e os perdemos devido ao mau uso na Quarta Raça, e, novamente, na Quinta Raça, como os primeiros egípcios. Então, a questão é: chegamos ao ponto em que podemos recuperar nossos poderes usando corretamente os poderes que atualmente possuímos?

P: Como pode o Sr. Judge saber, conforme afirma, que todo homem de todas as raças tem os mesmos poderes?

R: Primeiro, por vê-los em muitos homens e mulheres de muitas raças, e então, por conhecer a origem e natureza comum de todos os seres humanos. Se você ouviu um homem cantar, por exemplo, pode pensar que só ele poderia cantar; mas se ouvisse muitas pessoas cantando, você saberia que todos os homens têm a faculdade de cantar e o canto em si era apenas uma questão de treinamento. O homem é um composto; isto é, seus princípios são compostos de todos os elementos que existem em qualquer parte do grande oceano da Vida. Portanto, as mesmas possibilidades existem em todos e em cada um.

P: Por que os sonhos costumam ser uma mistura tão absurda?

R: Nos sonhos os absurdos parecem bastante naturais. Não nos parece de forma alguma estranho se em nossos sonhos estamos digamos, sentados em um templo, então instantaneamente nos movendo numa certa direção nas ruas da cidade e, de repente, nos encontramos em um barco no oceano. Nos sonhos, não temos absolutamente nada para examinar. Temos nosso próprio barco, nossa própria rua, nosso próprio templo. Estamos criando nosso próprio mundo e nossas próprias ideias; estamos seguindo nossos próprios cursos. Na consciência desperta, não podemos sonhar muito bem, porque, ou outra pessoa vai nos examinar, ou podemos nos confrontar com nós mesmos, com nosso nome e endereço e nos identificar pelos modos comuns de pensar entre as pessoas.

P: Como podemos saber se um sonho é da natureza superior?

R: Conhecendo a natureza do homem interior. Quando esse conhecimento é aplicado ao sonho, sua natureza se revela e não há dúvida se o sonho é do Plano Astral ou da natureza superior. Via de regra, tudo o que experimentamos de um sonho do homem interior é um sentimento, pois o sonho sendo forçado através do cérebro está todo fragmentado e confuso. Um sonho que produz uma impressão profunda, é claro, não pode ser um mero sonho superficial.

P: O *Karma* afeta nossos sonhos?

R: O *Karma* está sempre em operação; é ação e reação, quer estejamos acordados, sonhando ou em qualquer outro estado. As causas que são iniciadas no estado de vigília repetem-se no estado astral, porque estamos sonhando com base nas impressões de nossas vidas, pensamentos e sentimentos pessoais.

P: Os sonhos que vêm da base da personalidade devem ser muito diferentes daqueles procedentes do homem interno?

R: Sim. É trabalhoso pensar na linguagem em que estamos aprendendo. Talvez, possamos lê-la, mas não podemos pensar nela. Podemos até figurá-la, mas não podemos pensar nela. Essa é precisamente a nossa dificuldade nos sonhos. Temos que pensar na linguagem que conhecemos, e então traduzi-la de volta para a linguagem do Ego, que não é nenhuma das formas de linguagem usadas pelos seres humanos em qualquer lugar. Cada um deve aprender, por si mesmo, a linguagem do Ego. Está além de nossos sons e frases comuns da fala, e baseadas nos símbolos ocultos de som, cor e número. Está relacionada com as formas geométricas – o círculo, o triângulo, o quadrado, os vários ângulos e contra ângulos, todos os quais têm seu significado. A estrela de quatro pontas, a estrela de cinco pontas, as estrelas de seis e sete pontas, por exemplo, todas têm seus significados distintos. Talvez a estrela de cinco pontas para alguns se refira ao homem e seja um meio de identificar o homem, assim como as palavras servem na consciência desperta como meio de identificação. A estrela de quatro pontas se referiria a um animal e assim por diante. A linguagem da alma, na verdade, é toda alegórica. O Sr. Judge disse certa vez que o Ego pode tomar para seus próprios fins um grão de areia como símbolo de uma montanha, ou uma gota d'água por um lago. Verdadeiramente, todo o conhecimento sobre Ocultismo jaz nas formas geométricas e em certas cores e sons.

P: Mas se cada Ego tem sua própria linguagem, como ele pode conversar com outros Egos?

R: Cada um usaria sua própria linguagem. Você sabe que um chinês e um japonês podem ler cada um dos caracteres de ambos no idioma de cada um. Uma linguagem universal já existia. Mas, é preciso lembrar-se de que no caso de um Ego comunicando-se com outro não é necessário o uso de sons e frases. Assim, que a natureza de um entra em relação sintética com o outro, as ideias são intercambiáveis. Há uma percepção da natureza interna das coisas ao invés da forma. No entanto, é possível a alguém que não entende nada de inglês, ao ouvir o que está sendo dito, compreender tudo.

Há outra coisa! Quando H.P. Blavatsky estava na Índia, ela falava o idioma dos hindus. Entretanto, vários anos depois, quando um dos Marajá veio a Londres para vê-la e começou a falar com ela em hindustani, ela disse: "Que diabos o homem está dizendo?",

"Ora", disse ele, "Madame, você falava nessa língua quando estava na Índia". "Oh," ela disse, "isso foi na Índia". Então, existe também algo nos arredores, que carrega o conhecimento.

P: O caso do Cego Tom[16], que tocava piano sem nunca ter aprendido, seria um caso de mediunidade?

R: Não; isso não era mediunidade, mas apenas a expressão de seu próprio conhecimento aprendido em outra vida, e, novamente, trazido à existência. Nossos gênios são homens que em outras vidas se especializaram em música, literatura, arte, poesia. Eles são, em muitos casos, excêntricos, como sabemos - sensíveis, difíceis de conviver, "temperamental". A razão é que eles estão desequilibrados por terem cultivado apenas uma faculdade, excluindo o resto da natureza.

P: Você poderia dizer que a verdade vem do éter e nós a absorvemos?

R: Não, essa é uma concepção absolutamente errada. A verdade não resulta do éter. A verdade de qualquer natureza surge da *inteligência,* e por ela é percebida.

---

[16] Veja p. 138 de *Oceano da Teosofia,* Ed. Teosófica. (Nota Ed. Bras.)

Capítulo 17

Fenômenos Psíquicos e o Espiritualismo

Espiritualismo com nome errado. Deve ser chamado de necromancia e culto aos mortos. Este culto não se originou na América. Prática há muito conhecida na Índia. Os fatos registrados merecem exame. Os teósofos admitem os fatos, mas os interpretam de maneira diferente do "espiritualista". O exame limitou-se à questão de saber se os mortos retornam. Os mortos não retornam assim. A massa de comunicações é da concha astral do homem. Objeções às alegações feitas por médiuns. O registro justifica o ridículo da ciência. A materialização e o que ela é. Uma massa de matéria magnética elétrica com uma imagem da luz astral. Ou o corpo astral do médium é expelido do corpo vivo. A análise das leis a serem conhecidas, antes que os fenômenos possam ser entendidos. O *timbre* da "voz independente". Importância do reino astral. Os perigos da mediunidade. A tentativa de obter esses poderes por dinheiro ou fins egoístas também é perigosa. A lei cíclica ordena o abrandamento da força neste momento. O objetivo da Loja.

P: Neste capítulo, o Sr. Judge não nega os fatos do espiritismo. Por que, então, ele o condena tão completamente?

R: Mas ele mesmo não apresenta muito claramente as razões? Ele mostra que o espiritismo não é espiritual de forma alguma; que não são "espíritos" que se comunicam, ou que estão em operação durante as sessões; isto é a prática conhecida como necromancia pelos antigos e condenada por eles, é a prática mais prejudicial a que um ser humano poderia se entregar; que é loucura prosseguir na linha do espiritismo porque todos os fenômenos espíritas que aconteceram nos primeiros anos do século passado não nos deram nenhuma filosofia, nem mostraram nenhum conhecimento diferente do que já era conhecido.

P: Todos os médiuns são necessariamente maus?

R: Não. Mas geralmente as pessoas que se tornam médiuns espíritas estão em uma posição em que podem ser iludidas por falta de conhecimento de sua própria natureza; eles podem não ser necessariamente viciosos. O que é necessário para operar com inteligência no Plano Astral é o conhecimento das leis que pertencem a esse plano de substância. Os médiuns desconhecem as leis que os regem, são instrumentos puramente *passivos* e totalmente incapazes de relatar com exatidão o que ali se vê, ou mesmo ver o que existe na realidade para compreendê-lo. Há algo de vicioso, entretanto, onde há uma disposição para fazer uso de poderes anormais para obter dinheiro ou glória para si mesmo.

P: Parece ter ocorrido nos últimos anos uma grande mudança no caráter dos fenômenos espiritualistas. Agora há muita escrita automática sobre o tabuleiro ouija por pessoas que não são espíritas de forma alguma. Qual é a diferença entre as comunicações com o tabuleiro ouija e as comunicações espíritas por meio de médiuns?

R: O médium não é um ser responsável e o tipo de comunicação que vem através dele, de qualquer fonte, estará de acordo com a natureza do médium. Por outro lado, tudo o que é passado pelo uso do tabuleiro ouija, ou qualquer outro tipo de escrita automática, vem do interior da pessoa que o usa. Essas pessoas dificilmente poderiam ser chamadas de "mediúnicas", pois geralmente expressam suas próprias percepções, sejam boas ou más, e sempre o que é transmitido por esse método é filtrado por suas ideias pessoais parcial ou totalmente erradas. Não tendo conhecimento do ser interior do homem, como podem transmitir com qualquer tipo ou grau de inteligência? O tabuleiro *ouija* responde porque o que pergunta e o que responde é a mesma pessoa.

P: Neste uso do tabuleiro *ouija* não pode haver uma dissociação de algum dos corpos, que chegue ao ponto de uma ação independente?

R: É bem possível, porque o homem interno tem sua própria sensação de consciência separada daquela que é obtida por meio do corpo. Uma dissociação dos corpos físico e astral, digamos, pode ocorrer, permitindo uma operação corporal ao mesmo tempo em que a consciência ou inteligência está operando no Plano

Astral. Aqui, evidentemente, há um estado análogo ao do sonambulismo, em que o próprio corpo age e, no entanto, onde há um pensamento subconsciente de outras coisas totalmente além daquelas que o corpo está fazendo.

P: A prática com o tabuleiro ouija não tenderia a uma falta de controle?

R: Claro que sim. E é perigoso no sentido de que não há nenhum conhecimento nele, nenhum controle obtido por ele, e nada realizado por ele. Qualquer um pode escrever no tabuleiro ouija e, se não tomar cuidado, se deixar enganar por ele. Tudo o que já foi recebido por meio do tabuleiro pode ser recolhido em muitos lugares, e, em nenhum sentido oculto, é verdadeiro. Não há nada de importante nesta linha; nada além de loucura absoluta.

P: Alguns dos fenômenos do tabuleiro ouija podem ser causados por uma obsessão, ou por alguma das entidades mencionadas no capítulo?

R: É possível ficar sujeito à obsessão daquelas entidades subumanas, caso seja alguém fraco ou completamente mediúnico. Mas uma pessoa inteligente, gentil, razoavelmente bem controlada em todos os sentidos, de certa maneira, pode produzir escritas automáticas, sem ser médium ou ter uma obsessão. A escrita não seria de nenhum "espírito", mas da mesma pessoa vendo com um conjunto de órgãos e reportando a outro conjunto de órgãos. A direção da mão vem de um certo processo no cérebro astral.

P: O que faz com que as mãos do sensitivo vibrem visivelmente sobre a mesa?

R: É uma epilepsia incipiente e tem a ver com a desorganização da natureza astral da pessoa. Mas, talvez, o pior dano causado pela prática do tabuleiro ouija seja a ilusão a que ela conduz. Supõe-se que ele está obtendo uma escrita automática deste, de um ou de outro "espírito" e, à medida que as comunicações prosseguem, ele se torna cada vez mais convencido de sua própria importância, retidão, poder de ver e percepção espiritual, até que, finalmente, não irá tolerar nenhuma outra decisão, além dessa. Suas experiências psicológicas são verdadeiras para ele, mas por mais que as experiências psicológicas sejam diferentes – e todas elas diferem – cada um tem certeza da sua própria verdade.

P: O que é *Vodu*[17]?

R: É uma forma de magia negra – certas práticas que foram transmitidas por feiticeiros africanos nas quais alguns negros de Nova Orleans são muito viciados. Por meio desse sistema eles podem ferir seus inimigos ou obter as coisas que desejam. Por exemplo, eles podem fazer a imagem de uma pessoa, em argila, como

[17] O vodu chegou pela primeira vez à Louisiana com africanos ocidentais escravizados, que fundiram seus rituais e práticas religiosas com os da população católica local. É uma religião ligada à Natureza, aos espíritos e aos ancestrais. O vodu foi reforçado quando os seguidores que fugiam do Haiti após a revolta de escravos de 1791 se mudaram para Nova Orleans e cresceram à medida que muitas pessoas de cor livres tornavam sua prática uma parte importante de sua cultura. Fonte: https://pt.neworleans.com/things-to-do/multicultural/traditions/voodoo/. (Nota Ed. Bras.)

uma imagem, ou em qualquer tipo de forma - com roupas ou sei lá o quê – e abordando essa imagem como se fosse a pessoa e usando certas ervas, sons, invocações e práticas, eles provocam reações sobre o corpo daquele que foi assim imaginado.

P: Isso é feito através do corpo astral da pessoa?

R: Isso é feito pelo poder interno do operador e por meio de certo sentimento forte, e pela confiança no resultado daquilo que está sendo feito. Certas práticas dão concentração à vontade inferior do operador. O desejo fornece a direção. Esses são os poderes do lado obscuro da Natureza. O uso de poderes psíquicos para ganho egoísta ou para prejudicar os outros é magia negra.

P: As práticas do Vodu teriam algum efeito em uma pessoa honesta?

R: Uma pessoa honesta seria protegida, se seu desejo fosse apenas beneficiar os outros. A maior e melhor proteção que pode haver é um firme desejo de beneficiar a humanidade. Mas quem tivesse o mesmo tipo de ideias daquele que operava contra ele não teria proteção, e estaria aberto a esse tipo de ataque.

P: Na página 230 [ed. bras.] se diz: ... "Toda impressão produz uma imagem na aura individual, e que por meio desta se estabelece uma conexão entre as auras de amigos e parentes, velhos, novos, próximos, distantes e em graus diferentes". Como essa conexão é feita?

R: Cada impressão produz uma imagem na esfera ou aura individual. Por meio dessa imagem, ou impressão, é feita uma conexão entre as auras de amigos e parentes – na verdade, entre todas as pessoas que conhecem outra pessoa. A imagem é como uma fotografia, mas o médium a vê como se fosse a própria pessoa presente, chamando-a de "espírito" que quer fazer uma comunicação. Mas suponhamos que o "espírito" com o qual você deseja se comunicar seja uma "pessoa viva", e o médium fará um relato tão bom da pessoa viva quanto da morta. Essa prova foi tentada muitas vezes. É um velho truque mediúnico dizer-lhe para manter uma imagem do "espírito" com o qual deseja se comunicar: se você sustentá-la fortemente, um bom médium lhe contará tudo a respeito dele, tal qual você o conhece.

P: O que separa os vivos dos mortos?

R: O que nos separa como seres vivos quando vamos de uma cidade para outra? Não estamos mortos, mas estamos onde não existe facilidade de se obter comunicação. É apenas uma questão de comunicação.

P: Não somos todos médiuns, no sentido de que somos levados pelo ar, de um lado para outro, por toda crença, pensamentos e sentimentos das pessoas com quem temos contato?

R: Sim. Mediunidade é passividade. Precisamos ser *positivos* do lado espiritual de nossa natureza, e não positivos do lado físico.

Suplemento Geral

P: O que se pretende exatamente dizer no Capítulo I por "Tudo é alma e espírito"?

R: "Tudo é alma e espírito, sempre evoluindo sob a regra da lei que é inerente ao todo". Tudo é espírito, tudo é alma. O espírito é universal. Não se pode dizer que pertença a algo ou a alguém. É como o ar – universal, abstrato. Não se pode conhecer, exceto como alma. Espírito é o poder de *vir a ser*. A alma é o *vir a ser*. Espírito é o poder de ver e conhecer. A visão e o conhecimento são a alma. Alma é o acúmulo de percepções e experiências por meio das quais a identidade espiritual é realizada.

P: O que significa "Natureza"? Fala-se de "Grande Natureza", Natureza Humana, etc.

R: A Natureza é a interação e interrelação de todos os seres de todos os reinos, desde o primeiro e o mais baixo reino elemental até o mais alto *Dhyan Chohan*. É a interação e interrelação de todos os seres que constituem o que se chama de "leis da Natureza".

P: A declaração feita de que "Mestres são homens aperfeiçoados de períodos anteriores de evolução". Isso significa que não tem havido nenhum desde então?

R: Cada civilização aumenta seu número.

P: A Terceira Proposição Fundamental de *A Doutrina Secreta* diz que a ação tendo alcançado certo ponto se torna autoinduzida e autodesenvolvida. A que ponto se refere?

R: Da autoconsciência em diante, é autoinduzida e autodesenvolvida.

P: No Capítulo II, o que significa "Grande Ser"?

R: Por "Grande Ser" entende-se a soma de todos os seres – humanidade, *Manu,* o grande Homem, Humanidade. Um representante da mais alta inteligência da humanidade é um *Manu*. Quando qualquer unidade obteve a mais alta inteligência de sua humanidade, então ela encontra outros campos diante dela.

P: A palavra *Man* ("homem") vem da palavra sânscrita *Manu* – o Pensador?

R: Certamente que sim. Veja o *Glossário Teosófico*.

P: O que significa ver uma imagem ativa de alguém que se foi e que era muito perto de você – ver essa imagem vindo à memória sempre ativa?

R: A "imagem" em mente e corpo durante o tempo em que estava com você mudava constantemente. Agora é a imagem da qual você se lembra na última vez que a viu ou durante qualquer outro período de seu crescimento? Se tivesse continuado em vida por mais alguns anos, a imagem teria sido diferente. Por este fato, podemos ver que a imagem lembrada apresenta apenas o nosso *foco* de contato e entendimento com o Ego que habitava aquele corpo. No entanto, ao mesmo tempo, constitui um contato real e uma relação com esse Ego. Esta é uma porta através da qual influência e ajuda podem vir entre os dois Egos envolvidos. Quanto mais perto chegamos de compreender a natureza egoica de todo ser, maior o influxo e mais forte a relação. A Imagem é o ponto de contato do pensamento com o Ego.

P: A cremação dá ao Ego algum conhecimento espiritual?

R: A morte do corpo significa um retorno das vidas do corpo aos seus respectivos elementos. Na cremação esse retorno é imediato. O Ego, então, não tem nenhum ponto de contato físico com o mundo físico, e está livre para trabalhar e assimilar as experiências da última vida vivida. Ele tem apenas o conhecimento já adquirido. Nenhuma mudança de estado pode dar conhecimento, pois o conhecimento só é obtido por meio da observação e da experiência do Ego. Há um grande benefício para a vida, devido à restauração dos elementos, sem que eles passem pelo lento processo de decomposição. Quando considerada de todos os pontos de vista, a cremação é benéfica. Há também nisso um efeito psicológico para aqueles que ficaram para trás, por que assim que a cremação é completada, os enlutados imediatamente sentem alívio.

P: "O Universo evoluiu a partir do desconhecido, sobre o qual nenhum homem ou mente, por mais elevados que sejam, podem inquirir, em sete planos ou em sete maneiras ou métodos". Você vai dizer o significado dessas "sete maneiras"?

R: No início de um grande período de evolução já existe tudo o que foi ganho nos períodos anteriores de evolução. Esse conhecimento e poder, às vezes chamados de "as três hipóstases de *Ātman*", se manifestam de sete maneiras. Essa manifestação consiste em sete hierarquias de seres que se expressam sucessivamente em sete estágios de substância – cada estágio dos quais tem sete subdivisões, bem como divisões menores; esta natureza setenária do ser é expressa em todas as formas, condições, e relação do mais elevado ao mais inferior. Exemplos: sete globos; sete princípios; sete raças; sete sub-raças; sete cores; sete rondas, etc. (Ref. *DS* I: 289-292, ed. or.)

P: Qual é a melhor maneira de estudar a Natureza setenária e o homem com sete princípios?

R: Pela Lei das Correspondências. Há uma correspondência entre o alto e o baixo em toda a natureza, porque a Vida é a mesma em tudo e porque dessa Vida procede toda a manifestação. Os átomos, assim como os seres espirituais mais elevados, estão sob o "domínio da Lei inerente ao todo" – a Vida Una. Todos procedem igualmente por um modo definido e ordenado. Esta progressão é conhecida por ser em escala setenária, do estado mais elevado até a matéria que conhecemos. Estamos no meio, por assim dizer, de uma grande variedade de percepções, conscientes apenas daquela parte em que vivemos.

P: Se "nenhum homem ou mente pode inquirir" sobre o mistério do grande "desconhecido", como então podemos obter compreensão para nós mesmos da verdade do que é ensinado aqui?

R: O verdadeiro conhecimento deve ser obtido por meio de uma percepção crescente da universalidade da Lei e da linha universal de progresso para cada ser de qualquer grau. Temos que pensar e praticar o Altruísmo antes que os poderes superiores e mais recônditos do Espírito possam ser nossos para usar. O pensamento e o motivo devem ser aqueles que contribuem para o bem de todos os seres. O que nos é dado no livro *O Oceano da Teosofia* é com o propósito de despertar a atenção daquele Centro dentro de nós que pode ver, saber, fazer, quando reassume sua própria natureza e status. Esse conhecimento mais profundo de todas as coisas está latente na "alma" de cada ser humano. Somente quando pensamos e agimos a partir dessa base, é que podemos perceber essas grandes verdades.

P: Com relação à natureza setenária, quando um ser é aperfeiçoado aqui, ele começa na parte inferior em uma esfera superior? Em outras palavras, existem apenas sete princípios: há um constante ir e vir através deles na escala da perfectibilidade?

R: Quando você se aperfeiçoa no grau setenário de qualquer evolução, então você tem a base para uma evolução setenária de um tipo muito superior. (Por exemplo, a diferença entre nosso planeta Terra e Vênus.)

P: É dito que o conhecimento das Três Proposições Fundamentais de *A Doutrina Secreta* fornece um meio de solução para todos os problemas da vida. Como o conhecimento das "Proposições" podem me ajudar a determinar se devo ir para a guerra ou não?

R: As Três Fundamentais mostram uma coisa: que o objetivo da existência e da evolução é o progresso correto de todos os seres. Tudo o que tende à justiça, liberdade humana e progresso é uma base certa para a ação. Mesmo na primeira "Proposição", obtém-se o motivo geral. Aplicando esse motivo em particular, pergunta-se: "Qual é o meu dever em participar de qualquer ação individual ou coletiva?" Nosso apoio moral deve ser dado a toda ação correta, mesmo que não possamos ajudar mais ativamente. Mas, se podemos ajudar ativamente, devemos fazê-lo. Na segunda "Proposição" está a Lei de Periodicidade: que significa o retorno dos indivíduos que levam a cabo os efeitos de causas por eles produzidas. Sob esta vêm todos os ajustes *kármicos* entre as nações. Se pertencemos a uma nação que vai à guerra, isso torna nosso dever agir com aquela nação, na medida em que seu governo esteja disposto a agir para a melhoria geral. Se nossa nação está em paz, então nosso apoio deve ir para aquela nação que se esforça para trazer os melhores resultados para a humanidade, em geral, e, nesta determinação, não deve entrar o gosto por uma nação mais do que por outra. É inteiramente uma questão de progresso humano e dos melhores meios para esse fim. A "Terceira Proposição" indica que o Universo é composto por seres de todos os graus, e que entre a humanidade existem muitos graus de desenvolvimento e compreensão, por isso devemos sempre levar em consideração os princípios gerais e ideais que regem qualquer homem e qualquer nação.

P: O que é paciência, considerada teosoficamente?

R: Consideração pelos outros. Uma condição mental imperturbada, uma estabilidade e uma quietude em relação a qualquer coisa que aconteça. Isso deixa nosso melhor julgamento pronto para a ação.

P: Página 40, Capítulo 2 [ed. bras.]: "A primeira diferenciação –falando metafisicamente com relação ao tempo – é o Espírito". O que isso significa?

R: O tempo pode ser calculado apenas por ação e reação e até que haja ação, não há tempo. Antes que haja qualquer tempo, deve haver as entidades espirituais saindo do estado homogêneo para a atividade. A frase significa: o "Tempo" não existia até que essas entidades espirituais começaram a agir. O tempo significa o início da ação e estabelece os ciclos. (Ver *DS* I – *Sloka* I, ed. or.)

P: Todos os bons pensamentos enviados pelas pessoas que oram pelos infelizes da guerra fazem algum bem, pelo menos, para aqueles por quem elas oram?

R: Ainda estamos imbuídos da velha falácia de orar a algum poder ou ser externo. Nem as orações a algum suposto Deus, nem mesmo aos Mestres, têm qualquer utilidade. O poder existe internamente ou não existe. Todo o poder que qualquer ser exerce ou pode exercer em qualquer direção é o que ele mesmo é capaz de despertar em si mesmo. Pensamentos bons e amáveis para os outros são bons para aqueles que os pensam, mas eles não têm nenhum efeito externo, a menos que o despertador desses pensamentos tenha o conhecimento, a vontade e o poder para dirigi-los; e os seres diferem muito nisto. A maioria dos pensamentos são como bolhas de sabão e não vão muito longe. Os pensamentos, para serem eficazes, não devem apenas estar livres de qualquer mancha egoísta, mas devem ser sustentados. Os Mestres, que de todos os seres são os mais capazes de sustentar o pensamento e têm poder e conhecimento, não são capazes de afetar as mentes das pessoas do mundo, porque essas mentes estão constantemente cheias de pensamentos ativos e egoístas. Se os Mestres fossem capazes de afetar a humanidade com seus pensamentos, eles não teriam que escrever livros. Se as pessoas, que podem ouvir e ler palavras destinadas a despertar o melhor nelas, se beneficiam tão pouco com elas, que esperança há no pensamento fugidio?

A telegrafia mais poderosa, capaz de enviar mensagens para todo o mundo, seria um gasto de força extremamente inútil, a menos que houvesse estações receptoras sintonizadas com a emissora. Se pensarmos gentilmente no outro, e aquele outro está em um humor receptivo, o pensamento vai chegar; mas quem é capaz de dizer quando o objeto de seu pensamento será receptivo?

Como diz a parábola: "Primeiro, limpe o interior do prato" antes de tentar servir comida saudável. A melhor ajuda que podemos dar aos outros, e o máximo de poder que podemos adquirir, é nos livrarmos de nossos defeitos, subjugar nossa personalidade e manifestar as nossas forças e faculdades espirituais. Então, haverá poder e conhecimento de quando, onde e como agir ou refutar os pensamentos que produzem ação.

P: Capítulo 3 – Por que estamos tão atrasados espiritualmente, com relação ao que éramos há milhares de anos?

R: Porque a consciência engajada em coisas externas fez com que o intelecto, o poder de raciocinar das premissas às conclusões crescesse à custa do conhecimento espiritual direto. Estávamos tão ocupados aprendendo as características da matéria que a consciência de sermos espírito se perdeu. Despertamos o desejo por coisas externas e estas conduzem diretamente para longe da consciência de ser espírito.

Existe um aroma espiritual em todas as coisas agradáveis; então, buscamos aromas, esquecendo-nos da natureza de nosso ser, e essa busca é sem propósito e sem fim. A menos que alcancemos a consciência do ser espiritual (uma existência com propósito no espírito, não na matéria), permaneceremos limitados pelas condições da existência física.

Essa chamada "descida" foi necessária para que conhecêssemos a matéria em suas várias divisões e fases – em outras palavras, para entender a natureza de outras vidas menores. O verdadeiro propósito não é alcançado vivendo eternamente entre elas e sobre elas; o desejo surge de buscar o que é agradável entre elas e evitar o que é desagradável. A natureza é composta de vidas heterogêneas. Ao usá-las, buscamos aquelas que são homogêneos com nossa natureza adquirida e nos empenhamos em evitar aquelas que não são. Disto surgem o desejo e a aversão. O intelecto passa a ver as diferenças e compará-las. O intelecto, uma vez obtido, pode ser usado para perpetuar a existência material ou como um instrumento do espírito para guiar e controlar as vidas inferiores deste plano.

P: Por que os animais têm sentidos mais apurados que o homem?

R: Porque nós adicionamos intelecto a eles e os embotamos pelo excesso de uso, ou dependemos de nossas percepções ao invés de nossos sentidos. Estes últimos ficam entorpecidos pela falta de dependência deles. Considere o olfato, por exemplo; nós não distinguimos a pessoa pelo olfato. Os animais dependem de seus sentidos; sentimos o cheiro das coisas simplesmente agradáveis ou desagradáveis, sem levar em conta a psicologia delas, pois perdemos o campo que surge de percepções mais profundas.

P: "Permeabilidade" significaria que qualquer um dos sentidos poderia desempenhar as funções de todos os outros?

R: "Permeabilidade" é a visão além da aparência da coisa, a natureza que causou aquela aparência. Pegue uma pedra, por exemplo: a primeira coisa que se apresenta em uma pedra é sua densidade. Para a maioria das pessoas, uma pedra é exatamente como outra pedra. Mas o mineralogista conhece as diferenças por separação das partículas. A química vai ainda mais longe; ela obtém as diferentes qualidades da pedra e mostra suas partes constituintes – os vários tipos de elementos que a constituem. Mas tudo isso é físico. "Permeabilidade" não só fornece tudo o que a mineralogia e a química fornecem, mas revela a natureza essencial que está na base de cada expressão física. Ela determina a natureza dos vários seres conscientes que compõem a pedra, e existem muitos dessas classes. Considere uma árvore, por exemplo: primeiro ela é vista como um tronco, ramos, folhas, então temos a árvore dentro da casca, as nervuras da árvore; depois, as várias artérias por onde flui a seiva, o sangue da árvore; então a pulsação do coração da árvore na raiz, que faz com que a circulação do sangue (seiva) flua, e então a natureza das vidas que causam a expressão da árvore – trazendo assim gradualmente a sensação de sentimento da natureza do ser, que chamamos de "árvore". Isso é "permeabilidade" levada ao seu ponto mais alto. Em seus graus mais baixos, ela pode parar em qualquer ponto – pode-se ver apenas uma parte dessas qualidades.

Ou considere o ponto de vista de um orador falando para uma plateia: os presentes são todos que veem, mas enquanto todos o veem, ele não os vê a todos e, por enquanto, age como uma consciência sintética. Há sempre uma consciência-guia sobre todas as vidas menores, e a consciência-guia que se expressa dessa forma é chamada de "árvore" – guiando todas as folhas que se expressam na casca, seiva, raiz, flores e frutos. "Os olhos do Altíssimo veem através dos olhos do mais inferior."

Se o processo for executado uma vez com a árvore, em qualquer extensão que possamos ser capazes, o reflexo de uma árvore sobre nosso órgão visual sempre carregará consigo aquele sentido de vida e ser que dele ganhamos. O ver, para nós, tem dois aspectos – um é o mero reflexo da coisa vista, com pouco ou nenhum senso de sua natureza; o outro aspecto mais profundo – uma percepção pequena, maior ou completa da natureza do objeto que causa o reflexo. Cada objeto visto apresenta vida e existência em várias fases. Devemos, entretanto, aplicar nosso entendimento ao coração dos homens. A raiz de todo ser é a mesma, o conhecimento. Assim, especialmente no homem, devemos buscar aquele ponto onde começa a diferenciação e traçar o resultado inevitável. Podemos fazer isto melhor em nossos próprios corações com aquilo que vemos nos outros, como nosso ponto de referência ou indicações.

P: O que é uma "Ronda? Seria dar uma volta em torno dos sete centros de consciência, passar sete vezes por um plano de substância"? Ou o que constitui um "centro de consciência"?

R: Uma "Ronda" é circular uma vez através dos sete centros de consciência. Cada tipo de substância é um centro de consciência, assim como o Plano Físico é um centro para nós agora. Embora existam apenas quatro planos, ao reascender para o próximo plano acima de onde estamos, o nosso depósito de consciência terá sido acrescentado através da experiência, de modo que se torna um centro novo e diferente – embora no mesmo plano. (Um plano realmente novo, porque temos uma perspectiva inteiramente nova.)

Os sete grandes centros de consciência, pertencem às sete hierarquias originais do ser; estas, quando a substância se diferencia, criam um novo centro de consciência e assim por diante, de estado a estado, através das sete rondas ou estados de substância e consciência.

Ao reascender trabalhamos na substância de uma maneira diferente, devido à experiência adicionada. Por exemplo, você retorna a um lugar depois de estar longe dele. Você olha para ele de um ponto de vista diferente; então cada coisa naquele lugar tem uma relação diferente com você.

P: Você diz que a lua é um planeta morto. Ela tem um efeito sobre a Terra e, em caso afirmativo, como isso é possível, se está morta?

R: A lua é um cadáver físico do que já foi um planeta vivo como o nosso. Os princípios superiores abandonaram a lua, mas os princípios inferiores ainda se mantêm; pois é apenas a metade do processo de desintegração. Esses princípios inferiores afetam naturalmente as formas inferiores de existência na Terra, particularmente aquelas de concepção física, gestação, crescimento de árvores, plantas e qualquer coisa em que a água está contida. A lua também afeta nossa natureza psíquica inferior em vários graus – de acordo com a atividade da natureza espiritual do ser encarnado, ou a falta dela. As vidas terrestres que compõem um corpo físico tendem a seguir seus vários caminhos depois que a consciência sintética que as atraiu e as manteve unidas as tenha abandonado. Uma parte do processo de separação é a quebra dos corpos celulares das "vidas", produzindo venenos prejudiciais para algumas formas e fertilizações para outras. Assim, a lua, sendo o cadáver de nossa última Terra, tanto vampiriza quanto é vampirizada por nossa terra, de acordo com a natureza dos seres ou elementos terrenos e fases particulares da lua; esta vampirização é principalmente astral, produzindo efeitos físicos.

P: Nós falamos dos *Pitris Lunares* como sendo os "Pais" de nossas estruturas físicas. Isso significa que eles eram desprovidos de inteligência?

R: Eles têm inteligência, mas em uma forma muito incipiente, em um grau que podemos imaginar como a dos animais superiores. Os *Pitris Lunares* representam aquela forma de vida e inteligência que foi usada humanamente na lua. Este estado de consciência se compara ao estado do corpo astral quando abandonado pelo Ego *Manásico.*

Sempre existe o influxo de Inteligência. Os animais têm inteligência, mas não têm a faculdade de raciocinar das premissas às conclusões. Em outro sentido, os *Pitris* são os *Kāma-Rūpas* de um *manvantara* anterior. Essa é a base de nossa consciência física, mais o que tenhamos podido adicionar a ela.

P: Você quer dizer que os *Pitris Lunares* foram usados por Egos *Manásicos* na lua?

R: E depois foram embora. Você verá, os seres mais elevados os abandonaram primeiro. Depois, os seguintes em hierarquia, e assim por diante. As mais altas inteligências estabeleceram a natureza da nova cadeia, com base na experiência adquirida na cadeia lunar. Todos os reinos começam na base estabelecida pelas inteligências construtoras – os *Dhyan Chohans*; primeiro, o elemental-mineral, depois o elemental-vegetal, depois o elemental-animal (destes três precedem os reinos mineral, vegetal e animal) e, finalmente, a forma humana como era na lua; pois isso representa um alto grau de consciência animal. Eles apenas estabelecem a matriz para os reinos mineral, vegetal e animal, porque aquela matriz era uma substância plástica na época, antes de se tornar concreta.

A forma humana elemental e a inteligência também eram uma matriz baseada no desenvolvimento alcançado em uma forma física humana na lua, ou seja, a inteligência dos *Pitris Lunares*, os progenitores de nossa forma física humana na lua. Esta classe de inteligências constitui o que é chamado de *Pitris Lunares.*

P: O que é um princípio?

R: Um princípio é uma base de pensamento e ação em qualquer plano específico de substância.

P: O Capítulo 4 fala de "alma racional e irracional". O senhor explicaria essa frase?[p. 60, ed. bras.]

R: Existem três linhas de evolução no homem, e o homem trabalha nas três linhas. "Alma racional e irracional" significa que em um caso o ser tem mais ou menos compreensão de sua própria natureza, e no outro tem pouco ou nenhum. Se você tomar os três termos de espírito, alma e corpo como comumente usados, terá representado ali o Ser, as experiências adquiridas e o instrumento corporal. Essas três linhas apresentam o campo de atuação do homem em seu processo de desenvolvimento em direção à perfeição.

P: De que maneira este esquema triplo da natureza do homem contém o ensinamento teosófico de sua constituição setenária? [conforme exposto na p. 60, ed. bras.]

R: O homem, como um ser evoluído, está conectado com esta Terra. *Ātmā, Buddhi, Manas*, representam a alma espiritual.

A Natureza setenária na Terra é composta desses três e da conexão transitória com o corpo de *Manas* inferior (*Manas* relacionado com o corpo); *prāna*, que é aquele aspecto da vida do Ser que sustenta o corpo; corpo astral, o elo entre os corpos superiores e o físico.

Os vários invólucros da alma e formas usados em cada plano são compostos das vidas em cada plano; pois a forma usada pela entidade é uma agregação das vidas de cada plano. A única maneira pela qual podemos ter um corpo em qualquer plano é por causa do nosso poder de guiar e controlar as vidas desse plano, e esse poder só é obtido por meio da experiência. Uma vez que algum poder é adquirido, a manutenção de um corpo torna-se possível.

Então vem a melhoria, o conhecimento e o poder tanto quanto a forma. Tentamos nos expressar em uma substância inferior de acordo com nossas naturezas superiores. Desde o início houve um ideal pelo qual a humanidade está trabalhando. Este ideal está na mente-da-Deidade, se quiser usar essa expressão, e somente será trazido a sua máxima expressão pela ação e mente-da-Deidade, cessando o controle dos impulsos separativos trazidos pelas vidas inferiores por meio da ignorância e concepções falsas.

P: Alguém disse que eu era responsável pela alma do meu esposo. Em que sentido, e em que grau, eu sou guardião de meu irmão?

R: Cada alma é um ser evoluído por si mesmo e que é responsável apenas por seu próprio Ser Superior. As almas se envolvem em suas próprias atividades e seguem direções enganosas. O dever das almas que veem o verdadeiro caminho é indicá-lo aos outros. Para isso, é necessário discernimento, tato e inofensividade, para que o objeto da nossa solicitude possa ver o caminho certo por si mesmo. Nessas coisas, devemos ser "sábios como as serpentes e inofensivos como as pombas". Nossa responsabilidade começa e termina em nossa fidelidade à nossa verdadeira natureza e aos outros. Se pudéssemos realmente forçar e controlar os outros em sua escolha, nunca haveria qualquer autodesenvolvimento. Os Mestres, que de todos os seres têm todo o poder e conhecimento, nunca forçam nenhum ser, mas apontam o caminho, guiam e ajudam tanto quanto Lhes é permitido por qualquer ser. A responsabilidade está nos esforços autoinduzidos e autodesenvolvidos de cada um. Os Mestres não estão preocupados com aqueles que não se preocupam com o conhecimento superior, pois esses não podem ser ajudados. Seu interesse e esforço são direcionados àqueles cujas aspirações e esforços tendem na direção certa.

Nossa responsabilidade reside em nossa fidelidade à nossa própria natureza superior. Se isso é pleno e verdadeiro, não podemos ser falsos com ninguém ou delinquir em qualquer direção. Não devemos seguir mecanicamente, nem pelo que os outros pensam ser nosso dever. Devemos aprender a cumprir todo o nosso dever e isso envolve toda a nossa responsabilidade.

P: Não vejo como o pensamento pode ser tão poderoso.

R: Cada pensamento (isto é, uma imagem formada pelo homem) é uma matriz formada por seres autoconscientes, que, ao mesmo tempo, energizam as vidas elementais (que vivem sem qualquer capacidade diretiva) e as incitam à ação; embora, enquanto o pensamento do ser autoconsciente for sucedido por outros pensamentos, a energia das vidas naquela matriz será despendida ao longo das linhas e na medida em que for comunicada (nesse meio tempo ela forma seu corpo). Assim, cada pensamento que temos provê um corpo e dá um impulso às vidas envolvidas, e estas atuam em qualquer campo da vida que possa ser um solo fértil para elas. Quanto mais tentamos trabalhar do lado interno de nossa natureza, mais potente é a força que exercemos sobre essas vidas. O poder de criar uma imagem na mente é a base do pensamento. A própria forma humana é uma matriz.

P: Como é que "atrás da vontade está o desejo"? Parece que isso deveria ser invertido.

R: O que governa o pensamento é o motivo ou, em outras palavras, o sentimento. A Vontade é a força da consciência e não agimos a menos que haja um desejo ou intenção de nos mover, e isso dá energia à consciência – isto é, a Vontade. O que fazemos é usar os elementais e nós os dotamos com qualquer força que esteja em nossas intenções puras. *Desejo* são nossos impulsos e sentimentos pessoais, mas inclui tanto as aspirações mais elevadas para o benefício universal, como nossos desejos mais baixos. A aspiração pelo benefício universal seria compaixão, pois essa é a natureza do Ser. Quanto mais elevada for a aspiração, mais forte será a vontade; quanto mais baixa, mais fraca.

P: Por que nos apegamos à vida neste corpo e a outras vidas como corpos – como personalidades?

R: É esse "apego" que faz a força de ligação, porque não percebemos que o físico é realmente a fase mais baixa de nossas vidas. Devemos aprender que o que nos faz aferrarnos à forma, neste plano, é o poder da vida, da consciência e da atração que vem de nosso ser interior; pois não importa o quanto a forma possa mudar durante a vida, o amor permanece. Emerson diz: "Os corações são pó, o amor dos corações permanece; o amor do coração encontrará você novamente". Nossa ideia de amor está presa a uma forma, enquanto aquilo que ocupou a forma continua vivo e amando.

P: O que você chamaria de poderes da alma?

R: O Sr. Judge fala mais particularmente dos poderes latentes da alma em contraste com aqueles normalmente usados na existência corpórea; pois esses são amplamente usados com relação ao corpo e seus requisitos, e incluem tanto as atividades automáticas quanto as volitivas. Estas últimas são poderes da alma, mas geralmente não são reconhecidas como tais.

P: O senhor fala de Unidade – a doutrina da Unidade. Como se faz a Unidade fora de todos esses princípios separatistas?

R: Falamos de Unidade e Diversidade. Deve ser entendido que não poderia haver Diversidade sem Unidade como base. A Unidade consiste na fonte comum e na natureza essencial comum de todas as coisas e seres. Como todos os seres são interdependentes por causa de sua fonte comum e poder latente ou expresso, essa interdependência pressupõe e exige um objetivo comum para todos, logo, um plano comum. A Fonte é uma, a Meta é uma, o Caminho varia com o Peregrino. Isso traz a diversidade. A Unidade é encontrada quando o Peregrino reconhece a Fonte e a Meta, e traça seu Caminho em harmonia com ambas. É a força da Unidade que torna dolorosos os diversos caminhos e, pelo sofrimento, força o reconhecimento. Ser um Ego implica o poder de escolha. Ego é escolha; sem escolha, não há Ego. Se não fosse pela harmonia, não teríamos discórdia. A discórdia é a deterioração da harmonia.

P: Sempre teremos uma Terra e um corpo terreno? Ou iremos algum dia prescindir completamente disso?

R: Não é uma questão de matéria física ou terrena, pois onde quer que existamos, existimos em algum tipo de substância, e essa substância, em qualquer grau, é tão objetiva quanto nossa matéria terrestre. Enquanto durar a manifestação, nossa experiência implica objetividade em todos os planos. A dificuldade não surge da substância ou da matéria, mas em nossas concepções e uso dela. Esta matéria terrestre tem de ser elevada de fato a graus superiores. É dito que Vênus está em sua sétima ronda e que todas as suas "vidas" foram elevadas a um nível de poder e glória inconcebível para nós, mas para seus habitantes ela é tão objetiva quanto nossa Terra para nós.

O que precisamos fazer não é sair da Terra, mas nos purificar e, purificando a nós mesmos, purificar a Terra e todas as vidas que a compõem. Isso só pode ser feito por meio de nosso pensamento e ação conscientes. Quando transformamos nossa "sujeira" em substância luminosa, teremos um tipo diferente de vida e corpo. Se você disser que isso vai demorar, demorará; mas levou muito tempo para nos trazer a essa condição. Mas todo esse tempo estamos vivendo, e enquanto vivemos temos mais ou menos felicidade. Queremos que a bem-aventurança nos seja conferida. Devemos conquistá-la espalhando bem-aventurança para os outros.

P: No livro *Cartas que me Ajudaram*[18], *é dito* que decepcionar a alma é um ato terrível para um homem, falando de um homem

---

[18] JUDGE W. Q. *Cartas que me ajudaram*, Brasília: Editora Teosófica, 2022. (Nota Ed. Bras.)

tirar a vida de outro. O senhor poderia explicar o uso de "decepcionar"?

R: Da alma vem o anseio por toda retidão e isso é constante. Perversidade de pensamento e ação não cumprem com esse desejo. Decepção é apenas um termo para expressar o não cumprimento do propósito da encarnação.

P: Nós progredimos após a morte?

R: Como seres etéreos em rondas anteriores ganhamos um vasto estoque de experiências, mas aqueles que vivem a vida comum da humanidade com suas ideias parciais de existência não alcançam esse vasto depósito nos estados pós-morte. Eles flutuam entre o melhor e o pior das vidas que viveram. *Devachan* significa o melhor e o mais nobre da última vida vivida; *Kāma-Loka*, o pior: ambos são pessoais. A vida no corpo é a causa desses dois estados.

P: Qual é a diferença entre individualidade e personalidade?

R: A individualidade é uma existência consciente no espírito, seja dentro ou fora do corpo. Personalidade é um amontoado de atividades físicas e qualidades em constante mudança.

P: Por que tantas designações de "Alma" – humana, divina, animal?

R: A palavra "Alma" em cada caso designa a base comum de tudo. As palavras qualificativas de "divina", "humana" e "animal" denotam o grau de realização da consciência – em outras palavras, a gama de percepções.

P: No Capítulo 5, o que se entende por "limites privativos de uma célula [p. 71, ed. bras.]?".

R: Não existe "célula privativa" como uma coisa separada; mas se lembrarmos que cada entidade se reveste de entidades menores, e que cada entidade, como um centro, tem seu próprio raio de ação, causando um redemoinho ou vórtice, podemos ser capazes de entendê-lo. São as vidas desenhadas dentro desse vórtice radial que constituem a célula; a atração central a atrai e a mantém – isso cria os limites privativos. A forma da célula se deve ao poder de atração da energia central, sendo sempre circular ou esférica. O ser humano tem suas atrações e repulsões de acordo com o tipo de energia que despende. A força centrípeta é a natureza do ser, e as entidades inferiores serão capturadas e mantidas a uma distância tal que marca o grau de relação de sua natureza com o centro centrípeto. Pode-se dizer que o Sistema Solar é uma grande célula e cada planeta, por sua natureza, é atraído até certa distância do sol e não mais além, por causa da repulsão que se instala devido à diferença de suas naturezas.

O Sistema Solar tem suas próprias atrações e repulsões coletivas, e cada planeta como uma coletividade, só pode se aproximar do sol tão perto quanto sua natureza permitir.

A natureza pessoal tem seu próprio centro e, por assim dizer, forma uma célula em torno de si, e abre seu centro para a influência diretiva de estados superiores, ou exclui tudo, menos o pessoal. Esses são "limites privativos"; são privativos porque obrigam o movimento dentro de seus limites radiais.

Tudo depende do grau e da qualidade da energia enviada do centro. A célula física possui apenas aquele tipo de energia central que foi comunicada a ela pelo ser em cujo corpo ela está, e como a célula não tem iniciativa de direção, a força central e o alcance são constantes; mas o ser humano não tem apenas o poder de escolha, mas o poder de mudar a direção das células. As forças centrípetas e centrífugas são apenas duas fases da mesma coisa – ação e reação – ou *Karma*.

P: O senhor poderia explicar o significado da frase "O mais elevado olha pelos olhos do mais baixo?".

R: Cada célula do corpo tem sua própria vida e poderes de percepção; isso inclui todas as células do corpo em seus diferentes graus. Nós, como seres autoconscientes, percebemos o Plano Físico por meio das percepções dessas células coletivas. Portanto, olhamos com os olhos do mais baixo. O mesmo é verdade para o homem como um todo em sua percepção. Seres mais elevados do que nós contatam este plano em parte através de nossos olhos, mentais ou físicos, e podem quando necessário usar um corpo físico neste plano de percepção.

Nosso contato em qualquer plano da substância se dá por meio de um instrumento feito das vidas desse plano. Cada uma dessas vidas é um ponto sensível e reflete o plano ao qual pertence em algum grau. O suficiente dessas vidas de diferentes graus, reunidas naquele plano, dará uma personificação de pontos sensíveis que são capazes de refletir tudo naquele plano; portanto, em qualquer plano, o Superior olha através dos olhos do inferior.

P: O corpo astral está completo no nascimento? A afirmação é feita de que é perfeito no nascimento. Ele está presente durante a concepção?

R: O corpo astral se expande rapidamente com o físico. Ele se expande com o crescimento da matéria física. O astral do Ego é atraído pela mulher e aí aguarda as condições que proporcionam a concepção. Você pode tirar uma fotografia tão pequena que dificilmente pode ser vista a olho nu; mas você pode colocá-la sobre uma tela para que seja cem vezes maior. O mesmo ocorre com o tamanho do astral no nascimento.

P: O "astral permanente" é um corpo espiritual? Existem dois astrais, ou um surge do outro e de qual?

R: O "astral permanente" é formado durante a vida a partir dos elementos pertencentes ao Homem Real, o Ego. O astral comum é formado para cada nascimento antes da concepção. É governado pelo *Karma* a ser gasto na próxima vida que está surgindo. Um não vem necessariamente do outro, mas é formado a partir da substância espiritual – ou corpo – do Ego.

Corpo astral é apenas um termo genérico. O termo "astral" é usado para tudo além do físico. Mas deve ser entendido que, assim como no Plano Físico temos terra, água, ar e fogo como divisões deste plano, no Plano Astral existem divisões semelhantes. A forma astral que corresponde à terra permanece com o corpo físico e se dissipa com ele. Aquele que corresponde à água é aquele estado de substância astral que forma o *Kāma-Rūpa*; o que corresponde ao ar é o corpo *manásico*; e aquele que corresponde ao fogo é a sede da consciência, o corpo do pensador. Nosso fogo terreno é o grau mais baixo da substância divina.

Somente aqueles que chegaram a um determinado estágio de desenvolvimento ou iniciação retornam à encarnação com um "astral permanente". Todos os outros formam um novo astral para cada encarnação. É por isso que eles não trazem a memória; eles não a estabeleceram neste plano.

O astral permanente é o astral permeado, alterado, refinado pelo fogo da consciência e, assim, tornado permanente.

P: O corpo astral é afetado pela insanidade?

R: Existem vários tipos de corpo astral. Existe o corpo astral que é o desenho do corpo físico e é de fato o corpo físico real. O que chamamos de corpo físico é composto de elementos terrestres atraídos para o físico-astral. Outro astral é o *Kāma-Rūpa*, formado após a morte; e também o corpo *devachânico*. Nenhum deles é permanente, mas são formados para uso temporário durante a vida e nos estados após a morte.

A loucura é uma ruptura na conexão entre o ser e o corpo em uso, parcial ou total. Esse rompimento pode ser causado por uma lesão cerebral, ou uma falha adquirida *karmicamente* no corpo astral daquele nascimento. Todas essas coisas são questões de *Karma* concernentes ao indivíduo.

A insanidade pode acontecer devido a efeitos *kármicos* que ocorrem após o nascimento por meio de defeitos no astral inferior, produzidos por causas em vidas anteriores.

P: O fato de um Mestre assumir um corpo, visto que ele tem um astral permanente, seria da natureza de uma concepção imaculada?

R: Não. Havia nas raças anteriores corpos mentais, mas eles eram de uma substância etérea e não tinham a natureza de uma concepção, mas de uma segregação. Um só sexo não pode gerar uma concepção física; é preciso ambos os sexos. A única questão que pode surgir é o tipo de Ego que é atraído ao nascimento pelas condições fornecidas. Existem mais Egos fora de corpos do que neles.

Gráfika
papel&cores
Fone:61 3344.3101